KB236609

주말여행 ①

주말여행 ①

수문 주말시리즈 ③

박준홍 지음

秀文出版社

책머리에

　최근에 이르러 폭발적으로 급증하고 있는 레저활동의 욕구는 미처 대비하지 못한 우리들에게 각부문에서 숨가쁜 상황을 느끼게 하고 있다. 이는 학문적인 접근조차 전혀 이루어지지 않는 현실과 정책의 부재, 국민적인 인식결여 등과 결코 무관하지는 않을 것이다.

　특히 심각한 것은 그간 일에만 쫓기며 살아온 우리들의 고정관념과 익숙치 못한 습관 탓에 있다. 즉 레저, 관광, 여행 등이 과소비, 허례, 빈부갈등, 퇴폐와 무질서, 교통난 과중, 바가지상혼 등을 야기하는 것이라는 편견된 인식이 오래도록 확산되고 있는 실정이란 점이다.

　그러나 진정한 레저활동의 욕구는 복잡한 산업구조 속에서 살아가는 현대인의 진솔한 삶을 추구하는 지극히 인간적인 당연한 욕구이며 발로인 것이다.

　현대인의 레저활동중 가장 널리 행해지고 있는 것이 관광여행이다.

　여행은 언제나 값진 교훈과 추억을 남겨준다. 따라서 여행은 무조건 즐긴다는 일차적인 차원을 뛰어넘어 그 자체가 심신을 단련하고 지식과 견문을 넓히는 학습행위라고 말할 수 있다.

　현대인으로 자처하는 우리는 여가시간과 소득이 늘어나고 교통이 편해지면서 전보다 더욱 쉽게 여행에 접할 수 있게 되었다. 그러나 아직도 많은 사람들이 무작정 길을 나서는 식의 여행을 하고 있는 것이 흔하게 눈에 띄고 있다. 이는 정보화시대를 살아가는 현대인으로서 바람직한 태도로 보기는 어렵다. 이들은 여행지에서 무엇을 보고, 무엇을 먹을 것이며 숙박과 교통편, 이용시설실태, 소요시간, 경유지 등을 중시하지 않음으로 해서 모처럼의 기회를 스스로 놓치는 안타까운 일들을 저지르는 셈이기 때문이다.

　이 책은 이같은 불상사를 막고 보다 유익하고 즐거운 여행이 될 수 있도록 하는데 필요한 각종 여행지의 정보들을 가능한 여러모로 상세히 알려주기 위함이다.

책의 내용은 지난 88년부터 한국경제신문에 기고했던 원고 일부와 세계일보, 선데이서울, 각종 월간지와 사보 등에 기고해왔던 십년이 조금 넘게 써온 글들을 한데 모아 좀더 보태고 다시 고쳐 쓴 것이다.

이 책이 본의아니게 주말시리즈에 포함되게 되었으나 참뜻은 주말에 국한하여 내용을 꾸민 것은 절대 아니며 언제 어디서나 활용이 가능한 여행안내서로 이용되기를 바라고 있다.

수문출판사는 산과 관련된 책만을 고집하는 매우 의욕적인 출판사이다. 이처럼 전문적이고 성의있는 출판사의 사업에 동참하여 처음으로 관광여행과 관련된 내용의 책을 펴내게된 것이 무척 기쁘게 느껴진다.

그간 지나친 욕심과 게으름으로 원고가 예정보다 반년이나 늦어져 이 책을 위해 애쓴 분들께 심려를 끼쳐 드린 점에 대해 이 기회에 깊이 사과 드린다.

막상 원고를 마치고 나니 의욕과는 달리 부족함과 부끄러운 점이 한둘이 아니다. 다음 권에는 보다 나은 내용으로 책을 내기 위해 더욱 노력할 것을 약속드리며 부디 많은 충고와 질책을 부탁드린다.

1991년 4월
저자 씀

주말여행 ① · 차례

일러두기

1. 이 책은 저자와 수문출판사가 가려뽑은 전국 명소 111개소를 ①, ② 권으로 나누어 제작하였다.
2. 내용의 구성은 지명, 소재지(행정구역에 따름), 개관, 주요 명소 순으로 수록하고 교통, 숙박, 특산물, 음식점 등은 따로 표를 짜넣어 정리했다.
3. 이해를 돕기위해 내용과는 별도로 사진과 정밀지도를 넣었다. 정밀지도는 편집상 일부는 중요지점만 확대하여 작성한 것이 있으며 취재시간상 2~3년 전의 내용을 수록한 것이 있어 일부 그림중 상호, 시설물 위치 등이 변한 경우도 있을 수 있다.
4. 연표와 각종 통계자료는 해당 도시군청, 관리사무소가 작성한 자료를 따랐다.
5. 명소의 배열은 가나다 순에 의해 정리하고 있다.
6. 내용중 일부는 저자의 주관적인 감상이나 느낌을 반영한 것이 있다.
7. 교통은 1991년 3월 현재를 기준으로 했고 숙박, 음식 등은 1990년을 기준으로 정리했다.

주말여행 ② · 찾아보기

가야산 해인사

경남 합천군 가야면 치인리

신라때의 명고찰인 해인사 경내

　대가야의 옛터 합천은 산수의 고장이다. 소백산맥의 지맥인 대덕산이 줄기를 내려 한국8경의 하나인 가야산을 이루어 놓고 있다. 해발 1,430 m 에 달하는 가야산은 두리봉, 남산 제일봉, 이상봉 등의 준봉이 연이어 솟아 있고 곳곳에 가야천이 흘러 절경의 계곡을 이룬다. 조선시대 이중환의 저서 『택리지』에서도 수려함을 극찬하고 있는 가야산 일대는 1966년 6월 사적 및 명승 제5호로 지정되었으며 1972년 10월에는 국립공원으로 지정되어 오늘에 이른다.

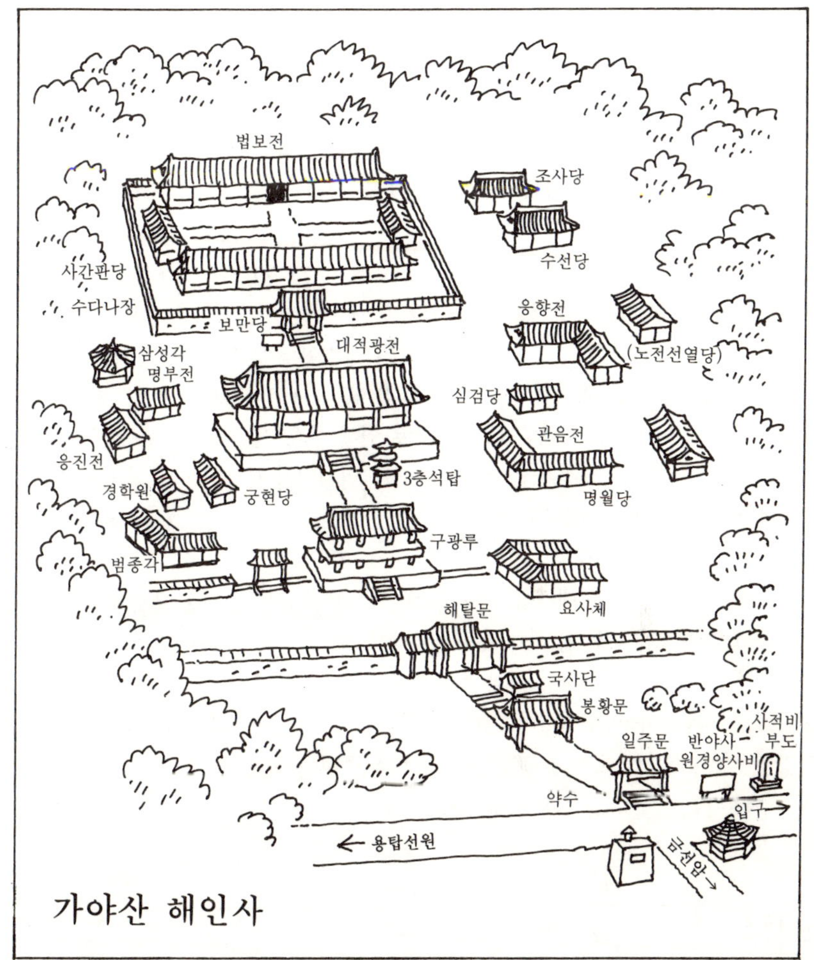

가야산국립공원의 지정면적은 총 57.8㎢ 이중 78.5%에 해당하는 45.35㎢ 면적이
경남 합천에 속하고 4.5%에 해당하는 2.6㎢가 경남 거창군, 17%에 해당하는 9.8㎢
는 북동지역인 경북 성주군에 속하고 있다. 도합 15개의 암자와 사찰을 지니고 있는
가야산은 세계적인 자랑거리 팔만대장경을 소장하고 있는 해인사를 지니고 있어 더
욱 유명해졌다.

송광사, 통도사와 함께 삼보사찰로 일컬어지는 해인사는 법보사찰로 불리는 명찰
로 신라 애장왕 3년(803)에 순응, 이정 두 대사에 의해 창건되었다고 전한다. 창건

설화에 의하면 중국 금성 땅의 고승 보지공이 책과 유언을 남기고 죽었는데 3백년 후에 순응, 이정이 당으로 가 책을 전해 받고 묘소에 가서 구도를 간청하니 이레째 되는 날 공이 나타나서 지금의 가야산인 우두산으로 가라고 일렀다고 한다. 이에 두 조사는 신라로 돌아와 우두산에 초당을 짓고 선정에 들었는데 마침 이때에 애장 왕의 비가 등창이 나 고심하던 중 두 조사의 법력으로 완치하자 왕이 고마움의 표시 로 전지를 하사하고 해인사를 짓도록 명했다.

해인사는 고려 건국 후 태조 왕건이 견훤을 물리치고 자신을 도와준 당시 주지 희 광대사에 대한 보답으로 국찰로 삼아 더욱 위세를 떨쳤다. 조선왕조 때인 태조 7년 (1398)에는 팔만대장경이 옮겨와 호국신앙의 성역이 되었으며 세조, 성종 등의 명 으로 대대적인 중건을 이룩했다. 그러나 임진왜란을 모면한 반면 숙종, 영조, 순조, 고종 때 등 연이어 일곱 차례의 대소 화재로 인해 주요 건물이 대부분 유실되고 말 았다. 다행히 팔만대장경판과 장경각만은 화를 입지않아 오늘날까지 남아 전하고 있 다. 대한불교 조계종 제12교구 본사인 화엄의 대도장 해인사의 이름은 화엄경에 나 오는 '해인삼매'에서 유래한 것이다.

가야산 해인사 일대는 대장경판 등 국보 3점, 보물 8점 등 각종 문화재를 지닌 보 고와 자연경관도 풍부하다. 특히 무릉계로부터 해인사까지 구불구불 이어지는 10여 리 구간은 골짜기마다 울창한 숲과 축화전, 무릉교, 칠성대, 취적봉, 홍류동, 자필암, 농산정, 낙화암, 화선암, 접석대, 음풍대, 제월담 등 기암과 누대가 연이어 진다.

가야산국립공원은 오는 1996년까지 합천댐 주변에 국제규모의 산악호반형 관광 지가 조성되면 더욱 각광을 받게될 것이다.

◉ 명소

● 홍류동계곡―가야산 해인사 계곡 중 제7곡. 가장 경치가 뛰어난 곳이다. 봄이면 꽃이 가득 피어 계곡이 붉게 물든다고 하여 홍류동이라고 부른다. 고운 최치원 선생 이 머물던 농산정과 유허비 등이 남아 있다. 이 외에도 백정소, 낙화담 등이 있다.

● 무릉계곡―십리계곡 입구. 무릉교 옆에 옛모습의 물레방아가 남아 있다.

● 용문폭포―해인사 서쪽 2km 지점에 위치. 예부터 기우제를 지내던 곳이다. 일직 선으로 내쏟는 높이 7m의 폭포가 장관이다.

● 남산 제일봉―해발 1,010m. 해인사 남쪽에 솟아 있다. 기암괴석이 수석전시장 을 이루고 있다. 인근 산봉 중 가장 뛰어나다.

팔만대장경이 보관된 **법**조전

• 대적광전 — 단층 팔작지붕을 얹은 5칸 규모의 해인사 대웅전. 원래는 비로전으로 불렸으나 성종 때 이름을 바꾸었다. 현 건물은 순조 17년(1817) 제월스님이 다시 세운 것으로 1917년 중수했다. 내부의 불상은 성주 금당사에 있던 것을 옮겨온 것이라고 한다.

• 장경판고 — 국보 제32호 대장경판과 국보 제206호 고려 각판을 보관하고 있다. 동서 15칸, 남북 2칸의 단층 목조와가 건물이 남북 2동으로 지어져 있다. 남고는 수다라전, 북고는 법고전이라고 한다. 조선 태조 7년(1398)에 지어진 것으로 방습, 통풍 기능이 뛰어나 찬탄을 받고 있다.

• 반암사 원경왕사비 — 보물 제128호. 사천왕문(봉황문)과 해탈문 사이의 서쪽에 위치. 1961년 가천리 반야사지에서 옮겨왔다. 원경왕사는 고려 숙종 때 승통으로 속장경 판각 때 교정을 맡기도 했다.

• 마애불입상 — 보물 제222호. 가야산 중턱에 위치. 자연암에 양각된 높이 7.5m의 입상불. 신라 때 작품으로 추정.

• 청량사 — 가야산 맞은편 매화산(954m)기슭에 위치한 해인사의 말사. 신라 때 초

창된 것으로 추정. 보물. 제253호 석등, 보물 제265호 석조석가여래좌상, 보물 제266호 3층석탑 등이 있다.

● 원당암 다층석탑 및 석등 — 해인사 서편에 위치한 원당암 마당에 위치. 점판암으로 쌓아 모양이 특이하다. 탑의 높이 2.4m, 석등 1.8m, 신라 때의 작품으로 추정된다.

알아둡시다 · 팔만대장경

호국신앙의 결정체, 세계적인 보물

대장경이란 석가모니의 설법을 기록한 경장, 교단의 계율 및 그 해설을 기록한 율장, 경의 주석을 달아놓은 논장 등을 집대성한 불교경전의 총서이다.

이 같은 불경성전을 인도에서 삼장(Tripitaka)이라고 불렀고 중국에서는 대장경이라고 불렀다. 이것은 후에 고승들의 어록과 전기, 사전류 등이 보태어졌다. 우리나라에서 최초로 이룩된 대장경판은 고려 현종 2년(1011)이다.

이는 983년에 제작된 촉판(蜀版)대장경에 이은 두번째 것이 되지만 양이 훨씬 많았다. 그러나 팔공산 부인사에 보관되어 있다가 고려 고종 19년(1233)몽고군에 의해 불타고 말았다.

고려 문종의 네째 아들인 의천은 서울 홍왕사에 교정도감을 두고 속장경을 제작했다. 그러나 이 또한 유실되었다.

그후 고려 고종 23년(1236) 경기 강화에 대장도감이 다시 설치되었고 분사도감은 남해(일설은 진주)에 두었다.

이곳에서 16년 만인 고종 38년(1251) 유명한 속칭 '팔만대장경'으로 불리는 고려대장경이 완성되었다.

합천문화원 발행 문헌에 의하면 해인사 경내에 현존하는 대장경은 1천512부 6천791권으로 총 8만 1천258장이라고 한다. 이중 12장은 동일판의 중복이고 18장은 결판으로 되어 있던 것을 1915년 초판하여 보강했다고 적고 있다.

경판은 거제산 나무를 바다에 담그었다가 소금물에 삶고 다시 그늘에 말려서 만든 판으로 일정치는 않으나 대략 23행에 1행당 16자씩이 새겨져 있다.

대장경은 강화 서문 밖 대장경고에 있다가 다시 강화 선원사에 옮겨졌고 이는 조선 태조 7년에 해인사로 옮겨졌다. 이로 인해 해인사는 세계적인 법보사찰이 되었다.

가이드

⊙ 교통

● 항공 — 대구공항까지 대한항공 : 서울, 제주간 1일 3회 왕복. 45분 소요.
아시아나 : 서울, 제주간 1일 2회 왕복.

● 철도 — 대구, 동대구 역까지 경부선 이용. 15~30분 간격 운행.

● 고속버스 — 대구까지 이용. 서울, 동서울, 성남, 의정부, 인천, 춘천, 대전, 청주, 경주, 울산, 부산, 마산, 진주, 순천, 광주, 전주간 운행.

● 시외 /직행 — 해인사까지 이용. 대구, 부산, 대전, 진주, 거창, 마산간은 직행버스 운행.

● 기타 — 자가운전자는 88올림픽고속도로 가야산 인터체인지 이용.

⊙ 숙박

● 관광호텔 — 해인사관광호텔(72실), 여관 30여 개소. (치인리 집단시설지구)

⊙ 메모

● 특산 명물 — 도자기, 싸리세공, 자기, 토산품점 18개소 있음.

● 향토 미각 — 도토리묵, 버섯구이, 산채정식, 더덕무침 등 식당 30여 개소 있음.

● 기타 사항 — 합천에서는 교통이 대구보다 불편함. 입장료 : 대인 4백원＋9백원. 등산코스 정상왕복 5시간소요.

거문도 · 백도

전남 여천군 삼산면

크고 작은 바위섬으로 이루어진 백도군도

　한반도의 최남단 여수에서 뱃길로 110km 거리에 위치한 거문도는 황금어장을 이루는 여천군 삼산면의 중심지. 이곳에서 동쪽으로 28km 지점의 해상에는 기암괴석의 놀라운 모습과 바다가 조화되어 선경을 이루는 상백도, 하백도가 펼쳐진다. 전남 신안군의 홍도와 함께 다도해의 제일 경승지로 꼽히고 있는 거문도, 백도는 남성적인 미를 지닌 곳으로 알려져 여성적인 아름다움을 지닌 홍도와 견주어 자웅으로 비유되고 있다.

　구한말 거문도사건으로 유명해진 이곳은 러시아, 일본, 영국 등의 침략을 수없이 받아왔던 수난의 섬으로 역사적 가치가 뛰어난 곳으로 평가되고 있다. 또한 1979년 명승 제7호로 지정되었고 1981년 다도해 해상국립공원으로 지정되면서 더욱 관광명소로 부각되기 시작했다.

　거문도는 동도, 서도, 고도 등 3개의 섬과 삼부도, 백도군도를 포함한 지역을 일컫는다. 일반적으로는 삼산면 소재지인 고도만을 거문도라고 부르기도 한다. 거문항은 3개의 섬이 옹립해 있는 1백만 평 크기의 호수와 같은 천연 항만이 형성되어 있는 양항으로 큰 배의 출입이 자유롭다. 동남쪽 거문등대가 위치한 수월산은 천연 상록수림이 무성하고 조망이 좋으며 해안선의 풍광도 매우 뛰어나다. 거문도 일대는 여름에 농어, 돌돔, 능생이 등, 겨울에는 강성돔, 혹돔 등이 잘 잡혀 바다낚시터로도 널리 알려져 있다. 섬내에는 영국군묘지, 이대원 장군 사당(손죽도 위치) 등의 문화유적이 남아 있고 무형문화재로는 거문도뱃노래, 술비야노래 등이 전한다. 인근 어장에서는 삼치와 갈치가 많이 잡히며 미역, 처초, 돌김 등도 유명하다.

　백도는 거문도와 함께 삼산면에 속해 있는 무인도로 기암괴석으로 이루어진 섬이다. 전설에 의하면 백 개의 섬으로 되었다고 해서 백도로 불리다가 나중에 백도가 아님을 알고 백(百)자에서 1획을 빼어 백(白)자로 바꾸었다고 한다. 그러나 실제 백도 군도는 모두 39개의 크고 작은 섬으로 꾸며져 있는데 이는 상백도, 하백도로 구별된다. 백도에는 새바위섬, 나룻섬, 탕근여, 까마귀섬, 오리섬, 형제섬, 서방바위, 각시섬, 보석바위, 병풍바위 등 숱한 절경이 있고 가마우지, 휘파람새, 바다직박구리, 흑비둘기 등 조류 30여 종과 풍란, 양채송화, 쇠뜨기 등 희귀 동식물이 서식하여 학술적 가치도 높은 곳이다. 백도 일대 바다는 수심이 36~80m로 낚시터로도 널리 알려져 있다. 명승 제7호로 지정되어 있다.

⊙ 명소

● 거문진 ─ 삼산면 동도리 유촌에 위치. 1888년 설치한 후 1895년 고종 때 폐진되

알아둡시다 · 영국군 묘지
무단 점거했던 동양함대 병사의 무덤

　거문도는 19세기 전후 열강의 식민지 쟁탈전에 휘말려 일본, 영국, 러시아 등 강국들에게 끊임없이 수난을 받아 온 역사의 현장이다. 1845년 군함을 이용하여 우리의 영해를 멋대로 측량해 간 영국은 거문도를 포트 해밀톤(Port Hamilton)이라고 부르며 태평양 진출을 위한 요새지로 지목하고 있었다.

　1884년 겨울, 또 다시 영국군함이 청국(淸國)인과 다녀간 후 얼마 후인 1885년 4월 러시아의 세력이 증대되고 아프가니스탄 사태가 고조되자 영국은 예고없이 동양함대를 출동시켜 거문도를 무단 점거하는 침략행위를 저질렀다.

　기록에 의하면 거문도 주둔 영국군은 최고 7~8백명에 이른 적도 있다고 하는데 거문도 곳곳에 1백여 간의 막사와 병원, 포대 등을 짓고 국기를 게양하고, 수뢰와 전선을 부설, 요새화했다.

　영국군은 2년간을 점거한 셈인데 총기사고 등으로 모두 9명이 죽은 것으로 전한다. 구전에 의하면 이들을 장례한 묘소가 현재의 여객선터미널 동북쪽에 있었는데 현재 위치로 이장한 것이며 일인들에 의해 묘비가 부서졌다고 한다.

　영국군묘지에는 가끔 영국 수병의 참배행사가 있었는데 수년 전 유해를 본국으로 옮겨가 현재는 묘비만 남아있다.

었다.

- 이대원 장군 사당-조선 선조 20년(1587) 왜구가 침입하자 당시 녹도만호 이대원 장군이 이를 막다가 전사했다. 매년 3월에 제사를 지내고 있다. 손죽도에 위치한다.
- 거문등대-거문도 동남 수월산 벼랑에 위치. 1904년 건립. 동양최대 규모라고 일컬어지고 있다.
- 거문도해수욕장-서도리 유촌에 위치, 거문도등대 앞 해변에 위치한다.

가이드

⊙ 교통

- 항공-여수공항까지 서울에서 1일 2회 왕복. 45분 소요.(대한항공)
- 해운-여수항에서 거문도행 신영고속훼리(5시간소요, 격일운항) 타코마 3호(2시간 소요, 1일 1회 왕복), 덕일호(6시간, 격일운항.)
- 철도-여수역까지 전라선 새마을(1회 왕복), 무궁화(2회 왕복), 통일호(6회 왕복) 서울까지 무궁화호 약 6시간 소요.
- 고속버스-여수까지 서울발(5시간 50분 소요), 부산발(3시간 30분 소요)
- 시외 /직행-서울, 부산, 광주, 해남, 목포, 순천, 마산, 남해 등지와 수시연결됨.
- 기타-하계절 거문도행 선박 증편 운항됨.

거문도~백도산 관광선 수시운행.

⊙ 숙박

- 관광호텔-여수에 여수비치(1급, 74실), 세종관광호텔(2급, 31실), 여수파크(3급, 31실), 여수관광호텔(3급, 36실)있음.

민박 11호 57실(282명 수용) 문의전화(0662)63~8044

⊙ 메모

- 특산 명물-오징어, 미역, 해삼, 전복, 소라, 멍게 등
- 향토 미각-미역 수제비, 모듬회
- 기타 사항-낚시터 7개소. 횟집5개소

거제도 해금강

경남 거제군 남부면 갈곶리

해금강의 명소, 십자동굴

　충무공의 첫 승첩지 옥포만과 포로수용소, 태고로부터 계속된 비바람과 파도가 새겨 놓은 걸작 해금강 등으로 명성을 떨치고 있는 거제도는 새롭게 떠오르는 관광의 보고이다. 섬의 면적도 제주도에 이어 국내에서 두번째로 크다.

　거제도에 속해 있는 거제군은 유인도 11개, 무인도 49개 등으로 형성되어 육지부는 전혀 포함되지 않고 있다.

　그러나　1971년 거제대교가 개통되어 육속화되었고 1973년 삼성조선소 등과 같

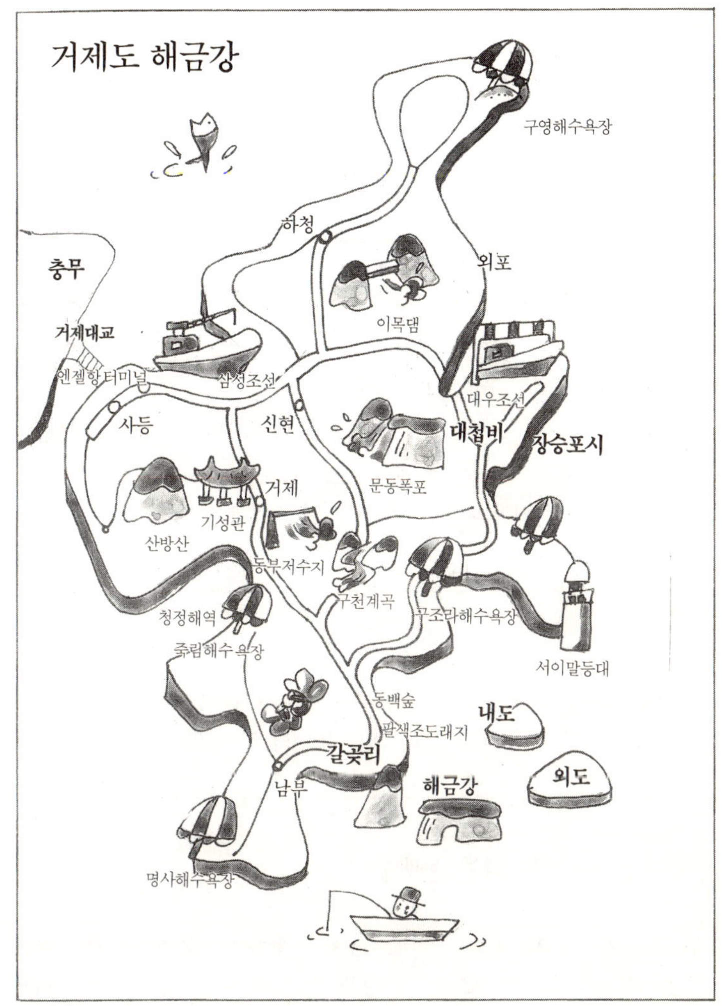

은 대규모 산업시설이 유치되면서 면모를 일신하는 급진적인 변화가 이루어졌다. 이곳은 4면이 바다로 둘러싸여 풍부한 수산자원이 있으며 한난류가 교차하는 해역으로 수산동식물이 7백여 종이나 서식하고, 내륙에는 아열대식물이 풍부해 '보물섬'이라 불려왔다. 특히 거제만 일대는 세계 최상의 청정해역으로 지정되어 있어 굴과 미역양식장, 도미축양장 등이 있다. 이곳은 거제 해금강을 중심으로 하는 한려해상 국립공원 최고의 명소이기도 하다. 거제도는 해금강, 구천계곡, 거제만, 학동해변 등과 같은 산수자연경관 이외에도 임진왜란 당시 충무공의 첫 승첩지로 알려진 옥포만, 한국전쟁의 포로수용소, 고현산성, 장목진객사, 거제동헌, 반곡서원, 지석묘 등 숱한 문화유적을 지닌 관광의 보고이다.

한려해상 국립공원의 제일 명소 해금강은 명승 2호로 지정된 곳으로 원래는 갈도라 불렸다. 그러나 이곳의 경관이 강원도 해금강처럼 아름답다고 해서 이곳저곳에서 해금강으로 불려져 이젠 해금강이란 이름이 더 널리 알려지게 되었다. 이는 일제 때의 문헌이나 그림에서도 사용되고 있을 만큼 오래 전부터 쓰여져 왔다.

전설에 의하면 중국의 진시황이 불로초를 구하러 동남동녀 3천명과 서불을 보냈다는 봉래산은 바로 해금강이었는데 지금도 제석봉 석벽에는 서불이 지나갔다고 해서 '서불과차'란 글이 남아 있다고 한다.

갈곶리 앞 해상은 장관의 일출과 낙조가 펼쳐지는 곳으로 사자바위, 미륵바위, 토끼바위, 부처바위, 용바위, 물개바위, 금관바위, 촛대바위, 십자동굴 등 자연이 빚어낸 천태만상의 기암괴석들이 어느새 넋을 잃게 한다.

◉ 명소

- 사자바위 — 사자가 포효하는 모습을 하고 있다. 양옆에 커다란 봉우리가 솟아 중앙부에 위치한다. 일출 월출이 장관이다. 이 때문에 일월관암으로도 불린다.
- 해금동굴 — 십자동굴이라고도 한다. 10m의 절벽 위에 천년 적송이 있다. 북쪽,

알아둡시다 · 학동숲

팔색조가 날아든다는 동백숲

천연자원의 보고로 알려진 거제도 남단에 위치한 학동은 바다가 한눈에 보이는 절경의 해변에 위치한 명소. 검고 작은 조약돌로 이루어진 해변과 십리길을 잇고 있는 울창한 동백숲이 환상의 경관을 자아낸다. 거제에서 제일 높은 해발 556m의 노자산과 가산산이 마주한 골짜기아래 펼쳐지는 해변가에 위치한 동백숲은 겨울이 시작되는 11월부터 이듬해 3월까지 꽃이 피는데 매년 5월경에는 세계에서 가장 아름답다는 팔색조가 날아든다. 동백숲과 함께 천연기념물 233호로 지정되어 있는 팔색조는 세계적 희귀조로 5월에 대만 · 일본 · 인도 등지에서 날아와 6~7월경 산란을 하는데 몸색깔이 무지개색을 방불케 하는 여러가지 색의 조화가 가히 일품이다. 팔색조는 10월 중순이면 남쪽으로 이동한다.

동쪽의 굴로 배가 통하는 해상의 만물상 석문이 있다. 남쪽 동굴은 사통굴이라고 한다. 북쪽 동굴 입구 벼랑에는 견우직녀송이 있다.

- 조도령바위－부처굴 입구에 위치. 담뱃대를 물고 있는 모습을 하고 있다.
- 원앙바위－신랑신부가 구식결혼을 올리는 모습을 하고 있다. 쌍촛대를 닮았다고 해서 촛대바위로도 불린다.
- 이 외에도 용바위, 물개바위, 토끼바위, 미륵바위, 금관바위 등 수많은 기암괴석이 있다.

가이드

◉ 교통

- 항공－진주 또는 부산까지 이용. 부산김해공항에서 서울간 30편 이상. 제주공항간 15회, 광주행 1회 운항. (부산쪽이 더 편리함)
- 해운－충무항에서 해금강행(한산도경유) 수시운항, 부산항에서 해금강행 일반선 1왕복 운항.
- 철도－부산역까지 경부선 이용. 진주까지 경전선 이용.
- 고속버스－부산까지 서울, 동서울, 의정부, 인천, 춘천, 성남, 경주, 대구, 대전, 청주, 진주, 순천, 여수, 광주, 전주간 운행. 진주까지 서울, 부산, 대구, 광주에서 운행.
- 시외/직행－충무까지 부산, 마산, 대구, 진주, 울산, 대구간 직행버스 수시운행. 해금강(갈곶리행)까지는 충무에서 1일 14회 운행, 2시간 소요.
- 기타－충무에서 해금강 버스중 일부는 학동을 거치지 않고 저구를 경우함. 충무출발 유람선은 갈곶리에 정박하지 않음.

◉ 숙박

- 관광호텔－장승포시에 옥포관광호텔(1급, 129실)이 있음.
충무시에도 여러 곳 있다.
- 기타－민박문의 거제수협 (0558)681~2233, 해금강호텔(일반여관 수준) 1개소.

◉ 메모

- 특산 명물－멸치, 파인애플, 유자(사등면), 우렁쉥이(남부면), 홍합.
- 향토 미각－죽순통조림, 갈곶리 해변에 횟집 많음.

경복궁

서울 종로구 세종로

경복궁의 동문인 건춘문 현재는 정문이 되었다

조선의 개국 후 대역사를 벌여 이룩한 조선의 정궁이다. 조선 건축의 최후를 장식한 곳이기도 하다. 사적 제17호로 지정된 경복궁(景福宮)의 이름은 조선 태조 때의 개국공신 정도전이 왕조의 대복을 빈다는 뜻에서 지어 부른 것이다. 경복궁은 조선 태조 3년(1394) 송도의 수창궁에서 천도를 결정하고 '신도 궁궐 조선도감'을 설치하여 고려 때와는 전혀 다른 평지 궁궐을 지은 후 이곳으로 옮겨 정사를 시작했다.

1398년 왕자의 난, 한글창제와 세종의 위업이 모두 이곳에서 이룩되었고 단종애

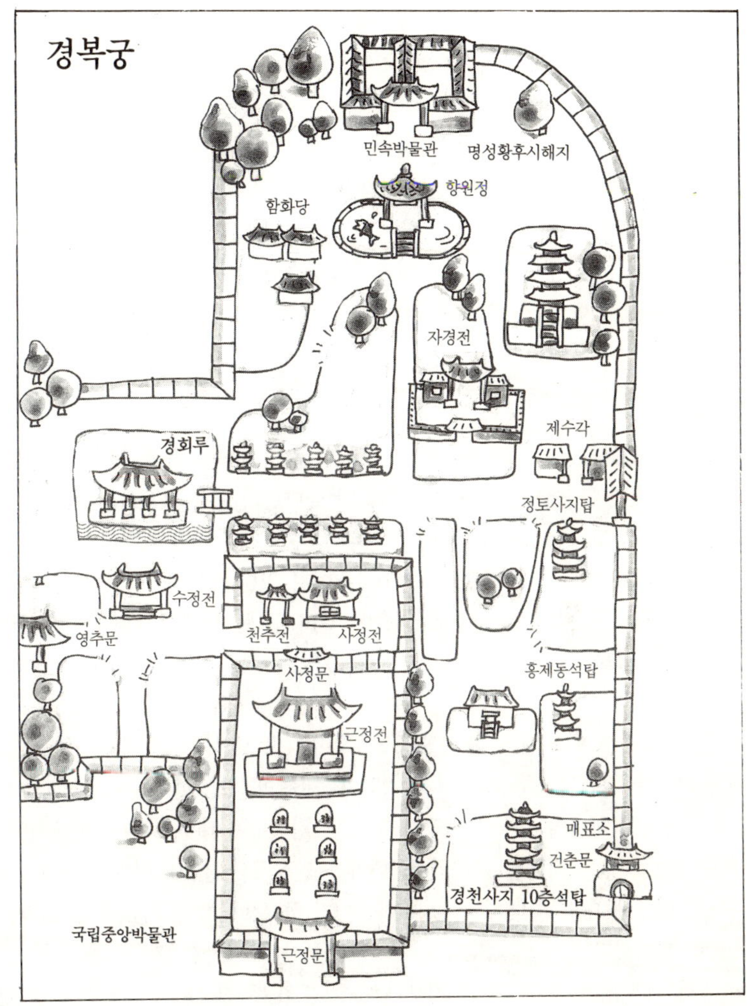

사, 연산군 폭정, 중종반정이 벌어지기도 했다.

경복궁은 1592년에 있은 임진왜란으로 비롯된 선조의 파천까지 무수한 우여곡절을 겪고는 임진란의 병화로 인해 폐허가 되고 말았다. 한때 익종(추존), 헌종 때에 중건을 도모했으나 모두 무산되었고 이후 계속 273년간을 황폐하게 버려져 왔다.

고종 2년 대원군이 왕가의 권위신장과 확립을 위하여 선왕의 유지 계승 등을 명목으로 '영건도감'을 설치하여 중건을 감행하자 무수한 비난과 재정적 곤란을 겪었다. 그러나 마침내 1868년 역사는 이루어졌다. 완공 후 덕수궁에서 옮겨온 고종은 다시 이곳에서 임오군란, 기묘사화, 갑신정변 등의 시련을 겪어야 했다. 1910년대에 이르러 일제가 강제로 점거하여 총독부 청사를 지으면서 1만 칸에 이르던 건물이 거의 다 멋대로 헐렸다. 현재 남아 있는 옛 건물은 대원군 때 지은 것으로 양식은 창덕궁에서 예를 취하고 태조 때의 위치, 양식, 명칭을 그대로 재현했다.

경복궁은 건물의 전형적인 배치와 고저가 뛰어난 점, 건축미의 수려함이 높이 평가되고 있다. 현재 경내에는 전국 각지에서 옮겨온 각종 문화재와 민속박물관, 국립중앙박물관이 있다. 조선 건축과 궁궐 제도 연구에 귀중한 자료가 되고 있다.

⊙ 명소

• 근정전(勤政殿) — 문무 백관의 조하를 받던 경복궁의 정전. 중층 팔작지붕을 얹고 있다. 정면 5칸 규모. 특징은 유례없이 높다란 안기둥(3.65m)에 아름다운 공포 장식이 짜여졌고 천정 중앙 보개에 쌍룡과 보주가 조각되어 있으며 '일월 오악(日月五岳)'이 담긴 병풍을 배경으로 옥좌가 놓여져 있다. 현판은 예조판서 이민홍의 친필이다. 건물 좌우에 청동향로와 쇠솥이 걸려 있다. 품계석을 지나면 정면에 근정문, 좌우에 일화·월화의 협문이 있고 서쪽 회랑에는 각종의 석탑과 불상이 진열되어 있다.

• 경회루(慶會樓) — 태조 때 건물을 태종이 주변에 못을 파고 중건했으나 임진란 때 불타 고종 4년에 대원군이 다시 지었다. 현재의 것은 한국전쟁의 전화로 일부가 파손되어 한미재단의 원조로 복구한 것이다. 경회루는 태종이 지은 이름이며 과거장과 중국의 사신을 접대한 곳이었다. 한때는 연산군의 놀이터이기도 했다. 연꽃으로 가득한 연못에 떠있듯 48개의 길게 다듬어진 돌 위에 정면 7칸, 측면 5칸의 웅장한 규모로 세워졌다.

• 광화문(光化門) — 경복궁의 정문(남문). 태조 때 건축되어 임진란에 불 탄 것을 대원군이 중건했고 일제가 헐어 없애려 하자 일인(日人) 야나기 등이 반대하여 건춘문 옆에 옮겨 놓았었다. 그후 한국전때 전화로 석재만 남게 되었다. 1968년 시멘트 등으로 복원했으나 단순직선형으로 만들어 비난을 받기도 했다.

• 건춘문(建春門) — 경복궁의 동문으로 왕족, 상궁들만의 출입문이었으나 현재는 경복궁 매표소가 있는 출입문이 되었다. 임진란 때 불타 대원군 때 재건되었다.

• 수정전(修政殿) — 경회루 정면에 있는 건물로 훈민정음을 만든 집현전 학자들이 사용하던 왕가 도서실이었다. 세조 때는 예문관으로 사용되었다. 집현전이 있었다고

물 위에 떠있는 듯한 경회루

도 전한다.

- 사정전(思政殿)—임금이 내일 조회를 받으며 명을 내리고 정사를 다스리던 곳이다.

- 자경전(慈慶殿)—대원군 때 재건. 고종 10년, 13년에 각각 불타 고종 25년에 중건했다. 본래 자미당의 터로 예종(8대)과 인조(12대)임금이 승하한 곳이며 고종을 왕위에 올린 조대비(추존왕인 익종의 비)의 처소였다.

- 향원정(香遠亭)—명성황후 침전인 곤영각 북쪽의 취향루를 옮겨 경회루 동북쪽 연못 속의 인공섬에 지은 것. 건천궁과 다리로 이어진다. 국내 최초 전등용 발전기가 설치되었던 곳이다.

- 곡수지(曲水池)—아미산 북쪽으로 함화당까지 향의지의 물줄기가 구불구불 이어져 있는 작은 연못이다. 일본식 정원을 본따 해방 후에 만든 것이다.

- 집옥제(集玉齊)—고종 때의 왕실 도서관으로 유일하게 중국식을 본따 지은 건물이다. 현 민속박물관 좌측에 있으며 부속 건물로 서고인 팔우정이 있다.

- 신무문(神武門)—청와대 정문과 마주하는 문으로 경무대에서 과거가 열릴 때만

열었던 문이다.

● 함화당(咸和堂) - 향원지 맞은편에 있는 낮은 건물로 외국 사신과 신하를 접견하던 곳이다. 동편을 집경당, 서편을 함화당이라 했다.

● 동십자각 - 유실된 서십자각과 함께 궁내 경비를 위해 지은 것. 도로 가운데 있다.

● 국립민속박물관 - 옛날 천추전이 있던 곳 또는 부근으로 추측되며, 1985년 서구식 벽체에 일본식 지붕을 얹은 모습을 하고 있다. 1975년 개관. 전시품은 의생활·식생활·공예·주거·장식·신앙의례·예능오락·사회문화 등 8개 전시실로 나뉘어져 있으며 중앙홀에 특별 전시장이 있다.

알아둡시다 · 중앙박물관

반만년 역사의 문화유산의 전시장

국립 중앙박물관은 5천년 역사의 문화유산을 한자리에 모아 정리, 분류 연구하는 기념공간. 그간 유물 수집, 보관 외에도 꾸준히 모든 문화활동의 핵심이 되어 왔다. 구한말 순종황제때인 1908년 창경원에 설치된 이왕가 박물관을 효시로 하고 있는 국립 중앙박물관은 덕수궁 내로 옮겼다가 경복궁 내로 또다시 옮겼으나 소장품이 1986년에 이르러 10만 점이 넘게 되자 소장, 전시에 한계를 느끼게 되었고 이에 따라 중앙청으로 쓰여졌던 조선총독부건물을 개수, 신축하고 1986년 9월 이전하여 현재에 이르고 있다. 지하 1층, 지상 5층 규모의 중앙박물관은 부지면적 3만 4백여 평, 연건평 1만 8천평, 전시공간 면적은 3천평에 이른다. 본관은 日자로 꾸며진 기존건물의 가운데 마당과 공간을 메우는 형태로 증·개축, 1층은 일반사무실, 2, 3, 4층은 전시실, 5층은 박물관 학예실로 사용하고 있다. 강당은 객석 3백 석 규모로 무대와 조명시설이 현대적인 설비로 완전 자동화되어 있다. 이는 각종 학술강연이나 소규모 공연에 활동된다. 유물창고는 본관에 부속된 1천6백여 평 규모의 지하실을 방습, 환기 조명시설을 완비하여 유물보존이 가능하도록 했다. 전시공간에는 총 유물 11만 점 가운데, 1만여 점이 23개 전시장에 나뉘어 전시되고 있다.

국립박물관은 건물해체 계획에 따라 용산 미8군 부지 반환후 이전될 예정이다.

전시실 배치 현황

· 1층 /사무실, 기계실, 전시준비실, 식당, 도서실, 회의실, 세미나실 ※중정에 들어선 신축 건물에는 유물창고와 강당

· 2층 /고고부, 미술부 ※중정 2층에는 불교조각실, 회화실

· 3층 /고고부, 미술부, 신안유물실

· 4층 /동양부, 서양부   · 5층 /학예연구실

● 이 외에도 경복궁에는 태조 때 신축되었거나 또는 고종 때 복원된 많은 건물이 있었으나 임진왜란과 일제 때 훼손, 한국전쟁 및 실화 또는 사고에 의해 유실되었으며 그 터조차 확인되지 않는 곳도 있다. 경내 곳곳에는 북한지역과 각 지방에서 수집되어 옮겨다 놓은 국보, 보물급, 문화재가 궁원내 여러 곳에 보존되어 있다.

가이드

◉ 교통
● 항공 — 김포공항 이용.
● 철도 — 지하철 3호선 경복궁역 하차 도보 2분. 서울역, 청량리역, 신촌역, 영등포역; 용산역에서 전국각지 연결.
● 고속버스 — 강남고속버스터미널에서 전국각지 운행.
● 시외 /직행 — 남부터미널, 동서울종합터미널, 서부터미널, 상봉터미널, 신촌정류장, 역전터미널, 암사동정류장 등지를 이용.
● 기타 — 시내버스 2, 6, 8, 20-2, 32, 60, 104, 104-2, 153, 153-1, 159번 이용. 좌석버스 704번.

◉ 숙박
● 관광호텔 — 시내 전역에 1백여 개 업소가 있음.
● 기타 — 일반호텔, 여관, 여인숙, 하숙업소가 전역에 있음.

◉ 메모
● 향토 미각 — 서울시 향토 지정업소 약 3백여 개소가 있다.
● 기타 사항 — 입장료 : 어른 550원

경포대

강원도 강릉시 안현동, 강문동, 저동 일원

언덕에 세워진 우아한 경포대

　맑고 드넓은 동해와 접하여 천혜의 수려한 해안 경관을 지녔으며 대관령이 울타리를 이루듯 막아서고 있는 강릉(江陵)은 충효와 학문의 고장이다. 이곳에서 율곡 이이(李珥), 허난설헌(許蘭雪軒), 신사임당(申師任堂) 등 드높은 인물이 대거 배출되었으며 온난한 기후와 풍요한 옥토를 지녀 산물도 풍족하고 인심이 순후하여 일찍부터 영동지방의 중추를 이루던 곳이었다.

　강원도 강릉시 북동쪽 안현동, 강문동, 저동, 초당동, 문정동, 죽헌동, 송정동에

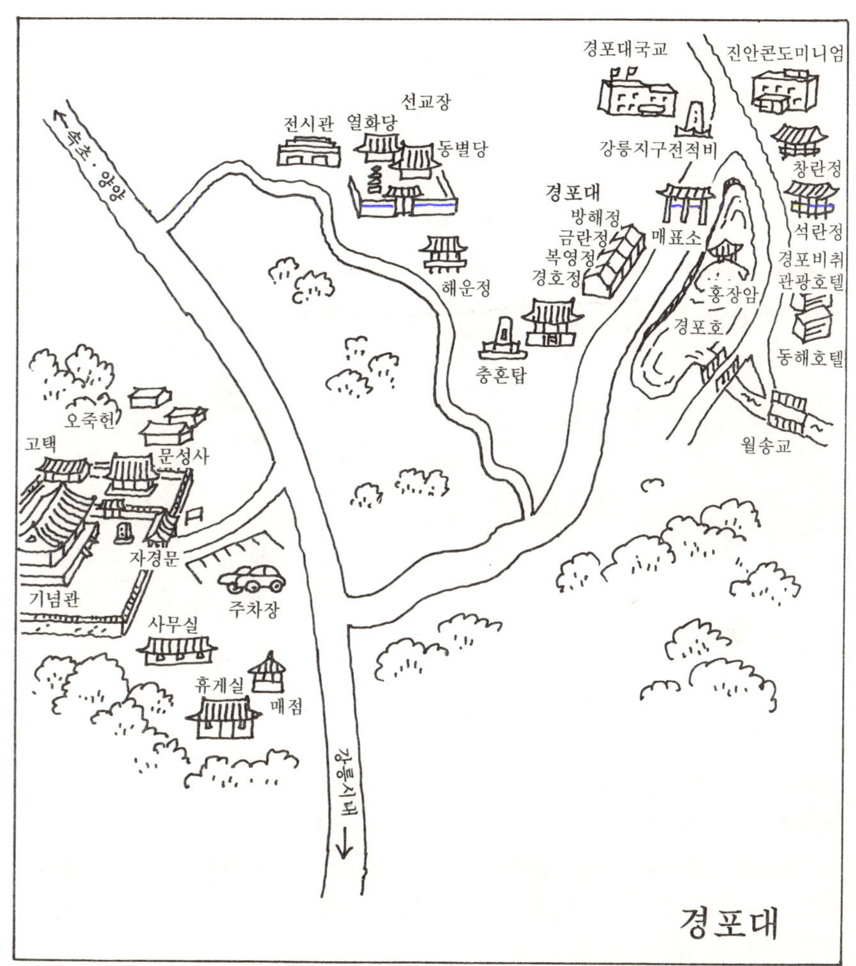

이르는 9.37㎢ 면적의 지역에는 경포도립공원(鏡浦道立公園)이 위치한다.

　경포도립공원은 척량 산맥의 줄기를 따라 해안에 늘어선 낙산사, 청간정, 죽서루 등과 함께 관동8경의 하나로 널리 알려진 '경포대'를 중심으로 한 임해의 문화·자연 경승지로서 현재 동해안 일대의 설악, 낙산사와 함께 크게 각광을 받고 있는 곳이다. 동으로는 송림과 백사장이 펼쳐져 맑고 푸른 동해를 대하고 있으며 경포호 주변에는 경포대를 비롯한 해운정, 경호정, 금란정, 방해정 등 유서깊은 누각과 정자가 있다. 또한 도로를 경계로 서로는 율곡 이이의 탄생지 오죽헌이 자리하여 경포

민속박물관인 선교장

지역의 명승과 함께 연결된다.

　경포해수욕장에서 남으로 뻗은 해안도로를 따라 강문에 이르면 부락신을 모시는 민속행사 '진또베기'가 벌어지며 오죽헌에서는 '율곡제'가 매년 거행되기도 한다. 최근 이곳은 국제수준급 전천후 해안 휴양단지로 조성키 위하여 민자등을 유치하여 대단위 단지 조성공사를 실시할 계획으로 있다. 경포일대는 지방기념물 제2호로 지정되어 있다.

◉ 명소

● 경포대(鏡浦臺) − 지방유형문화재 제6호. 저동 94번지 위치. 고려 충숙왕 13년(1326)경 강원도 안렴사 박숙이 세운 정자이며 원래는 방해정 북쪽에 있던 것을 조선 중기 때 현 위치로 이건했다. 건물은 32개의 기둥을 세워 팔작지붕을 올린 목조와가로 된 누대로서 현재 것은 조선 말기 고종 10년(1873)에 중건한 것이다. 이곳일대는 여름 청량놀이, 가을 달맞이로 알려진 곳이며 봄철에는 벚꽃이 만발한다. 옆

율곡 이이가 태어난 오죽헌

에 충혼탑과 신사임당 동상이 있다.

● 경포호(鏡浦湖)　저동에 위치. 원래는 둘레가 삼십여 리에 달하는 넓은 호수였다고 하나 현재는 십여 리에 이른다. 수면이 거울과 같이 맑다고 하여 경포라 지었다고 하며 유익하다는 뜻으로 일명 군자호라고도 한다. 구두쇠영감에 얽힌 재미있는 전설이 전한다. 호수 가운데에는 우암 송시열의 필적인 조암이라 새겨진 새바위와 기생 홍장이 죽은 곳이라는 홍장암이 있다. 최근 준설로 수심이 깊어졌다.

● 호해정(湖海亭) ―지방문화재 제62호. 저동에 위치. 경호 동북쪽 산기슭에 자리한 정자로 조선시대 장호가 지었다. 김몽호의 영정을 모시고 있다.

● 경호정(鏡湖亭) ―경포호의 달맞이를 즐길 수 있는 증산마루에 세워진 정자이다. 옛날 선교장에 모이던 유생들이 풍류를 즐기던 곳이다.

● 해운정(海雲亭) ―운정동 256에 위치. 보물 제183호. 조선 중종 25년(1530)에 심언광의 별당으로 지은 정면 3칸, 측면 2칸의 단층 목조와가. 조선 명사의 글과 그림이 여러 개 소장되어 있다. 조선시대의 선비별당 양식의 전형이 되고 있다.

● 방해정(防海亭) ―저동 8번지에 위치. 지방문화재 제50호.금란정과 홍장암 사이

에 세워진 15평 규모의 목조기와 건물. 삼국시대 '인월사'라는 절터였다. 현재의 건물은 1975년 중수한 것이다.

● 금란정(金蘭亭) — 원래는 매학정으로 불렸으나 후에 개칭. 조선 말기 김위진이 세운 것이다. 근처에 경호정과 상영정 등이 있다.

● 석란정(石蘭亭) — 지방 계원 21인이 발기하여 1956년에 세운 정자로 호수 동쪽 송림에 있다.

● 경포해수욕장 — 저동에 위치. 서해의 대천, 남해의 해운대와 함께 우리나라 3대 해수욕장으로 손꼽히는 명소이다. 담수와 해수가 어우러지는 이곳은 시오리에 달하는 백사장과 송림 숲이 펼쳐지며 전방 100m까지 1.5~5m 내외의 알맞은 수심을 이루고 있다. 바다 한가운데에는 유명한 오리바위와 십리바위가 솟아 있다. 해안을 따라 송림을 바라보며 강문해수욕장, 송정해수욕장, 안목해수욕장이 이어져 있다.

● 전충사(全忠祠) — 저동 88-2에 위치. 충신이었던 정몽주의 사당으로 경포대 서쪽에 있다.

알아둡시다 · 선교장 민속박물관

국내에서 가장 큰 규모의 민가

강릉시 운정동 431번지. 관동8경의 하나인 경포대 뒤편 아담한 산기슭에는 중요민속자료 제5호 선교장이 있다.

선교장은 조선왕조시대의 대표적인 상류주택으로 총건평이 318평이나 되는 국내에서 가장 큰 규모의 민가이다. 이 건물은 효령대군의 11세손인 무향(茂鄕) 이내번(李內蕃)이 그의 어머니 인성 권씨와 함께 충주에서 옮겨와 이웃 저동에서 살다가 새로 지어 이사한 것인데 현재까지 8대에 걸쳐 살고 있다. 당시 이곳은 경포호수가 앞에까지 닿고 있어 강릉을 오갈 때마다 배를 타야 했었는데 이곳이 배다리마을에 있다고 해서 선교장이라 불리게 되었다. 구조는 펑퍼짐한 산기슭에 위치하여 낮으막한 산이 집 주위를 병풍처럼 감싸고 있고 남동쪽만이 훤히 트여있다. 선교장은 1967년 중요민속자료 제5호로 지정된 후 1984년 6월 곁가와 옛 세간살이, 식생활용구, 서화, 서책, 문서, 의복 등 소장품 4천여 점을 4개 전시실에 나누어 전시한 민속박물관으로 개관했다. 현재 제4전시실로 사용하고 있는 한식 콘크리트 건물을 제하고는 모두가 원래 남아있던 건물로 동서별당, 정자인 활래정, 열화당, 행장 등이 있다. 활래정 앞 연못은 경관이 일품이다.

● 오죽헌(烏竹軒)—죽헌동 201번지에 위치. 보물 제165호로 지정되어 있다. 성현 율곡 이이의 탄생지(1536년 12월 26일)로 율곡의 외조부 신명화의 집이다. 오죽헌은 집 뒤에 오죽이 무성하다고 하여 붙여진 이름이며 신명화의 외손인 권씨의 후손이 관리해 오던 곳이다. 1962년 10월 정화사업이 실시되어 성역화작업이 이루어졌고 1976년 모든 공사가 완료되었다. 경내에는 보물 제602호. 격몽요결, 옥산서병, 매창매화도 및 옥산국화도첩 등의 서책과 그림, 벼루 등이 보관되어 있다.

가이드

◉ 교통

● 항공—강릉공항까지 서울 김포공항에서 1일 2회 왕복. 50분 소요.

● 철도—영동선(강릉~청량리간) 통일호 1일 2회 왕복. 강릉~부산간 무궁화호 1일 1회 왕복.

● 고속버스—강릉~서울간(3시간 40분 소요), 강릉~동서울간(3시간 30분), 강릉~원주간(2시간 10분), 강릉~대전(4시간) 소요.

● 시외 /직행—강릉까지 서울, 춘천, 원주, 수원, 제천, 충주, 청주, 영월, 평창, 월정사, 부산, 대구, 울산, 속초 등지에서 직행운행.

● 기타—강릉시내~경포대간 시내버스, 택시이용.

◉ 숙박

● 관광호텔—경포비치관광호텔(2급, 61실), 강릉 동해관광호텔(2급, 81실). 코리아나호텔(3급, 59실)

● 기타—민박 30호 144실(591명 수용) 문의(0391)44~2089, 여관, 여인숙 다수.

◉ 메모

● 특산 명물—목공예

● 향토 미각—초당두부, 전복죽(경포회센터)

● 기타 사항—해변 야간 출입금지.

경포대 입장료 : 어른 250원, 군인·학생 120원, 어린이 100원.

경포도립공원 입장료 : 어른 400원, 군인·학생 300원, 어린이 150원.

계룡산 갑사

충남 공주군 계룡면 중장리

계룡산 최고의 거찰, 갑사

'93 대전 엑스포의 주역을 맡게 된 관광명소 계룡산국립공원은 오래 전부터 중부권에 위치한 지리적 이점으로 전국 어디서나 당일, 숙박 관광지로 각광을 받고 있는 명승지. 공원내에는 숲이 울창하고 기묘한 기암이 가득한 아름다운 산봉들이 솟아 있어 골짜기 곳곳에는 수려한 계곡과 폭포, 사찰, 암사 등이 자리 잡고 있다.

계룡산(鷄龍山)의 사찰은 동쪽의 동학사, 서쪽 갑사, 남쪽 신원사 북쪽의 구룡사(지) 등 지방에 각각 4개의 사찰을 지니고 있는데 북의 구룡사를 제외하고

계룡산 정상 못미처의 남매탑

는 모두 남아 있다.

계룡8경 중 제6경 단풍명소로 꼽히고 있는 갑사(甲寺)는 언천봉 서쪽 기슭에 위치한 계룡산 최대, 최고의 고찰로 많은 문화재를 지녔고 주변의 기암과 계곡 경치도 단연 첫손으로 꼽힌다. 대한불교 조계종 제6교구에 속하고 있는 갑사는 백제 구이신왕 원년(420) 아도화상이 창건하고 무녕왕, 위덕왕 등이 중창하여 화엄종 10대 사찰의 하나로 꼽혀왔다고 전한다. 그후 신라 문무왕 때 다시 중수를 마친 의상대사가 갑(岬)자를 고쳐 현재의 갑(甲)사로 개칭했다고 한다. 그러나 조선시대에 이르러 왜구의 방화로 모두 불타 다시 조선 중엽부터 중창되었으며 1899년 대중수를 하여 오늘에 이르고 있다. 현재의 갑사는 1967년과 1970년대 초에도 일부 보수하였는데 가람의 형태는 계곡을 전면에 두고 서향으로 배치했다. 경역은 대략 3단의 층계를 이루고 있다. 경내에는 철당간, 부도, 동종 등 보물급 문화재와 사적비, 약사여래입상 등 지방문화재가 있으며 대웅전, 강당, 천불전, 해탈문 등 15개소의 건물이 있다. 갑사에서 산길을 오르면 수려한 계곡이 나타나고 잠시 후 용문폭이라 새겨진 작은 폭포가 맞이 한다. 용문폭포에서

아담한 모습의 용문폭포

갑사경내 못미처까지는 언제나 맑은 물이 끊이질 않고 흐른다.

예부터 '춘마곡 추갑사'란 말이 전하고 있는데 이는 계곡과 주변의 울창한 숲에 물든 단풍의 아름다움을 일컫는 것이다.

◉ 명 소

● 갑사 철당간 및 지주―통일신라 때 작품. 청주 용두사지 철당간과 함께 귀중
한 유물로 평가되고 있다. 당간 직경 50cm, 지주 3m. 원래는 28개의 철통으로
되었다고 하나 4마디가 유실되어 24개만 남아 있다. 높이 15m. 원금당지 서쪽
에 위치. 보물 제256호.

알아둡시다 · 계룡산 국립공원

조선 도읍지로 꼽혔던 영산

닭벼슬을 쓰고 있는 용의 모습이라는 계룡산은 천황봉(해발 845m)을 주봉으로 차령산맥과 노령산맥 사이에 솟아 있는 명산. 신라 때는 오악 중 서악(西岳)으로 불렸고 조선시대 때는 삼악(三岳) 중 중악(中岳)으로 불렸었다. 또한 고려 말기 풍수지리설의 대가였던 무학대사가 조선을 건국한 이성계의 명에 따라 조선왕조의 도읍지로 꾸미기 위해 한때 이곳 남쪽 신도안에 궁궐공사를 실시하기도 했다. 지금도 당시에 사용했던 석재가 있으며 조선시대 삼신제를 지내던 중악단이 보존되어 있다.

지난 1968년 12월 국립공원으로 지정된 계룡산은 총 61k㎡ 지정면적 중 67.5%가 충남 공주군, 21.3% 논산군, 11.2%가 대전직할시에 속해 있다. 그러나 입장객은 70%이상이 대전시와 가까운 동학사쪽으로 입장하고 있다. 국립공원내에는 천황봉, 쌀개봉, 수정봉 등 9개의 산봉과 갑사구곡, 천정계곡 등 계곡 8개소, 은선폭포 등 폭포 4개소가 있으며 보물 4점 등 지방문화재 17점이 분포한다.

또 동학사, 갑사, 신원사 등 4개의 사찰과 12개의 암자가 있다. 동물은 노루, 담비 등 548종, 식물상은 더덕, 고사리 등 611종이 서식하고 있는 것으로 알려져 있다.

- 갑사부도 – 높이 2.05m. 대숙전 앞에 위치. 1917년까지는 중사자암 뒤에 있었으나 도괴되어 이건했다. 보물 제257호.
- 갑사동종 – 갑사정문 우측에 위치. 조선 선조 17년(1584)에 해당하는 명문이 남아 있다. 높이 1.27m, 지름 91.5cm. 보물 제478호.
- 월인석보목판 – 국내 유일한 월인석보목판 46장만이 남아 있다. 보물 제582호.
- 약사여래입상 – 갑사 동쪽계곡 100m 거리에 자연암석굴에 조성. 고려 중엽 때 작품. 높이 1.41m. 지방유형문화재 제59호.
- 미륵입상 – 진매당 내에 위치. 지방유형문화재 제60호. 화강암으로 조성. 목이 절단된 상태이다.
- 사적비 – 자연암반에 기단을 만들어 대리석 비신을 세웠다. 높이 2.25m, 폭 1.33m.
- 부도군 – 철당간 앞에 6기, 갑사 동북쪽에 2기, 서쪽 산기슭에 8기가 남아있다.

* 원금당지—대숙전 앞뒤에 11개의 초석이 남아 있다. 왜구의 방화로 불탄 건물지임을 추측케 할 뿐이다.
* 대웅전—정면 5칸, 측면 3칸. 맞배지붕의 다포계 양식. 조선 후기 때 작품. 1970년 보수.
* 강당—정면 3칸, 측면 2칸, 맞배지붕의 다포집.
* 응향각—대웅전과 나란히 세워져 있으며 정면 5칸, 측면 3칸 팔작지붕의 주심포 양식. 많이 퇴락되어 있다.
* 대숙전—정면 3칸, 측면 3칸. 팔작지붕의 다포집.
* 팔상전—정면 3칸, 측면 1칸. 맞배지붕의 다포집. 석가의 일대기를 그린 8폭 그림이 있다.
* 정면 3칸, 측면 2칸의 맞배집. 승병장 휴정, 유정, 영규대사 영정이 모셔져 있다.
* 기타—삼성각, 종각 등이 있다.

가이드

◉ 교통
* 철도—경부선 이용. 대전 또는 청주까지 이용.
* 고속버스—서울~공주간(2시간 20분 소요). 40분 간격 운행.
* 시외/직행—공주까지 서울, 대전, 부여, 예산, 논산, 조치원, 청주에서 직행 5~30분 간격.
* 기타—공주시내~갑사간(25분 소요) 직행버스 40분 간격 운행. 시내버스도 있음.

◉ 숙박
* 장급여관, 여인숙, 민박 다수.

◉ 메모
* 특산 명물—밤, 표고 버섯, 구기자 등.
* 향토 미각—매운탕, 산채나물, 옥수수막걸리.
* 입장료(국립공원 포함) 어른 900원, 군인·학생 550원, 어린이 360원.

고수동굴

충북 단양군 대강면 고수리

5억년 연륜을 지닌 고수동굴 입구

　한반도의 중남부, 충북의 동북부에 위치한 단양은 남한강이 흐르는 태백산맥의 서남쪽 기슭에 자리잡고 있어 곳곳에 선경을 이루는 아름다운 산수경승지가 널려 있다. 단양은 계곡미 뿐만 아니라 수석의 산지로도 명성이 높다.
　수도권 배후 최대의 수륙관광지로 꼽히는 충주호의 종점인 단양은 단양8경을 비롯 고수동굴(古藪洞窟), 소백산국립공원 등 수많은 명승고적을 지녀 언제나 관광객이 몰려든다. 단양8경과 함께 단양의 대표적 명소의 하나로 꼽히는 고수

동굴은 천연기념물 제256호로 지정된 곳으로 1973년 한국동굴학회 학술조사단에 의해 세상에 알려지게 되었다. 수평굴인 고수동굴은 우리나라 지질계통상 조선계 대석회암통의 중간에 속하는 두무골석회암층에 속한 것으로 생성연대가 약 4~5억년 전에 이루어진 지층으로 되어 있다. 굴의 입구는 동남향을 향하고 있고 내부는 총 1천 6백m(주굴 6백m, 지굴 1천m)로 곳곳이 기묘한 형상을 지닌 석주와 석순으로 이루어져 신비스런 지하전시관을 방불케 한다. 굴 속의 안전시설 교량과 계단은 6백 20m까지 이어져 일반인의 출입이 가능하다.

이 구간에는 석주와 석순으로 된 문어바위, 마리아상, 미녀, 승무, 나부상 등

80여 개의 신비경이 펼쳐진다. 이 명물들에는 각각 다른 이름들이 붙여져 있다.

고수동굴은 전설에 고구려 온달 창군이 수도한 곳이라고 하며 임진란 때 피난 온 밀양 박씨 형제 중 형이 키 큰 풀(蒿)이 많은 이곳에 정착하여 고수로 부른 것이 유래되었다.

그 후 이름이 옛고(古)자로 바뀐 것이라 한다.

단양 동북쪽 10km 지점에 남한강변에 위치한 이 동굴은 탐사 때 구석기시대 유물이 발견되기도 하여 이미 선사시대부터 주거지였음을 알려주고 있다.

고수동굴 입구의 붉은 아치를 얹은 고수대교와 쾌속선이 오가는 단양나루, 말끔히 단장된 신단양시가지의 모습은 관광명소임을 실감나게 한다.

⊙ 명 소

- 기념탑─관광동굴 개발을 기념하여 세운 5층석탑, 동굴입구에 있다.
- 용석공─동굴벽면에서 칼사이트가 침출되어 이루어진 퇴적물. 연기가 굳은 모양처럼 되어 있다.
- 도담삼봉─3개의 석순으로 되어 있고 물방울이 바닥에 퇴적되어 이루어져 있다.

알아둡시다 · 노동동굴 · 천동동굴

고수동굴 명성 넘보는 새 명소들

- 노동동굴〈대강면 노동리 가나골〉─천연기념물 제262호. 굴길이 1천 4백m. 형성모암은 석회석이며 생성연대는 5억년으로 추정되는 40~60도의 수직동굴이다.

임진란 당시 의병의 군포공장이었다고 하며 활거유적, 토기, 화석 등이 있다. 내부는 상·중·하층으로 나뉘며 각각 명명된 이름만도 지하 백옥폭포, 에밀레종, 유방석, 쌍룡, 나체석 수십 종에 이른다. 이곳에는 학계조차 규명못한 부식현상을 가진 종유석이 있고 미개발된 지굴이 3~5개나 있어 연구중이다. 소백산 비로봉에서 6km 거리에 있다.

- 천동동굴〈대강면 천동리〉─지방기념물 제19호. 1977년 2월 부락민에 의해 발견된 것으로 한선계 대석회암 계통 중부에 해당되는 두무동. 석회암으로 연륜 4억5천만 년으로 추정되는 굴이다. 굴깊이 2백m. 폭 4~10m, 높이 5~6m 규모의 작은 동굴로 흔히 여성적으로 비유된다. 고수동굴에서 2.5km 거리.

- 창현궁 — 느린 경사면에 방해석질이 녹아있는 지하수가 이룬 것으로 마치 논두렁처럼 언덕을 이루고 있다.
- 대석순 — 스트라그마이트로 불리며 천장에서 흘러내리는 지하수에 의해 동굴 바닥 위에 성장한다.
- 종유폭포 — 풀로우스톤이라고 한다. 가는 석순이 수백겹 늘어서서 벽면을 장식한다.
- 천당소 — 바닥의 늪 속에서 성장한 석순무리, 둥근 원형으로 자란다.
- 날개바위 — 대종유석이 날개를 펼친 듯 넓게 벽면을 장식하고 있다.
- 사자바위 — 천정에서 내려온 석주의 모습이 마치 사자가 큰 입을 벌리고 있는 모습이다.

가이드

⊙ 교통

- 해운 — 충주댐에서 신단양간 유람선 수시운행(건수기에는 구단양까지만 운행).
- 철도 — 영동선 이용. 단양역 하차. 태백선 경유 열차는 경유치 않음. 1일 통일호 1회, 중앙선 무궁화 1일 2회 운행.
- 고속버스 — 제천까지만 운행.
- 시외 /직행 — 서울 동서울종합터미널에서 직행 수시(3시간 30분 소요). 부산, 김천, 대구, 안동, 영주, 울진 등과도 연결됨.
- 기타 — 신단양에서 도보로도 가능한 거리임. 자가운전자가 유람선 이용시 회차 전문 대행업소 있음(충주~단양간).

⊙ 숙박

- 관광호텔 — 단양파크 관광호텔(3급, 30실).
- 기타 — 신단양에 장급여관 다수.

⊙ 메모

- 특산 명물 — 마늘, 고추, 대추, 한지, 석공예품.
- 향토 미각 — 도토리묵, 도라지 무침, 골무떡, 보쌈김치.
- 입장료 — 어른 1,320원, 군인·학생 660원, 어린이 660원.

공산성

충남 공주시 산성동

웅진성의 옛터로 알려진 공산성

　한반도의 중남부에 자리잡고 있는 충남지역에서 구석기시대부터 인류가 살았다는 것을 알게끔 해준 것은 공주군 장기면에서 발견된 석장리 유적이었다. 이곳은 12개의 문화층을 형성하여 구석기시대 전기와 후기에 걸쳐 오랜기간 살았던 곳임을 입증하고 있다. 공주는 마한시대 불운국이 있던 곳이며 백제시대에는 두번째 도읍지가 되어 사비성(부여)으로 옮기기까지 5대 64년간 왕궁이 위치했다. 당시 공주는 웅진(곰나루) 또는 웅천(곰내)으로 불렸다.

　새도읍지 웅진은 북으로 차령산맥이 뻗어 있고 금강이 감싸 흐르며 남으로는 계
룡산이 솟아 있어 천연의 요새지를 이루고 있고 넓은 구릉지에는 각종 산물이 풍족
하여 국력회복의 거점지로 손색이 없었다. 읍내 중심부에 솟아 있는 해발 110m의
공산의 산세와 금강변 벼랑을 이용하여 장방형으로 쌓은 성곽이 천험의 요새지인
공산성(公山城)으로 바로 백제시대 도성이었던 웅진성으로 잘 알려져 있다.

　원래 토성으로 지어졌던 공산성은 조선시대(세종과 선조 때로 추정) 석성으로
개축되었다. 성의 길이는 현재의 성지를 실측한 결과 총연장 2,660m로 이중 외성
인 동문지 밖의 토성　467m를 빼면 2,193m가 된다. 성은 능선 밖으로 8부 또는

9부 능선상에 경사면을 따라 축성되어 있다.

공산성은 조선 인조가 피난했던 곳으로 쌍수산성으로 불리기도 했는데 요즘은 흔히 산성공원으로 부른다.

사적 제12호 공산성에는 남문 진남루, 북문 공북루를 비롯 쌍수정, 광복루 명국삼장비, 영은사 등이 있다. 울창한 숲과 금강의 모습은 장관이다.

⊙ 명소

● 진남루 - 공산성의 남문으로 주문에 해당된다. 1971년 해체 복원했다. 석축기단 밑에 누정을 두어 중층누각의 효과를 내고 있다. 정면 3칸, 측면 2칸 팔작기붕을 얹었다.

● 공북루 - 공산성의 북문. 조선 선조 36년(1603) 망북루터에 신축한 것이다. 진남루의 두배 정도 규모이다. 문루를 중심으로 성벽을 쌓아 옹성같은 모습을 이룬다.

● 서문지 - 1975년 보수 때 석축기단만 조성했다. 중층문루가 있었다고 한다.

알아둡시다 · 무녕왕릉

국내 처음 발견된 완벽한 형태의 백제고분

고도 공주의 중심부에서 서북방 1㎞ 정도 떨어진 금성동과 웅진동지역은 공산성과 계룡산이 바라다보이고 금강이 감싸도는 천혜의 지형. 이곳 구릉지에 백제시대부터 전해오는 고분 7기가 한데 모여 있다.

지난 1936년 일제시대 조사를 거치면서 사적지로 지정된 이곳은 1971년 5호분과 6호분 침수방지공사 중 우연히 거의 완벽한 모습으로 보존되어 온 백제고분을 국내 최초로 발견하여 학계를 비롯 전국민이 비상한 관심을 모았었다.

모두 4차례의 발굴조사에서 출토된 5호분 유물은 국보로 지정된 것만 12점이나 되며 총 108종 2,906점에 달하는 막대한 것으로 현재 국립공주박물관에 보존, 전시되고 있다. 특히 5호분에서는 왕과 왕비의 지석이 발견되어 이 능이 무녕왕릉임을 밝혀주게 되었다.

내부는 소박 단아한 무늬의 벽돌을 정교하게 쌓아 석실분을 꾸몄는데 천정이 둥근 궁륭형이며 횡렬식을 이루고 있다.

6호분은 무녕왕릉 앞에 위치하며 부장품은 대부분 도굴되어 유래를 알 길이 없다. 벽면에 사신도, 일월도 등이 그려져 있으나 점차 퇴색되고 있다.

- 동문지―명국삼장비각에서 50 m 남측에 위치. 내외성을 연결하는 역할을 했던 문이었다.
- 수구문지―진남루쪽에 1개소를 복원했다. 이 외에도 동북루, 부조쪽에도 있었던 것으로 알려졌다.
- 영은사―임진왜란 때 승병사찰로 유명했던 곳. 공주시내 유일한 고찰이다. 경내에는 원통전, 관일루, 동종, 석탑옥개석 등이 있다.
- 쌍수정―진남루 서쪽에 위치한 정각. 조선 인조가 피난하면서 머물렀던 장소에 조선 영조 때 건축한 것이다. 다시 1970년에 복원. 정면 3칸, 측면 2칸의 중층누각 건물이다.
- 광복루―정면 3칸, 측면 2칸, 팔작지붕의 중층누각, 산성 동측에 위치한다.
- 명국삼장비―정유재란 때 공주에 주둔하였던 명나라 장수 3명의 업적을 기리는 비, 3개의 비석으로 되어 있다.
- 쌍수산정 사적비―조선 인조가 이괄의 난으로 피난해 머물렀던 사실을 기념하여 세운비. 숙종 34년(1708) 세움. 높이 3.65 m.
- 임류각지―광복루 서북쪽에 위치. 왕과 귀족들의 연회장이었던 곳이다. 벽돌, 석축으로 된 기초가 남아 있다.

가이드

⊙ 교통
- 철도―조치원, 또는 천안까지만 이용 가능.
- 고속버스―서울에서 공주간(2시간 20분 소요).
- 시외 /직행―서울남부터미널에서 공주간 직행 이용.

⊙ 숙박
- 기타―시내에 장급여관 등 다수 있음.

⊙ 메모
- 특산 명물―갈포벽지
- 향토 미각―왕촌 멧돼지주물럭
- 기타 사항―입장료 없음.

관룡산 관룡사

경남 창녕군 창녕읍 옥천리 292

신라 8대 종찰의 하나였던 관룡사

　　경남의 최북단에 위치한 창녕은 가야와 신라문화의 정수를 지닌 문화재가 즐비한 역사의 고장일 뿐만 아니라 부곡온천, 영산약수, 자하곡 등 자연경승지를 지닌 관광 보고. 창녕군의 중앙부 동쪽에는 군내에서 가장 높은 화왕산(756m)이 솟아 있다. 이 지릉을 따라 이어진 연봉이 관룡산(觀龍山)이고 관룡산의 남쪽기슭에 군내에서 가장 크고 오래된 사찰로 알려진 관룡사(觀龍寺)가 위치한다. 신라 8대 종찰(宗刹)의 하나였던 관룡사는 지금으로부터 1천 4백 50여 년 전

인 신라 진평왕 5년(538)에 증법국사(證法國師)가 창건한 고찰로 고승 원효가 제자 1천여 명을 데리고 화엄경을 설법한 도장이었다고 알려져 있다. 전설에 의하면 이곳의 상서로운 기운을 보고 증법국사가 제자 송파와 함께 칠성 백일기도를 드렸는데 기도를 마치던 날 하늘에서 오색구름이 영롱하게 비치고 뇌성벽력과 함께 화왕산(火旺山) 꼭대기 3곳의 연못에서 아홉마리 용이 등천했다는 것. 그래서 이를 본 것은 상서로운 일이라 하여 절의 이름을 관룡사라고 했다고 한

다. 관룡사는 신라 경덕왕 때 중창하여 조선시대에 이르러 몹시 퇴락한 것을 조선 태종 원년(1401)에 대웅전을 세우는 등 크게 불사를 일으켰으나 임진왜란 때 모두 불타고 말았다. 이를 조선 광해군 9년에 다시 보수했다. 경내에는 조선시대 작품인 보물 제146호 약사전(藥師殿)과 보물 제212호 대웅전이 남아 있다. 약사전 내부에는 보물 제519호 석조 약사여래좌상(石造藥師如來坐像)이 있다. 절 서쪽 500m 지점 산정에는 용선대(龍船臺)라는 기암이 있고 이 위에 보물 제295호 석조여래좌상(石造如來坐像)이 위치한다. 이외에도 지방문화재인 3층석탑, 사적기목판(寺積記木版), 부도, 장승 등이 남아 있다.

용선대에 오르면 억새풀이 가득한 화왕산의 장관이 한눈에 들어온다. 남쪽으로는 옥천계곡과 구룡지가 조망된다. 구룡산으로도 불렸던 관룡산은 정상 주위가 기묘한 암벽으로 이루어져 마치 관룡사를 휘감은 성벽처럼 느껴진다. 돌장승(벅수)를 지나 관룡사로 가는 길목은 숲이 울창하고 계곡이 펼쳐지는 인상깊은 곳이다. 평일을 택하면 정적에 잠긴 호젓한 숲길을 걸어볼 수 있다.

⊙ 명 소

- 대웅전 – 정면 3칸, 측면 3칸의 단층 팔작지붕건물이며 다포계양식을 따르고

알아둡시다 · 부곡온천

최고 수온을 자랑하는 유황 온천

경남 창녕군 부곡면 거문리에 위치한다. 해방 이후 가장 먼저 개발된 온천의 하나로 옛날부터 약수터로 불려왔던 곳에 원정(原井)이 세 군데 있었는데 항상 환자가 찾아와 마을 노인들이 이를 메웠다고 전한다. 지형이 가마솥처럼 생겨 부곡(釜谷)이라고 불려왔다. 이곳에 온천장이 본격적으로 개발된 것은 신현택 씨가 14년의 탐사 끝에 1972년 온천수를 뽑아 올린 후 원탕을 지어 1973년부터 영업을 개시하고부터이다. 국내 최고의 수온을 자랑하는 이곳은 시설도 최고. 온천수 성분은 유화수소, 붕소, 불소, 규산, 칼륨, 나트륨, 황산염 등을 함유한 유황천으로 수온은 79℃에 이른다. 피부병, 신경통, 당뇨병, 기관지염, 간질환 등에 효과가 있다고 알려져 있다. 최근에는 주말마다 마산, 대구 등지에서 결혼식을 마친 후 신랑 신부와 젊은 하객들이 찾아들어 온천장이 아닌 유흥가로 변하기도 한다.

있다. 보물 제212호. 조선 숙종 38년(1712)에 재건한 것으로 알려져 있다.

● 약사전－대웅전 앞에 위치. 보물 제146호. 조선 초기 때 건물로 추정. 임진왜란 중 유일하게 화를 면한 건물이다. 사면이 모두 단칸으로 맞배지붕에 주심포 양식을 따르고 있다.

● 석조약사여래좌상－보물 제519호, 약사전 내부에 봉안된 석불좌상. 높이 1.17m. 고려시대 작품이다.

● 용선대 석조석가여래좌상－통일신라시대의 정수를 보여주는 작품. 관룡사 서쪽 산전망이 훤히 트인 곳. 바위에 조성되어 있다. 높이 1백 88m.

● 용선대－관룡사 서쪽의 단애. 유명한 석불좌상이 세워져 있다. 경관이 뛰어나고 전망대로도 손색이 없다.

가이드

⊙ 교통

● 항공－대한항공 서울간(3회 왕복), 제주간(3회 왕복)대구까지 이용.
아시아나 항공 서울간(2회 왕복), 제주간(2회 왕복)대구까지 이용.

● 철도－대구까지 경부선 이용.

● 고속버스－대구까지 서울, 동서울, 성남, 의정부, 인천, 춘천, 대전, 청주, 경주, 울산, 부산, 마산, 진주, 순천, 광주, 전주가 운행.

● 시외/직행－대구 서부버스터미널, 동부터미널, 북부터미널, 남부터미널에서 전국 지역과 연결. 대구～창녕은 서부터미널 이용. 창녕에서 관룡사까지 시내버스, 택시 이용.(계성에서도 이용가능).

● 기타－교통이 불편한 편임.

⊙ 숙박

● 관광호텔－부곡온천장에 여러 업소가 몰려있음.

● 기타－관룡사 주변은 숙박업소가 없음.

⊙ 메모

● 특산 명물－땅콩

● 향토 미각－돌솥비빔밥, 해장국, 산오리탕 등.

광릉수목원

경기 포천군 소흘면, 남양주군 일원

그윽한 숲이 펼쳐지는 광릉 입구

조선 제7대 임금인 세조와 비, 정희왕후 윤씨의 능인 광릉은 수도 서울과는 지척이면서도 높고 낮은 산들이 줄을 서듯 이어져 솟아 있고 맑은 내가 주변에 흐르는 천하 명당지. 이곳 일대 3천ha 면적은 능림으로 줄곳 보호되어 왔으며 현재까지 시험림으로 이용되어 전국 제일의 수림을 꾸며놓고 있다. 경기도 구리시, 포천군, 남양주군 등에 속해 있는 광릉수림은 광릉이 좌우에 솟아 있는 죽엽산(600.6 m)과 소리봉(536 m)에 조성된 광릉을 에워싸고 있는 부속림으로 4백여 년간을 황실이 관

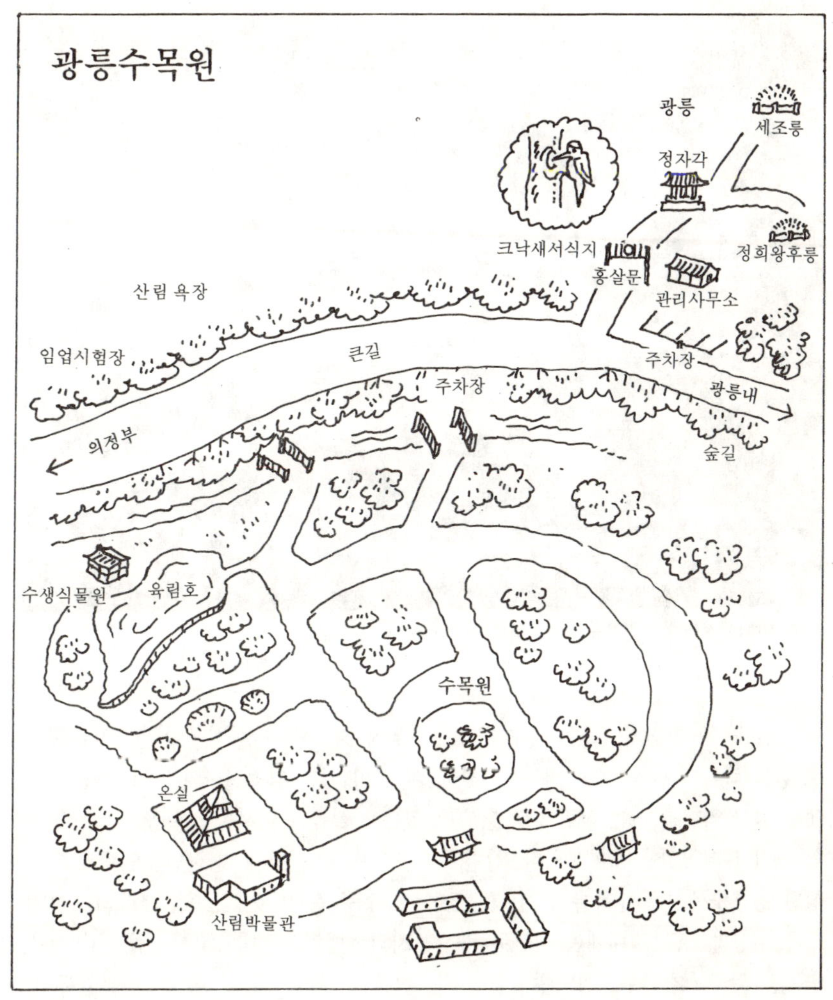

리해 왔던 곳이다. 그 뒤 일제시대인 1913년 시험묘포로 정해져 현재는 임업시험장 중부지장이 관리하게 되었다. 군내 임업경영과 조림, 산림보호에 관한 연구와 시험림 관리 등 임업연구의 요람지 임업시험장은 지난 1983년부터 1986년까지 4개년에 걸쳐 구역내의 5백ha 면적에 주변 자연경관을 이용, 산림에 대한 이해를 돕는 자연 학습장으로 15개의 수목원을 조성했다. 이어 1987년에 산림박물관을 개관, 국내 최대의 산림자료 전시공간을 이루어 놓았다. 광릉수림은 구역내에 목본 213종,

국내 최대의 산림자료 전시공간인 산림박물관 내부

초본 780종과 천연기념물인 장수하늘소, 크낙새 등 다양한 동식물이 분포하는 곳으로 임목 축적이 매우 놓고 아직도 처녀림이 남아 있는 임업연구의 보고. 최근 건강에 유익한 역할을 하는 산림욕을 즐길 수 있는 시설을 완비하여 명실공히 전천후 종합 산림 휴식공간을 꾸며놓았다. 산림에 대한 자연학습 교육 및 국민계도를 위해 조성된 광릉수목원은 수목류 1,716종, 초류 1,059종 등 총 2,775종을 보유하고 있는 수목 지상박물관. 경내에는 식물원(수생·지피·맹인·온대·고산·식용·약용), 수목림(외국·침엽수·활엽수·관상수), 식목원(관목·화목·습지·만목) 등 15개 종류로 나누어 조성되어 있다. 또한 320종을 보유한 온실, 국내 최대 규모의 나무자료 전시공간인 산림박물관이 있다. 수목원 북쪽 끝 지점에 피라밋형 온실과 나란히 서 있는 산림박물관은 총면적 4,616㎡, 2층 규모로 전시품은 총 1만 4천 3백여 종. 내용은 동식물의 표본 화석·목제품, 임업기구, 도구, 연장과 임업관련 사료 등을 총망라하여 자연·민속·생물·공예·건축·광업·역사 등 각종 분야의 학습에도 크게 보탬을 줄 수 있는 것들을 전시하고 있다.

이 외에도 수목원 내에는 각종 묘포가 있으며 일부 지역은 천연기념물 제197호로

알아둡시다 · 산림박물관
산림보호, 임업연구의 요람지 자연학습장

서울 동북쪽에 위치한 광릉(光陵)은 세조와 정희왕후 윤씨의 능. 좌우에 죽엽산 (600.6m)과 소리봉(536m)이 솟아 있고 4백 년이 넘게 황실이 관리하던 능림이 있다. 일제시대인 1913년 시험 묘포로 출발한 임업시험장 중부지장이 위치한 이곳은 국내 임업경영, 조림, 산림보호에 관한 연구, 시험림 관리 등 임업연구의 요람지이다. 지난 83년부터 4개 년에 걸쳐 500ha 면적에 주변 자연 경관을 이용, 산림에 대한 이해를 돕는 자연 학습장으로 15개의 수목원을 조성했다. 이어 87년에 산림박물관을 개관, 국내 최대의 산림자료 전시공간을 이루어 놓았다. 수목류 1,716종, 초류 1,059종 등 총 2,775종을 보유하고 있는 수목원을 경내에 식물원(수생, 지피, 맹인, 온대, 고산, 식용, 약용), 수목림(외국 침엽수, 활엽수, 관상수), 식목원(관목, 화목, 습지, 만목) 등 15개 종류로 나누어 조성된 수목원과 320종을 보유한 온실, 산림박물관이 있는 국내 최대 규모의 나무자료 전시공간으로 보유량도 전국 최다를 기록하고 있다. 수목원 북쪽 끝 지점에 피라미드형 온실과 나란히 서있는 산림박물관은 총면적 4,616㎡, 2층 규모. 외부는 석재, 내부는 각종 고유 수종목재를 이용하여 건축한 것으로 산림과 인간과의 관계 구현과 산림 사료의 보존 및 전시를 목적으로 지붕을 너와집을 본뜬 나무기와로 하는등 가능한 국산 자재와 전통양식을 응용하여 조성했다. 전시품은 총 1만 4천3백여 종으로 동식물의 표본 · 화석 · 목제품, 임업기구, 도구, 연장과 임업 관련 사료 등을 총망라하여 자연, 민속, 생물, 공예, 건축, 광업, 역사 등 각종 분야의 학습에도 크게 보탬을 줄 수 있는 내용을 전시하고 있다. 박물관 내부는 1층에 임산 자원과 기술을 주제로 한 제1전시실을 비롯 사료실, 표본실(미공개), 특별전시실, 관리실 등이 들어있고 2층은 산림과 인간을 다룬 제2전시실, 세계의 임업을 주제로 한 제3전시실, 한국의 임업을 주제로 한 제4전시실, 한국의 자연을 주제로 한 제5전시실과 205석 규모의 시청각실 등이 마련되어 있다.

지정된 크낙새가 서식하는 보호구역(제11호)으로 지정되어 있다.
수도권지역의 대표적인 데이트 코스 · 가족소풍 장소로 각광받는 이곳은 가을철 이른 새벽 안개와 낙엽깔린 숲길은 황홀하기만 하다.

조선 세조의 능인 광릉

◉ 명소

● 침엽수원－면적 24.5ha. 잣나무·구상나무·전나무 등 6과 135종의 침엽수가 조성되어 있다.

● 활엽수원－면적 51.1ha. 튜립나무, 신갈나무, 자작나무 등 38과 261종의 활엽수가 조성되어 있다.

● 관목원－면적 3.8ha. 개암나무·배롱나무 등 50과 388종이 조성되어 있다.

● 외국수목원－면적 6.5ha. 독일 가문비나무, 스트로브잣나무 등 외국 수목 62과 510종이 조성되어 있다.

● 관상수원－면적 3.0ha, 주목, 백송 등 47과 125종이 재배되고 있다.

● 화목원－면적 2.5ha. 무궁화, 모란, 황매화 등 51과 188종의 꽃나무가 재배되고 있다.

● 습지원－연못을 중심으로 47과 212종의 습지식물이 재배되고 있다. 면적 0.3ha.

- 수생식물원-면적 0.55ha. 연못에 수련. 매자기 등 50과 204종의 수생식물이 재배되고 있다.
- 약용식물원-면적 0.1ha. 구절초, 고본 등 75과 235종의 약용식물이 재배되고 있다.
- 식용식물원-면적 0.1ha. 도라지, 비비추 등 36과 232종의 식용식물이 재배되고 있다.
- 지피식물원-면적 7.0ha. 맥문동, 개고사리 등 79과 301종이 재배되고 있다.
- 맹인식물원-0.4ha. 소나무, 측백나무 등 15과 125종이 재배되고 있다. 나무 앞에 점자안내판이 설치되어 있고 외각에 봉철책이 있어 이동이 용이하다.
- 온실-국내외 320여 종의 식물이 있다. 피라밋 모양으로 지어졌다.
- 광릉-사적 제197호. 남양주군 진접면 부평리 소재. 조선 세조와 비 정희왕후 윤씨의 능. 세조는 세종의 2자로 문종의 동생이며 수양대군으로 봉해진 후 조카인 단종을 폐위하고 왕위를 찬탈하였으나 재위 14년간의 치적은 놀라운 것이었다. 비 윤씨는 파평부원군 윤빈의 딸로 예종의 생모이다.
- 봉선사-남양주군 진접면 부평리 소재. 조선 예종 1년(1469) 세조를 기려 세운 사찰. 임진왜란, 병자호란과 한국전쟁 때 각각 불타고 현재의 건물은 중건했다.

가이드

◉ 교통
- 시외/직행-서울 상봉시외버스 터미널에서 시내버스 이용.
- 기타-서울에서 시내버스 55-1번 광릉입구 하차. 의정부시내에서 택시 이용가능.

◉ 숙박
- 기타-당일코스임, 서울시내 이용.

◉ 메모
- 특산 명물-가공버섯, 목각, 목기.
- 향토 미각-멧돼지구이, 바베큐.
- 수목원 입장료-어른 600원, 군인·학생 300원, 어린이 200원.
  광릉 입장료 - 어른 340원.

광한루원

전북 남원시 천거동

춘향과 이도령의 사랑이야기가 전하는 광한루

　남방　　제일의　　고을이라는 뜻을　지니고 있는 남원(南原)은 숱한 문화유적, 유물을 지니고 있는 유구한 역사의 고장. 특히 이곳에는 고대소설의 최고봉으로 알려진 춘향전(春香傳)의 무대인 광한루(廣寒樓)와 오작교(烏鵲橋)가 남아 있어 남원을 상징하는 대표적인 명물이 되고 있다. '호남제일루'라고 적힌 수려한 필체의 현판이 달려 있는 광한루는 명실공히 호남에서 가장 뛰어난 누각으로서 '호남제일성'이란 현판이 걸려 있는 전주 풍남문(豊南門)과 함께 호남의 건축문화재를 대표하고

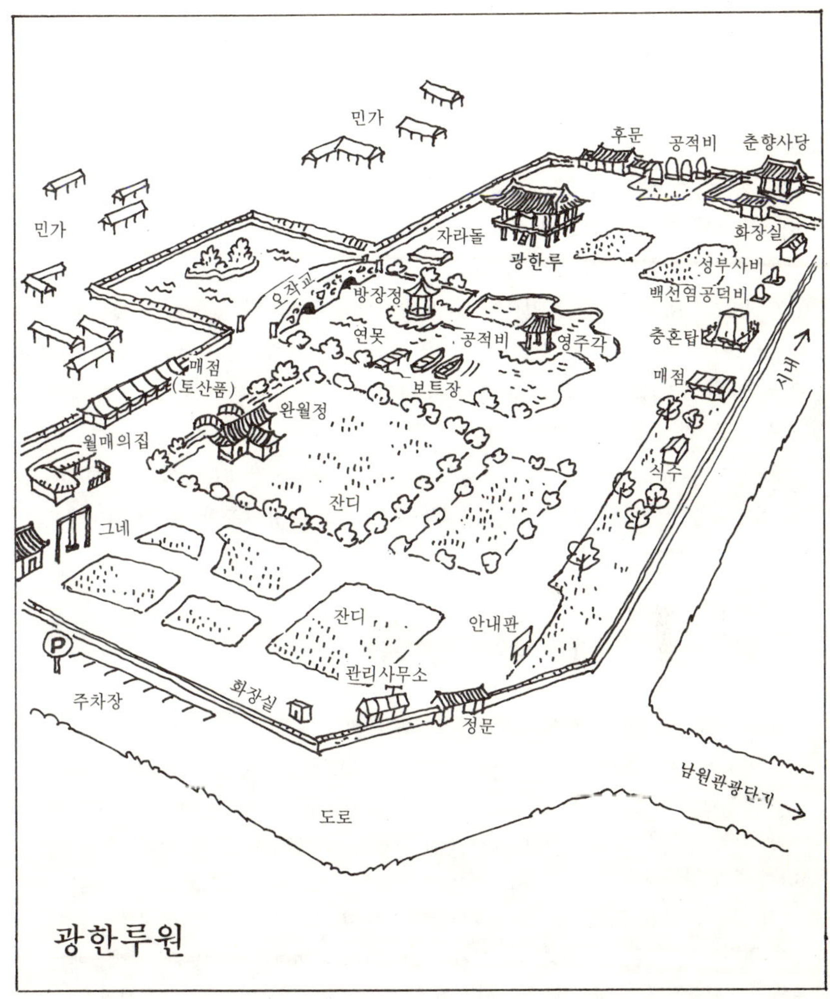

있다. 사적 제303호로 지정되어 있는 광한루원은 보물 제281호인 광한루를 중심으로 지리산에서 흘러내린 요천을 끌어들여 만든 호수가 배경을 이뤄 선경을 방불케 하는 장관을 꾸며놓고 있다.

광한루 앞에 조성된 연못에는 견우와 직녀에 사랑의 다리 오작교가 가로 놓여 있으며 전설의 삼신산에서 유래된 영주·봉래·방장섬을 마련하여 뭍과 섬 사이를 오가는 다리를 연결하여 놓고 있다. 영주섬에는 영주각이 우아한 모습으로 세워져 있고 봉래섬에는 고목과 대 숲, 방장섬에는 6각의 방장정이 세워져 있다. 이 외에도 원내 곳곳에 수중누각인 완월루(翫月樓)를 비롯 춘향사, 월매의 집, 그네터 등이 있다.

광한루는 원래 남원으로 유배된 황희가 황감평이란 이가 지은 자그만한 서재를 확장하고 아담한 누각을 지어 광통루(廣通樓)라고 이름을 지은 데에서 유래 되었다.

광한루라는 이름은 세종 26년(1444) 전라관찰사 정인지(鄭麟趾)가 남원 순시길에 광통루에 올라 월궁의 광한 청허부(廣寒淸虛府)라는 비유를 하자 이때부터 이름을 바꾸게 되었다고 한다. 세조 7년(1461) 새로 부임한 장의국(張義國)은 광한루 앞에 호수를 만들고 오작교를 만들었으며 송강 정철(松江 鄭澈)은 삼신산을 상징하는 섬을 구축하여 천체와 우주를 상징하는 각종 설비를 조성했다. 그러나 정유재란 때 왜군에 의해 완전 소실되어 선조 40년 작은 규모의 누각을 세웠으나 얼마 후 퇴락하여 무너지고 옛모습을 잃게 되었다.

현재와 같은 규모의 건물은 인조 16년(1638) 부사 신감(申鑑)이 복원한 것으로 현판은 신익성(申翊聖)이 쓴 것이다. 광한루는 한국 누정건축의 대표작이며 특징이

알아둡시다 · 춘향제
춘향의 정절을 기리는 남원의 향토축제

매년 음력 4월 8일을 전후하여 4일 동안에 걸쳐 이몽룡과 성춘향의 로맨스가 전하는 고도 남원시 일원에서 실시된다. 1990년 제60회를 맞이한 유서깊은 이 행사는 사단법인 춘향제전위원회가 KBS, 남원시청, 남원군청의 협찬을 받아 매년 개최하고 있다. 행사내용은 전야제일 16시부터 만인의총과 춘향묘 참배로부터 시작되어 광한루내의 완월정에서 관등점화, 불꽃놀이, 국악의 밤, 등불행렬 등 각종 전야행사가 펼쳐진다. 이어 첫날은 08시 춘향사당에서 춘향 제사를 지낸 후 09시부터 춘향전 일대기를 묘사한 가장행렬이 실시되고 11시부터 개회식이 거행된다. 둘째날에는 고전 군무, 용마놀이, 춘향창극을 비롯 국악(판소리) 명창대회 예선도 실시된다. 3일째는 KBS가 주최하는 춘향선발대회를 비롯 글짓기대회, 판소리 명창대회 결선, 민요위안공연 등이 실시된다. 마지막 날에는 춘향선발대회 결선과 시조 경창대회 결선이 거행된다. 한편 행사기간 동안에는 시민회관, 남원여중, 풍물시장광장 등에서 전국남녀 궁도대회, 춘향널뛰기, 춘향그네뛰기, 줄다리기대회, 전국사진촬영대회, 전국미술대전, 민속농악경연대회, 서커스, 토산품전시판매, 팔도미락정 등 다채로운 행사가 곁들여진다. 이 같은 행사일정은 매년 비슷하나 다소 바뀌는 경우도 있다. 춘향의 정절을 기리는 향토축제로 전국 규모의 행사로 치루어진다.

다양하다.

◉ 명소

- 광한루—정면 5칸, 측면 4칸 규모에 팔작지붕을 얹고 있는 중층 누각. 정조때 누각 오른쪽에 부속건물을 지었으며 조선 말기에 누각 뒤쪽에 월곽(月廓)이라는 복도를 만들어 계단의 역할을 하게 하는 등 그 구조와 모습이 조금씩 변모하였다. 현재는 누각을 본루로 하고 동쪽으로 이어서 정면 4칸, 측면 3칸의 익루와 북쪽에 승강층 계단문을 부설한 모습으로 되어 있다. 건물은 은하수를 상징한 연못을 향하여 남쪽에 있는데 석축 기단 위에 남면과 서측면은 사각 돌기둥을 세우고 그 위에 원형주를 받혔다. 건물 내외부에는 우아한 4개의 현판이 걸려 있다. 보물 제281호.
- 오작교—4개의 홍예가 있는 화강암과 천석으로 쌓은 석교.
- 자라돌—높이 1.2m, 너비 10.5m, 화강암 조각품.
- 춘향사—광한루 옆에 위치한 사당. 춘향의 영정이 있다.
- 완월정—광한루 앞 연못에 세워진 정자. 각종 행사가 이곳에서 실시된다.
- 월매의 집—초가집으로 동동주 등을 팔고 있다. 맞은편에 그네가 달려 있다.

가이드

◉ 교통

- 철도—전라선 남원역 하차. 광한루까지 도보 또는 택시 이용.
- 고속버스—서울~남원간 4시간 10분 소요.
- 시외/직행—부산, 대구, 광주, 전주, 여수, 대전,.진주 등과 남원간 직행 시외버스 수시 운행.

◉ 숙박

- 기타—남원유스호스텔(44실). 장급여관 등 시내 다수.

◉ 메모

- 특산 명물—미나리, 태극선, 목기, 죽세품 등.
- 향토 미각—추어탕, 산채비빔밥.
- 입장료—어른 740원, 군인·학생 370원, 어린이 190원.

구룡포 호미등

경북 영일군 구룡포읍 대보2리

호미등에 세워진 대보등대

  범 꼬리를 닮은 장기반도의 동쪽 해변에 위치한 대보(大甫)는 국민관광지로 지정
되어 있는 영일만의 일부로 대한10경의 하나로 꼽혀왔다. 조선 명종 때의 풍수지리
학의 대가 남사고(南師古)는 그의 저서 『산수비록(山水祕錄)』에 이곳을 호미등이
라고 적고 있다. 그러나 일제 때 토끼 꼬리로 둔갑된 이곳은 1985년 등대박물관을 신
축하고 경내에 범 꼬리의 유래를 적은 장기갑호미등유래비를 세워 오늘에 이르고 있
다. 고종 광무 5년(1901), 청일전쟁으로 기세를 잡은 일제가 또다시 러시아와의 세

력다툼을 위해 한창 광분했던 노일전쟁 때 일제 수산실업전문학교 소속의 실습선이 이곳을 지나다가 암초에 걸려 전원이 익사하는 사고가 있었다. 당시 일제는 이 사건이, 우리쪽의 연안해운시설 미비로 인하여 발생하였다고 생트집을 부렸다. 우리 정부는 결국 이들에게 돈을 꾸어 등대시설공사를 맡겨 완공했다. 장기갑등대로 명명된 이 등대는 1902년 착공하여 이듬해 준공하였는데 이는 인천연안의 팔미도등대에 이어 우리나라에서 두번째로 설치된 것이었다. 규모는 높이가 26.4m로 전국에서 가장 높으며 광살거리가 22마일이나 되고 2마일 밖에까지 들리는 안개신호기를 설치하고 있다. 건물은 8각형으로 연와(벽돌)를 쌓아올린 것으로 당시 프랑스인이 설계한 것을 중국인 벽돌공이 쌓은 것이라고 전한다.

현재 이 건물은 지방기념물 제39호로 지정되어 보존 중이다. 또 원뿔형 돔식 천막을 닮은 조개모양의 등대박물관 건물은 등대의 북쪽에 일렬로 세워져 있다. 등대와 박물관이 위치한 구룡포읍 일대는 푸르고 맑은 바다경치와 송림이 뛰어나 두고두고 기억되는 곳이며 호젓한 도로는 드라이브와 산책에 알맞는 곳이다.

알아둡시다 · 등대박물관

해양 활동의 이해를 돕는 학습장

국내에서는 처음으로 연안 관광개발과 국민의 해양활동의 이해증진, 학습장 활용 등을 목적으로 추진되어 이룩된 국내 유일의 등대박물관. 자료수집 및 전시는 포항해운항만청에서 건물건립과 관리는 영일군청이 각각 분담하여 지난 1985년 2월 문을 열었다. 규모는 2층, 469㎡(142평)로 대지 3천㎡(904평)에 관리사, 토산품전시판매장 등 7동의 건물과 조경 시설을 갖추고 있다. 전시장은 제복을 입은 마네킹을 시작으로 왼쪽으로 둥글게 벽면과 중앙을 번갈아 살피며 돌아보게 되어 있고, 중앙의 통로를 이용하면 2층으로 연결된다. 전시품은 국내제품 591점, 외국제품 119점 등 총 7백10점. 이중 국내외 등대 및 수로업무에 관한 참고서적과 사진이 절반 정도를 차지하며 빛을 이용한 광파표지, 소리를 이용한 음파표지, 전파를 이용한 전파표지 등 등대에 쓰이는 3가지 방식의 표지기재가 진열됐다. 또 해상에 설치되는 항로표지, 각종 공작용 공구 및 부품이 가득하다. 특히 봐둘 만한 것은 외국의 유명한 등대의 모습을 담은 사진과 국내 등대의 모형, 사진, 기상관측용으로 널리 쓰이는 삼간분의도, 육분의, 실물과 소리를 내는 다이아폰 모형 등이 있다. 휴일은 1월 1일부터 3일까지와 공휴일 다음날이며 개장 시간은 09시부터 18시까지이다.(단 11월~3월은 17시 종료)

국내 단 하나뿐인 등대박물관

⊙ 명소

● 장기갑등대 — 경북 영일군 구룡포읍 대보리. 국내 두번째로 건설된 등대로 국내에서 단 하나뿐인 등대박물관이 있다.

● 구룡포해수욕장 — 경북 영일군 구룡포읍. 포항시 동남쪽 20km 백사장 길이 400m, 폭 30m, 경사도 6°.

● 오어사 — 경북 영일군 오천읍 항사동. 포항 남쪽 20km. 운제산 기슭에 위치. 오어지의 북서쪽 산기슭에 세워져 있다. 오어사는 신라 진평왕 때 자장율사가 창건한 절로 인근의 경치가 뛰어나다.

가이드

⊙ 교통

● 항공 — 포항공항까지 서울에서 1일 3회 왕복운항.
● 해운 — 포항항~울릉도간 여객선 운항.

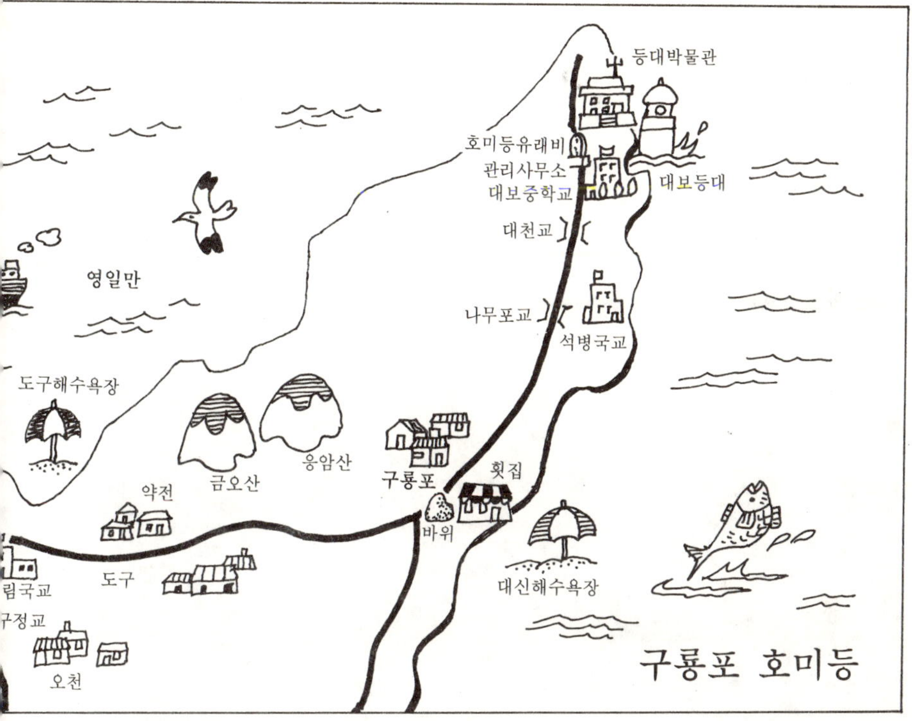

- 철도 — 포항까지 대구선 이용(대구~경주~포항)
- 고속버스 — 포항시까지 이용. 서울(5시간 소요), 대전(3시간 20분), 마산, 광주간 운행.
- 시외 / 직행 — 포항시내에서 시내버스 운행.
- 기타 — 포항~구룡포간 좌석버스 200번, 250번, 40분 소요.

◉ 숙박

- 포항시내에 포항비치관광호텔이 있음. 민박(구룡포) 37호, 113실(347명 수용) 문의 (0562)76~4094.

◉ 메모

- 특산 명물 — 오징어, 우렁쉥이, 전복.
- 향토 미각 — 생선회, 물회, 해물잡탕.

구천동계곡

전북 무주군 설천면 일원

시퍼런 소와 흰바위가 조화를 이룬 구천동계곡

　내륙지방의 여름피서지를 대표하는 덕유산은 국내 최고의 자연관광지. 장장 70여 리의 계곡에 간직된 유명한 구천동 33경을 비롯 칠연계곡 11경, 적상산 15경 뿐만 아니라 전북의 지붕으로 불리는 무주·진안·장수군 일대의 숱한 비경과 명승지와 연계되며 남으로는 경남 거창·함양군의 명소들과도 통하고 있다.
　덕유산은 전북 무주 장수군, 경남 거창, 함양군 등 2도 4군 8개면에 걸쳐 있는 명산이다. 해발 1614m인 향로봉을 주봉으로 20km 일대에는 해발 1300m

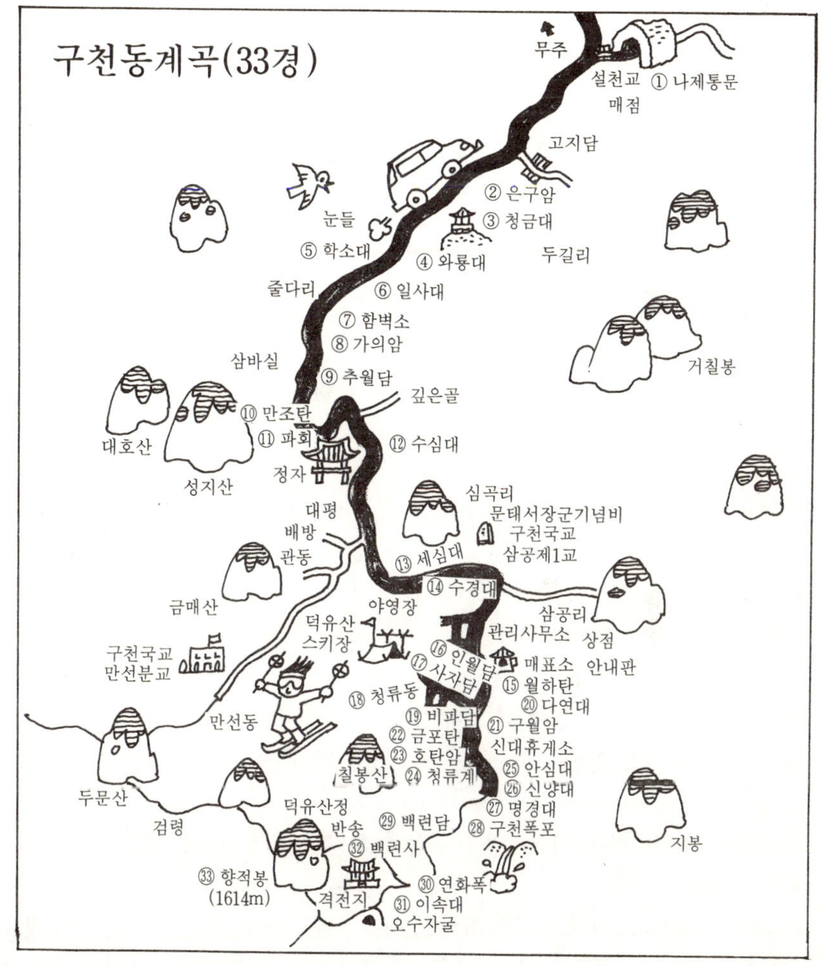

이상의 고봉이 5개나 있으며 수려한 기봉들이 옹위한다. 이들 봉우리 사이에는 8개의 계곡이 형성되어 있는데 이중의 하나가 널리 알려진 천하의 경승지 구천동계곡이다. 또한 덕유산에서 남서쪽으로 길게 뻗은 남덕유산까지는 백리길 능선은 신비로운 자연경관과 유서깊은 인문자원이 널려져 있는 보고로 알려져 있다. 아울러 봄의 철쭉, 여름의 녹음과 시원한 계곡, 가을의 단풍, 겨울의 설경 등 사계절 고루 변화무쌍한 자연경관으로 명성을 떨쳐왔다.

　지난 1971년 도립공원으로 지정된 후 1975년 219㎢ 지역이 국립공원으로 지

정된 덕유산국립공원은 구천동 33경을 대표적인 명소로 꼽는다. 삼국시대 신라
와 백제의 경계를 이루던 나제통문으로부터 시작되는 구천동 33경은 덕유산 자
연경승지로 계곡의 길이가 장장 70여 리에 이르는 국내 최장·최고의 계곡미를
지닌 곳이다. 구천동 33경은 1경, 32경, 33경을 빼고는 모두가 기암괴석과 맑은
계류가 이루어 놓은 담·소·폭포의 계곡 절경들로 사계절의 변화가 무쌍한 곳
으로 이름난 곳이다. 구천동은 지명유래만도 열거할 수 없을 만큼 많이 전하고
있다. 현재 33경은 14경과 15경 사이에 집단시설 지구가 조성되어 두개로 양분
되어 있는 셈인데 중간 중간의 몇몇 개의 명소는 지형이 험해 접근이 어려우며
정확한 위치를 알 수가 없는 곳도 있다.

◉ 명 소

• 제1경 나제통문(羅濟通門) – 설천면과 무풍면을 이어주는 암벽굴로 신라와 백
제가 이곳을 경계로 하였기 때문에 지금도 각기 풍습이 다르다.

• 제2경 은구암(隱龜岩) – 무계구곡이란 글씨가 새겨진 바위가 있다. 심술궂은
거북이의 전설이 전하는 곳이다.

• 제3경 청금대(聽琴臺) – 맑은 물소리가 청아한 가야금 소리와 같다고 전하는
곳으로 은구암 남쪽에 위치하고 있다.

• 제4경 와룡담(臥龍潭) – 누운용의 모습의 맑은 소가 있으며 숲이 울창하고 용
의 전설 또한 전하고 있다.

• 제5경 학소대(鶴巢臺) – 서벽정 동쪽 도화담 하류에 위치. 학이 머물렀다는
곳. 근처 계곡이 일품이다.

• 제6경 일사대(一士臺) – 줄다리가 있다. 일명 수성대라고도 부름. 동방일사
송병현이 근처에 서벽정을 짓고 은거했다. 호는 이곳 지명을 따르고 있다.

• 제7경 함벽소(涵碧沼) – 속세의 티끌을 씻다는 곳으로 검은 바위와 계류가 장
관이다.

• 제8경 가의암(可意岩) – 전설에 도승이 노인들의 쉴 곳을 위해 평평하게 바위
를 깎았다는 곳. 뜻대로 이루어진 바위라고 해서 가의암이라 한다.

• 제9경 추월담(秋月潭) – 절묘한 암석으로 둘러싸인 소. 전설에 남원에 살던
양처사가 가을달이 물속에 비친 것을 보고 도를 깨우쳤다고 한다.

• 제10경 만조탄(晚釣灘) – 네모진 바위가 드문드문 솟아 있다. 추월담에서 10

여 분 거리.

- 제11경 파회(巴洄)—구천동계곡의 3대 명소로 불리는 파회는 커다란 담과 기암 천년송이 함께 어우러지는 절경이다. 정자가 세워져 있다.
- 제12경 수심대(水心臺)—일명 수회라고도 불린다. 신라 때 일지대사가 이곳 산봉에서 수도를 하다가 깨우친 바가 있어 수심대라는 이름을 얻게 되었다. 기암절벽과 소나무가 일품이다.
- 제13경 세심대(洗心臺)—삼공리 입구전 쇠머리고개 아래 계곡. 옛날 불자들이 속세의 때를 씻던 곳이라고 한다.
- 제14경 수경대(水鏡臺)—삼공리와 관광단지 사이에 위치. 숲이 울창한 단애 아래로 계곡이 펼쳐진다.
- 제15경 월하탄(月下灘)—넓은 바위를 흘러 두줄기 폭포를 이룬다. 폭포 아래 시퍼런 소가 있다.
- 제16경 인월담(印月潭)—문태서 장군이 몸을 숨겼다는 곳. 넓은 암반 사이에 물이 흘러 폭포를 이룬다. 정자가 세워져 있다.
- 제17경 사자담(獅子潭)—인월담의 상류 시퍼런 소를 이룬다.
- 제18경 청류동(淸流洞)—사자담과 비파담을 잇는 계류. 상류에 줄다리가 있다.
- 제19경 비파담(琵琶潭)—7선녀가 비파를 뜯었다는 곳. 대접소라고도 부른다.
- 제20경 다연대(茶煙臺)—비파담 상류. 선인들이 쉬어가던 곳이라고 한다.
- 제21경 구월담(九月潭)—구천동의 골짜기에서 흐르는 물과 월음령에서 흐르는 물이 합쳐 이룬 명소이다.
- 제22경 금포탄(琴浦灘)—거문고를 탄주하는 듯한 소리가 들린다는 곳. 바위 사이로 물이 거칠게 떨어진다.
- 제23경 호탄암(虎嘆岩)—산신의 명령으로 약을 구하다 물에 빠진 호랑이가 소리치다가 죽었다는 곳. 물이 바위로 낙차를 한다.
- 제24경 청류계(淸流溪)—청류동과 같이 아름답다는 곳. 바위들이 어지러이 널려 있고 그 사이로 계류가 흐른다.
- 제25경 안심대(安心臺)—옛날 백련사와 구천동을 왕래하던 승려와 불신도들이 쉬어가던 곳이라고 하며 전설에 김시습이 도망길에 이곳에 이르러 비로소 안심하고 땀을 씻었다는 곳이다.
- 제26경 신양담(新陽潭)—줄다리 아래 위치한 자그마한 폭포 아래에 넓은 소가 있다.

- 제27경 명경담(明鏡潭) - 넓은 담을 이뤄 맑은 물이 그득 고여 있다.
- 제28경 구천폭(九千瀑) - 구천동계곡 중에서는 연화폭과 함께 유일하게 폭포라는 이름을 지닌 곳이다. 폭포의 규모는 작으나 2단 폭포로 되어 있고 소와 기암 등을 고루 갖춘 경승으로 꾸며져 있다.
- 제29경 백련담(白漣潭) - 백련담 못미처에 위치한 소. 덕유산 상봉의 못봉의 못과 연관된 전설이 전한다.
- 제30경 연화폭(連華瀑) - 층층 폭포를 이루는 폭포. 규모는 작은편. 백련사 못미처 계곡에 있다. 연꽃모양이라고 해서 연화폭이 되었다.
- 제31경 이속대(離俗臺) - 넓은 소를 이루고 있다. 찌든 속세와 여기서 씻어버리고 불타세계로 들어서는 곳이라고 한다.
- 제32경 백련사(白蓮寺) - 신라 문무왕 때 백련선사가 창건했다는 고찰. 임진왜란, 한국동란 때 모두 불에 타 최근 말끔히 단장했다. 108계단이 장관이다.
- 제33경 덕유산정(德裕山頂) - 구천동 33경의 종점. 향적봉으로 부른다. 해발

알아둡시다 · 무주의 지명유래

지명을 낳은 여러가지 전설들

백제 신라의 각기 다른 풍습이 남아 전하는 무주지방은 심산유곡과 맑은 계류 곳곳마다 숱한 이야기가 전하고 있다. 이중에서 명소들의 지명을 낳은 전설만을 간추려 소개하면 다음과 같다.

- 덕유산 - 전국 명산에서 산신제를 지내던 태조 이성계가 지리산 산신이 등극을 반대하자 향적봉 산신을 달래기 위해 지리산을 경상도에서 전라도로 편입시키면서 향적봉 신령의 동조로 덕을 얻었다고 하여 덕유산이라 했다고 전한다.
- 구천동(九千洞) - 구천뢰 · 구천동 · 구천둔 등으로 불렸다. 구천동이란 지명의 유래는 아주 다양한데 이 중에서 백련암에 승려가 9천명이 살았기 때문이라는 설, 산의 형세가 구중천엽(九重千葉)같다고 해서 구천으로 불리다가 구천(九千)으로 되었다는 설, 박문수전에 구씨와 천씨가 살고 있었다는 기록, 성불 9천이 있었다는 설 등이 전하고 있다.
- 적상산(赤裳山) - 가을에 단풍이 물들면 붉은 치마와 같다고 해서 적상산으로 불린다고 한다.
- 향적봉 - 주목이 많다고 해서 붙여진 이름이라고 한다. 주목은 옛날에 향목(香木)이라 하였다. 조선 때 임갈천의 저서 『향적봉기』가 전한다.

1594m. 봄의 철쭉이 유명하다. 주목군락도 유명하다. 전북과 경남의 경계를 이루고 있다.

- 덕유산 야영장-1977년 4월 칠봉산 아래 조성. 총 16만 4천평 규모로 1만명 수용이 가능하다.
- 문태서 장군 기념비-의병장 문태서 장군을 기린 비. 구천국교 부근에 위치.
- 기타-스키장. 종합단지 등

가이드

⊙ 교통

- 철도-경부선 영동역 하차, 전라선 전주역 하차.
- 고속버스-서울~영동간(3시간 소요). 서울, 성남, 인천, 광주, 대전, 대구, 부산에서 전주간 수시운행.
- 시외 /직행-서울, 대전 등에서 영동, 전주행 이용.
전주공용터미널에서 구천동(3시간 소요), 영동에서 구천동(1시간 30분 소요).

⊙ 숙박

- 덕유산 국립공원 시설단지에 8개의 장급여관이 있음. 민박 다수.

⊙ 메모

- 특산 명물-표고, 산나물, 어름치, 오미자, 마늘 등.
- 향토 미각-어죽, 쏘가리탕, 머루주, 더덕주.
- 입장료(국립공원 관람료 포함)-어른 800원, 군인·학생 500원, 어린이 250원.

금산 보리암

경남 남해군 상주면 상주리

대장봉 아래 세워진 보리암

맑은 호수에 비유되는 한려해상의 중심부에 위치한 남해도는 절경의 해안선과 충무공 관련유적 등 각종 관광명소를 지닌 관광보고이다. 특히 한려해상국립공원 중에서는 유일하게 육지부에 속해 있는 경승지 금산이 솟아 있다.

해발 681m에 속해 있는 금산은 높이와는 달리 정상에 오르면 상주해수욕장을 비롯한 남해안이 정경과 해안으로 겹겹이 가로막은 산줄기가 그림처럼 아련히 한눈에 든다. 이 때문에 예부터 이곳에서 바라보는 일출경은 백미 중 백미로 꼽고 있다.

금산은 산 전체가 기묘한 암봉과 단애, 동굴 등으로 이루어져 있다. 옛사람들은 이곳의 명승 서른 여덟 곳을 골라 '금산38경'이라 부르며 극찬을 했다. 이같은 절경을 지녔기 때문에 소금강산이란 별명으로도 불렸다. 옛날 조선 중종 때 한림학사였던 신제 주세붕 선생은 이곳에 들려 경치를 둘러보고 문장암에 '유홍문상금산(由虹門上錦山)'이란 글씨를 새겨 놓기도 하였다.

금산이란 이름은 이성계가 조선 태조로 등극하기 전에 이곳에 들려 백일기도를 드린 후 왕위에 오르자 비단으로 영산을 두르라고 명했다는 전설에서 유래되었다. 이외에도 금산에는 많은 전설이 내려오고 있는데 이중에서도 중국 진시황의 신하 서시가 불로초를 구하러 동남동녀와 다녀가면서 석각을 남겼다는 이야기가 유명하다. 이 전설은 인근 거제도 해금강에서도 전해지고 있는데 실제로 양아리 해변에서 금산을 오르는 길목 바위에는 고대 상형문자로 보이는 각자가 전하고 있다.

금산 남쪽 해안이 한눈에 드는 해발 620 m 지점에는 대한불교 조계종 13교구에 속한 보리암이 위치한다. 보리암 뒤편은 우람한 대장봉이 솟아 있고 정면은 전망이 뛰어난 탑대가 있어 아래에서 보아도 빼어난 자리임을 단번에 느끼게 해주고 있다. 특히 탑대에 세워진 3층석탑은 대부분 무심코 지나치지만 다가간 후 옥개석 위에 나침반을 올려 놓으면 자침이 기능을 잃고 제멋대로 엉뚱한 방향을 가르치는 신비한 탑이다.

보리암은 신라 문무왕 3년(683) 원효대사가 보광사에 이어 세운 암자로 대웅전, 종각 등 너댓채의 건물이 들어차 있다. 현재의 남아 있는 건물들은 모두가 1969년 이후에 세운 것이다. 이곳 대웅전은 다른 곳과 달리 향나무로 만든 관음보살상을 모시고 있어 주목을 끌고 있다.

금산은 정초와 여름철 새벽이면 인근 상주해수욕장에 들른 피서객들의 해맞이 행렬로 초만원이 된다. 또한 춘분과 추분에는 남극성을 보려는 인파들이 모여든다. 금산은 가을철 단풍의 명소로도 꼽힌다.

◉ 명소

- 망대 —제1경 금산의 상봉. 전망 일품. 고려시대부터 사용되어 오던 우리나라 최남단 봉수대가 남아 있음.
- 문장암 —제2경. 주세붕 선생의 글씨가 남아 있다고 해서 문장암이라고 함. 망대 남쪽 아래에 위치함.
- 대장봉 —제3경. 보리암 뒤에 서 있는 암봉. 우람한 모습이다.
- 형리암 —제4경. 대장봉 앞에서 허리를 구부리고 있는 모습을 한 바위.
- 탑대 —제5경. 보리암 앞에 위치. 전망 최고. 3층석탑이 서 있음.
- 천구암 —제6경. 탑대 북쪽에 위치. 비둘기모양 바위.
- 이태조기단 —제7경. 이성계가 백일기도를 드렸다는 곳. 탑대에서 바라다보이는 삼불암 아래에 위치함.
- 가사굴 —제8경. 탑대 동쪽에 있는 암굴. 옛날 동남동녀가 가사를 입고 와서 물을

길러간 곳이라는 전설이 남아 있다.

● 삼불암—제9경. 이태조기단 뒤에 솟아 있는 바위. 세 개의 바위가 불상같은 모습이다. 두 개는 서 있고 하나는 누워 있다.

● 천계암—제10경. 이태조기단 뒤에 위치. 이태조가 닭소리를 듣고 쳐다보니 닭모양의 바위가 서 있더라고 전한다.

● 천마암—제11경. 두꺼비모양의 바위. 망대 동쪽에 위치.

● 만장대—제12경. 탑대 서남쪽에 위치. 높이가 만장같다고 한다.

● 음성굴—제13경. 만장대 서쪽에 위치. 높이 2m, 깊이 5m로 장구소리가 난다고 해서 음성굴이 됨.

● 용굴—제14경. 음성굴 서쪽에 위치. 용이 살던 곳이라고 전한다.

● 쌍홍문—제15경. 음성군 서남쪽. 두개의 구멍이 뚫려 있다. 금산을 오르는 대문 역할을 하고 있다. 옛날 석가세존이 돌배를 타고 나가면서 뚫어진 것이라고 한다. 해상의 세존도 전설과 이어진다.

● 사선대—제16경. 신선의 모습을 한 네개의 바위. 천구암쪽에 위치.

● 백명굴—제17경. 임진왜란 때 주민 백 명이 피난을 했었다는 곳. 사선대 북쪽에 위치.

● 천구봉—제18경. 일월봉 아래 위치. 개모양의 바위.

● 제석봉—제19경. 일월봉 아래 위치. 전설의 제석님이 내려와 놀던 곳.

● 좌선대—제20경. 제석봉 왼쪽에 위치. 신라 때 원효, 의상, 윤필대사 등 삼사가 수도, 좌선하던 자리. 앉은 자리가 교묘하게 패여 있다.

● 삼사기단—제21경. 좌선대 아래 위치. 신라 때 원효, 의상, 윤필 대사가 기단을 쌓고 기도를 올리던 곳이라 전함.

● 저두암—제22경. 좌선대 왼쪽. 돼지머리모양 바위.

● 촉대봉—제23경. 향로봉 옆에 위치. 삼사기단의 촛대라고 한다.

● 향로봉—제24경. 삼사기단 왼쪽 아래에 위치. 향로모양의 바위.

● 사자암—제25경. 상사암 가는길 우측에 위치. 사자모양 바위.

● 팔선대—제26경. 상사암 앞에 위치. 여덟 개의 신선모양 바위.

● 상사암—제27경. 금산에서 제일 웅장하다. 옛날 상사병에 걸린 남자가 죽음 직전에 이 바위 위에서 상사를 풀었다는 전설이 있음.

● 구정암—제28경. 상사암 옆에 위치. 암면에 9개의 둥근 홈이 패여 있음. 상사풀이할 때 썼다고 전함.

- 감로수-제29경. 상사암 남쪽에 위치. 조선 숙종임금이 마시고 병을 고쳤다고 해서 구군천이라고도 함.
- 농주암-제30경. 용과 호랑이가 구슬을 갖고 노는 모습의 바위. 대장봉 옆에 위치하고 있다.
- 화엄봉-제31경. 바위 모양이 화엄이란 글씨 모양을 하고 있음. 농주암 왼쪽에 위치하고 있다.
- 일월봉-제32경. 화엄봉 왼편에 위치. 가까이서 보면 日자형, 멀리서 보면 月자 모양이라 함.
- 요암-제33경. 흔들바위. 일월봉 왼편에 있다.
- 부소암-제34경. 금산당가 서남편에 위치. 진시황의 아들 부소가 유배되었던 곳이라고 한다.
- 석각-제35경. 지방기념물 제6호. 암벽에 상형문자가 새겨져 있다. 옛날 진시황의 신하가 새겼다고 전한다.
- 세존도-제36경. 금산 앞바다 먼 곳에 위치한 절경의 바위섬.
- 노인성-제37경. 일명 남극성으로 춘분과 추분 전후 3일간 관광객이 몰려든다.
- 일출경-제38경. 장엄신비한 일출경. 탑대 또는 망대에서 볼 수 있다.
- 상주해수욕장-상주면 상주리 앞바다. 백사장 길이 2km. 모래가 곱고 노송이 우거져 있다. 반원형을 이루고 해상에 바위섬이 있어 잔잔한 수면을 이룬다.
- 보리암 앞 3층석탑-인도 월지국에서 수로왕의 비 허왕후가 가져왔다고 한다. 그러나 고려 초기 때 것으로 여겨진다. 높이 1.65 m. 지방유형문화재 제74호.

가이드

⊙ 교통

- 항공-부산 김해공항간 서울, 제주, 광주에서 부산 김해공항까지 1일 10회 이상 운항.
- 해운-부산~여수에서 노량까지 세모엔젤호 운항.
- 철도-부산까지 경부선 이용.
- 고속버스-부산, 마산, 진주까지 고속버스 이용.
- 시외/직행-남해읍~상주간 40분 소요. 부산 서부터미널에서 남해읍 2시간 30분 소요.
마산에서 남해읍(1시간 50분 소요).

전망이 뛰어난 탑대

•기타−삼천포시에서 도선선 이용. 창선도 경유 코스도 있음.

⊙ 숙박

•상주 민박 75호, 400실(1,890명 수용) 문의 (0594)62~6186.
여관 3개소

⊙ 메모

•특산 명물−유자, 치자, 비자, 마늘, 고구마, 반지락, 석공예, 향.
•향토 미각−박꼬지, 장어구이, 도가니탕.
•기타 사항−바다낚시(볼락, 감숭어, 농어).
•입장료−어른 400원, 군인·학생 300원, 어린이 100원.

금정산 범어사

부산직할시 동래구 청룡동

4개의 석주로 이루어진 일주문

　지형이 마치 큰 솥을 닮았다는 부산은 한반도의 동남단에 위치한 국내 제일의 국제적 항구도시. 서울에 이어 두 번째로 큰 대도시. 온화한 해양성 기후와 높고 우람한 산봉, 푸른바다를 동시에 지녔고 낙동강이 굽이치는 천혜의 고장이다. 따라서 시내 곳곳에 널려있는 명소에는 사시사철 관광객의 행렬이 끊이질 않아 관광도시로서도 손색이 없음을 실감나게 한다.
　부산직할시의 대표적인 명소로 해운대·태종대·오륙도 등과 함께 꼽히는 명

산 금정산(金井山·해발 801m)은 부산시가를 병풍처럼 막아주고 있는 산지경승
지. 이곳은 옛기록에 금색의 고기가 오색 구름을 거느리고 범천에서 내려와 산
정의 금색 빛 우물에서 놀았다고 전하고 있다. 이처럼 신령한 우물 때문에 신라
때 문무왕이 왜구로 인해 근심을 하던 중 어느 성인의 가르침을 따라 의상대사
로 하여금 이곳 금정 옆에 절을 세웠는데 이절이 금정산 동쪽기슭 동래구 청룡
동에 위치한 현재의 범어사(梵魚寺)라고 전한다. 대한불교 조계종 제14교구의

본사인 범어사는 신라 문무왕 18년(678) 창건되었고 다시 흥덕왕 때 불사를 크게 일으켜 한때는 선찰대본산으로 명성을 떨쳤다. 그러나 임진왜란 때 경내의 전각들이 모두 불에 타 조선 선조, 광해군, 숙종, 인조, 순조, 고종 때에 걸쳐 여러 차례 중건했다. 원효대사, 서산대사 등 숱한 고승들이 거쳐간 이 곳은 경내에 보물 제434호인 대웅전을 비롯 명부전, 일주문, 3층석탑, 석등, 당간지주 등의 문화재와 천연기념물 제176호 등나무 자생지 등을 지니고 있다. 고찰 범어사를 품고 있는 금정산은 국내 최대규모의 석성인 금정산성(사적 215호)이 위치한 군사적 요충지로 축성당시에는 길이가 17km, 높이가 1.5m 내외에 이르렀다고 한다. 지금은 1970년 경 복원한 동문과 서문 4km 정도의 성벽을 볼 수 있다. 숲이 울창하고 기암이 유난히 많은 금정산은 범어사를 비롯 막걸리와 염소불고기로 유명한 산성마을, 금강공원(동·식물원, 어린이놀이터 등), 독진대아문, 망미루 등 많은 명소가 있다. 또한 남쪽기슭에는 알칼리성 식염천으로 유명한 동래온천이 있어 더욱 붐빈다. 특히 범어사입구는 맑은 계류와 기암의 조화가 절경인 계곡이 펼쳐져 여름철에 부산시민의 피서지가 되기도 한다. 주차장에서 범어사를 오르는 길목은 아스팔트로 잘 포장된 자동차겸용 도로로 숲이 유난히 울창하여 아침 저녁 산책코스로도 손색이 없다.

알아둡시다 · 동래 온천

신라재상 충원공이 온천욕을 즐기던 명소

부산직할시 동래구 온천1동, 금정산 기슭에 위치. 동래온천은 신라시대 신문왕 때 재상을 지냈던 충원공이 온천욕을 하였다는 기록이 전할 만큼 1천 년 이상의 오랜 역사를 지니고 있다.

전설에 의하면 백로가 하늘에서 내려와 몸을 씻는 것을 보고 어느 노파가 아픈 다리를 씻었더니 완쾌되었다고 한다. 온천수의 성분은 염소, 나트륨, 칼슘, 칼륨, 황산염, 불소, 중탄산, 규산 등을 함유한 약식염천이다. 수온은 38~64℃, 류머티스, 위장병, 관절염, 외상후유증, 피부병 등에 유효한 것으로 알려져 있다. 동래는 도심지에 위치하고 있어 온천장 주변에만도 식당, 호텔, 여관, 스텐드바 등 각종 유흥업소 3백여 개소가 밀집하고 있다. 이곳도 타지역 온천장과 같이 일부 업소는 전혀 온천수를 사용하지 않거나 지하수와 섞어 사용하고 있다.

팔상전과 신령각

⊙ 명 소

● 일주문—굵은 석주 4개를 세워 건립한 건물로 다른 사찰 일주문과 다른 특이한 양식이다. 중앙에는 조계문, 좌측에는 금정산, 범어사, 우측에 '선찰대본산'이란 현판이 걸려 있다. 지방유형문화재 제12호.

● 당간지주—본채로 들어서기전 우측에 위치. 높이 4.5m의 거대한 돌기둥을 이루고 있다. 지방유형문화재 제15호.

● 대웅전 앞 석등—범어사 창건 때 조성된 것으로 추정. 높이 2.62m. 지방유형문화재 제16호.

● 3층석탑—대웅전 앞에 위치한 석탑. 높이 4m. 보물 제250호.

● 대웅전—조선 광해군 6년(1614) 묘전화상 중건 후 수차례 보수했음. 규모는 정면 3칸, 측면 3칸, 내부에 정자형 닫집이 있다. 보물 제434호.

● 천왕문—범어사 두번째 문. 사천왕을 그린 탱화가 모셔져 있다. 정면 3칸의 맞배집.

보물 434호로 지정된 대웅전

- 불이문 — 범어사의 세번째 문. 정면 3칸의 맞배집.
- 보제루 — 정면 5칸, 측면 3칸의 팔작지붕. 대웅전 맞은편에 있다.
- 종루 — 보제루 옆에 위치. 대종, 대북 등이 걸려 있다.
- 미륵전 — 정면 3칸, 측면 2칸 맞배집. 목불상을 봉안.
- 비로전 — 정면 3칸, 측면 2칸, 삼존불을 봉안했다. 초석은 자연석을 그대로 사용하고 있다.
- 명부전 — 정면 3칸, 측면 3칸, 맞배집. 저승세계를 상징하며 지장보살을 모시고 있다.
- 관음전 — 정면 5칸, 측면 3칸 맞배집. 관음상과 장경을 봉안하고 있다.
- 기타 — 팔상전, 나한전, 촉성각, 7층석탑 등이 있다.

가이드

◉ 교통

- 항공 — 부산 김해공항 간 서울, 제주, 광주행 수시.

• 철도－경부선, 경전선 이용 부산역 하차. 지하철 이용. 범어사역 하차. 도보 30분.
• 고속버스－전국 대부분지역과 연결됨.
• 시외 /직행－서부, 동부터미널에서 직행시외버스 수시.
• 기타－부산 지하철 1호선 이용. 범어사역 하차. 시내버스, 직행좌석버스 범어사행
(버스이용이 도보구간 적음)
택시는 매표소 앞까지 진입가능.

◉ 숙박

• 관광호텔－부산시내 동래, 해운대, 시내 중심가에 50여 개 업소 있음.
• 기타－각종 숙박업소 다수.

◉ 메모

• 특산 명물－배, 딸기, 파, 화훼류, 고전매듭, 보릿짚 공예 등.
• 향토 미각－금정산성 동문 아래 산성리에 염소불고기(1인분 2만원 내외)와 산성
막걸리가 유명함.
• 입장료－범어사 대인 500원, 군인·학생 250원, 어린이 200원.
주차비－소형 1천원.

낙산사 의상대

강원 양양군 강현면 전진리

해변에서 바라본 낙산

　장엄한 일출의 모습은 우리들 모두에게 희망과 깨달음을 남겨준다. 이 때문에 많은 사람들이 이른 새벽을 아랑곳하지 않고 잠을 설쳐가며 일출 명소로 몰려든다. 이 중에서도 '해돋이의 땅'으로 불리는 영동지방은 더욱 붐비게 된다. 특히 관동8경의 하나로 알려진 의상대는 정초 무렵의 한해 바람을 기원하며 일출의 장관을 보려는 이들이 몰려드는 해맞이 명소로 단연 첫째 손가락을 꼽는다.

　낙산사 동쪽해변 동해가 한눈에 바라다보이는 높다란 절벽으로 이루어진 언덕

위에 세워진 의상대는 의상대사가 휴식을 즐겼다는 곳으로 송강 정철이 해뜨는 광경을 극찬한 시를 남길 만큼 유명한 곳이다. 이곳은 1926년 작은 규모의 육각정을 건립하면서 더욱 이름을 날렸는데 1936년 폭풍으로 무너져 새로 재건하고 동아일보 제호를 쓴 명필 김돈희(金敦熙)의 현판을 달아 오늘에 이르고 있다. 또한 황홀한 일출과 함께 주변 노송들의 운치있는 모습도 널리 알려져 있다.

낙산사 의상대가 위치한 9~10㎢ 지역은 1979년 동해 도립공원으로 지정된 뒤 수 차례에 걸쳐 단장되었는데 지금은 설악산을 오가는 관광객들이 빼놓지 않고 사시사철 들러가는 관광명소가 되었다. 도립공원의 중심을 이루는 낙산사는 신라 문무왕 때 의상대사가 창건한 사찰로 파랑새의 전설이 전하는 천년불교 성지로 일컬어지고 있다. 특이한 것은 해산에 위치한 평지에서 명당을 찾아 불사를 일으킨 점인데 전설에 의하면 대나무가 솟은 곳(지금의 대웅보전 자리)에 지은 것이라고 한다. 경내에는 홍예문을 비롯 보물급 문화재인 범종과 7층석탑이 있고 적담장 등의 문화재도 전한다. 절벽에 세워진 낙산사 부속암자 홍련암은 연꽃에 싸인 관음상이 나타났다는 곳. 법당마루의 네모난 구멍으로 전설 속에 등장하는 관음굴을 바라볼 수 있는 곳이다. 이외에도 1977년 조성된 높이 16m의 해수관음보살상을 비롯 연꽃이 가득한 연못, 자연보호헌장비 등이 있다. 구릉을 오가는 길목에는 옥수수 또는 감을 담은 그릇을 놓고 손님을 청하고 있어 정취를 돋궈준다. 입구의 시설단지에는 유명한 전복죽과 각종 회감을 파는 상점, 오징어 등 토산품점 등이 즐비하다. 수년 전부터는 관광호텔을 비롯 깔끔한 숙박 시설들이 들어서서 일부러 설악산, 양양, 속초에서 여정을 풀어야 하는 불편을 덜어주게 되었다. 낙산사일대의 경관은 거센파도와 자비스런 불심을 동시에 보여주고 있어 무한한 깨달음을 일게하는 마력을 지니고 있다.

◉ 명 소

● 낙산사 ─ 천축의 보미라 낙가산에서 이름을 딴 것이라고 한다. 신라 문무왕 때 의상대사가 건립. 1950년 한국전쟁 때 불탄 것을 1953년에 복원하였다.

● 범종 ─ 보물 제479호. 낙산사 소장. 조선 예종 때 주조. 높이 2.24m, 둘레 8m, 직경 1.8m.

● 7층석탑 ─ 신라 때 작품. 보물 제499호. 탑 상륜부에 오동으로 된 꽃무늬 장식이 남아 있다. 높이 6.2m.

● 홍예문 ─ 조선 세종 때 축성. 당시의 강원도 고을 26개를 상징하는 장방형 돌이 남아 있다. 지방문화재 제33호.

● 담장 ─ 적토화강암으로 조성. 길이 36m, 높이 4.2m, 두께 1.5m, 지방문화재 제34호.

● 의상대 ─ 1926년 건립. 1936년 폭풍으로 유실되었고, 주변 송림이 일품이다. 관동8경의 하나이다.

● 홍련암 ─ 파랑새가 들어갔다는 석굴 위에 건립. 지방문화재 제45호. 목조건물 관음전과 요사 등이 있다.

- 해수관음상 — 1977년 완공. 관음상의 높이 16m, 둘레 3.3m. 권기환 씨 작품.
- 원통보전 — 낙산사법당. 세종대왕 벼루가 있다. 1952년 준공.
- 사천왕문 — 낙산사 경내를 들어서는 문. 사천왕산(4.2m)이 모셔져 있다.
- 기우정 — 만해 한용운의 '님의 침묵'을 썼다는 곳. 1967년 주민들에 의해 건립되었다.
- 낙산해수욕장 — 백사장 길이 2km, 수심 0.3~1m. 경사도 완만. 급수대 9개소, 샤워장 3개소, 야영장 2개소, 주차장 2개소 등의 시설을 갖추고 있다.

가이드

⊙ 교통

- 항공 — 서울~속초간 대한항공(1일 2회 왕복)
- 고속버스 — 서울~속초간(5시간 10분). 속초~낙산은 시내버스 이용
- 시외 / 직행 — 서울 상봉터미널에서 속초행 이용(한계령 경유)
- 기타 — 속초, 양양에서 낙산행 수시 있음. 택시 이용 가능

⊙ 숙박

- 관광호텔 — 낙산관광호텔.(1급, 137실)
- 기타 — 낙산유스호스텔, 장급여관, 여인숙 다수

민박 31호 190실(796명 수용) 문의(0396)672~0781

숙박텐트 25개소, 야영장 2개소

⊙ 메모

- 특산 명물 — 토종꿀, 오징어, 낙산배, 송이, 표고, 산머루, 다래, 더덕, 돌김
- 향토 미각 — 전복죽(낙산 회집상가 등), 산채비빔밥(별미회관), 은어튀김(남대천 뚜거리집), 막국수(단양식당), 가자미식혜(낙산 통일 횟집)
- 기타 사항 — 주차장 2개소, 입장료 — 어른 1,200원, 군인학생 700원, 어린이 350원

남산공원

서울 중구, 용산구 등

서울 시민의 휴식처 남산공원

　애국가 2절 가사 첫귀절에서도 등장하는 남산은 모두가 공인하는 수도 서울의 상징. 서울 시가지 중심부에 비스듬한 타원을 이루며 동서로 넓게 가로질러 솟아 있다. 해발 265m의 남산은 다섯 개의 봉우리로 이루어져 있어 예부터 인왕산, 북악산 등과 함께 서울분지를 에워싸고 있는 천연 성지로 조선시대 도읍지를 정할 때 한강 너머 남쪽 멀리 솟아 있는 관악산을 외안산, 남산은 내안산으로 불렀다. 또 도성을 에워싼 내외 4대산 중에서 내4대산, 남쪽 방위에 해당하는 산으로도 꼽히었다. 동서

길이 2.7km, 남북길이 2.1km, 총면적 90여 만 평에 달하는 남산은 평면상에 구릉을 이룬 지형으로 편마암계통의 기암과 76만 8천여 평의 수림(48과 69속 193종 서식)을 비롯, 계곡, 약수 등 빼어난 경관들이 가득하다. 특히 산정 곳곳에는 개나리, 진달래, 벚꽃 등 각종 화목들이 다양하게 분포하고 인근 산중 가장 많은 새들이 서식한다. 정상에는 세계에서 두번째로 높은 전망대 겸 종합전파탑인 서울타워가 세워져 있으며 케이블카, 도서관, 동·식물원, 기념관, 호텔 등 각종 시설이 많다.

경남산, 인경산, 목멱산 등으로 불렸던 남산은 전국 5거 봉수대의 종점이었으며 조선 태조 이성계가 도읍을 정하고 국가안녕을 기원하는 제사를 지내던 국사당이 있었다. 또한 뛰어난 경치로 인해 재산루, 녹천정, 노인정, 귀녹정 등 수많은 누정이 곳곳에 세워졌다. 그러나 일제 침략시대에 이르러 일본군 진지가 설치되면서 수난의 역사가 시작되었다. 1885년 이미 일부지역이 일본인 놀이터가 되었으며 1897년 왜장도공원 등으로 불리다가 1910년 5월 정식으로 공원 개원식을 가졌다. 이때 고종은 한양공원이라고 이름을 지었다.

남산공원이란 이름은 1940년에 이르러 명명된 것이다. 현재 남산공원은 2구 11동에 속해 있으며 남산은 자연공원, 장충지역은 근린공원에 속해 있다. 남산일대는 70년대 입산금지 조처로 동식물이 불어나고 환경이 전보다 나아졌지만 호텔, 아파트, 학교, 주택 등이 여전히 남아 있어 옥에 티가 되고 있다. 최근 정부는 이곳에 설치된 일부 건물들을 철수하여 남산공원을 재단장 하겠다고 공언한 바 있다.

◉ 명소

- 서울타워 — 용산구 용산동 2가 산1~3번지에 위치. 조선 세종 때 설치된 봉수대 자리에 1969년 착공, 75년 준공했다. 한동안 방송 송신 등 종합송신탑으로 사용되어 오다가 1980년 체신관서 공제조합이 인수하여 일부를 전망대로 공개하고 있다. 서울타워는 탑신높이 135.7m, 철탑높이 101m로 남산높이와 합쳐 총 479.7m에 이른다. 이는 537m의 소련 모스코우탑 다음으로 높은 것이다. 전망대는 1, 2, 3층에 일반전망대, 4층에 노천전망대, 5층에 회전전망대로 꾸며져 있다. 전망대는 각층별 141평 규모로 35분마다 1회전 하는 회전전망대만 83평 규모이다. 전망대는 동시에 9백 명을 수용한다. 이 외에도 본관 5층에는 종합오락실, 기념품점, 카니발하우스, 해양수족관, 한국민예시연장, 환상의 나라 등이 위치하며 간이 매점도 있다.

- 남산성곽 — 1978년 복원된 길이 1400m의 평산석성으로 서울성곽의 일부이다. 사적 제10호. 남산식물원에서 장충동까지 이어져 있다.

소월 김정식 시비. 산유화가 새겨져 있다

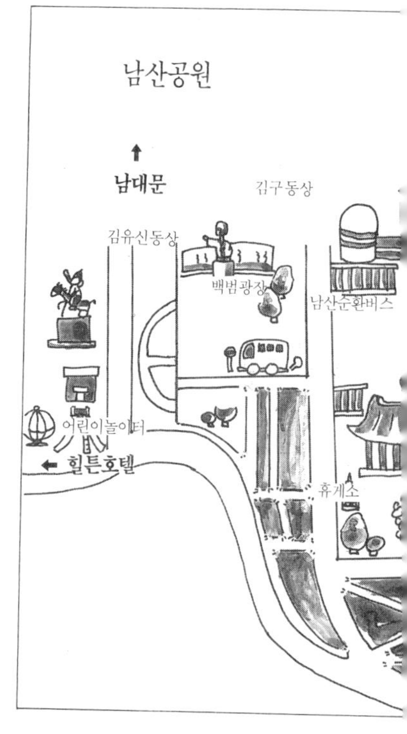

을미사변 영령 모신 장충단의 옛터

서울 중구 장충동 2가 196. 남산의 동북쪽에서 흘러내린 산기슭 17만 평 일대 (545,925㎡)에 자리잡고 있다. 이곳은 옛날 서울 도성의 남부를 지키던 남소영(남별영)이 있었고 민비 시해사건(을미사변) 때 순직한 민비의 이종이던 궁내대신 이행질, 연대장 홍계훈 등의 여러 영정을 위해 장충단(초혼단)을 세워 제사를 지내오던 곳으로 1919년 일제 때 공원이 되었다. 울창한 수목과 약수를 비롯, 주변에 체육시설과 교육·문화시설이 몰려 있으며 아직도 많은 유적, 유물이 전해지는 곳이다. 원내에는 1899년에 세워진 장춘단 비를 비롯 청계천에서 옮겨 온 수표교, 사명대사 동상, 장충공원분수대, 최현배 선생 기념비 등이 있다. 근처에는 국립극장, 유관순 동상, 반공연맹 등이 위치한다.

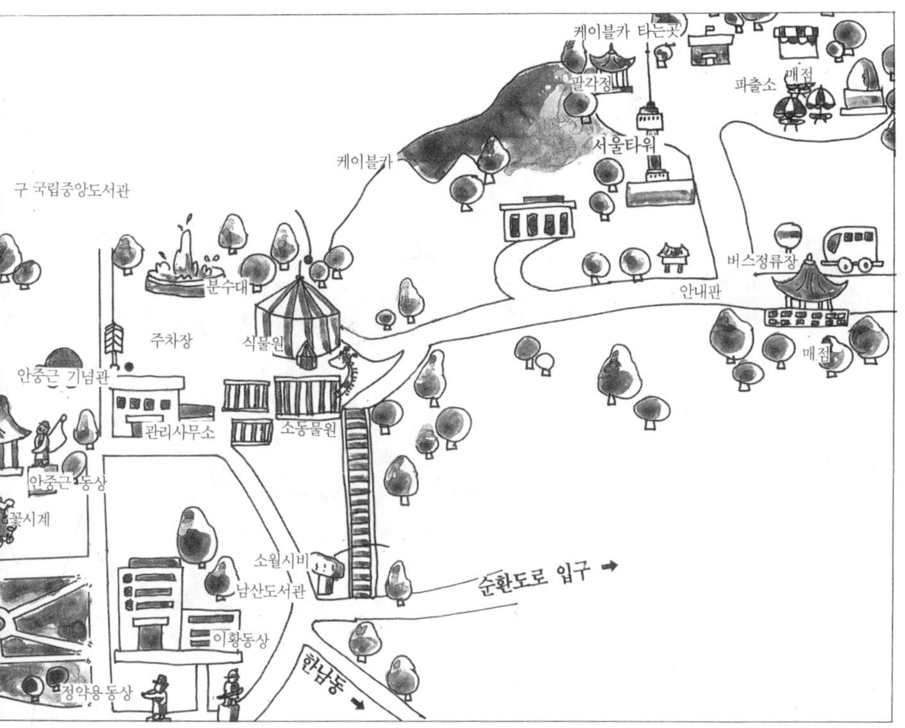

- 케이블카 — 중구 회현동에 위치. 길이 630m. 탑승인원 38명. 소요시간 3분.
- 팔각정 — 서울타워 맞은편 정상에 위치. 한식기와에 8개 기둥이 세워져 있다. 1960년 10월 준공.
- 백범광장 — 남산 동북쪽 중턱에 위치. 야외음악당, 김구 선생 상 등이 있다.
- 야외음악당 — 라벤식 콘크리트 구조. 총 6천 평 부지에 건평 1천 평. 무대 96평 규모로 꾸며졌다. 1만 5천명 수용.
- 시립남산도서관 — 용산구 후암동. 1962년 건립된 4층 양식건물로 연건평 9,254평에 1,626석을 갖추고 있다. 건물 좌우에 퇴계 이황 선생 상과 다산 정약용 선생 상이 있다.
- 국립극장 — 1967년 착공하여 1973년 개관 후 명동 예술극장에서 이전했다. 부지 면적 17,255평, 건축면적 9,804평으로 대극장(1,518석), 소극장(454석), 매표실, 샤워실, 연습실, 식당, 기계실, 분수대, 연못, T.V중계실, 음악실, 휴게실 등을 두고 있다. 삼환기업 시공.

안중근 의사 기념관

- 소동물원 ─ 식물원 옆에 위치. 36종, 920수를 보유하고 있다.
- 식물원 ─ 총규모 900평. 1971년 건립. 귀중한 선인장류 등 1,077종 14,688분이 진열되어 있다.
- 안의사 광장 ─ 안중근의사를 기려 지은 명칭. 안의사 유묵비, 동상, 안의사 기념비, 기념관 등이 있다.
- 소월시비 ─ 1968년 3월 한국 신시 60주년 기념사업으로 한국일보사 세움. 소월 김정식의 시비, 시립도서관 옆 소월로에 위치.
- 조지훈시비 ─ 1971년 5월 세움. 청록파 시인 조지훈의 유작 파초우가 새겨져 있다. 숭의여고 뒤에 위치.
- 꽃시계 ─ 1970년 11월, 신진자동차사 기증. 면적 11㎡. 남산 잔디공원에 위치.
- 분수대 ─ 식물원 앞 장충공원. 아동공원에 각각 위치.
- 운동시설 ─ 축구장, 야구장, 테니스코트, 궁도장, 수영장, 롤러스케이트장 등이 장충공원 일대에 있음.
- 어린이 놀이터 ─ 남산. 장충놀이터가 있음.

* 약수터 – 천일, 용암, 수복천, 상춘, 장충장수회 등 9개소.
* 장충단비 – 지방유형문화재 제1호. 민영환의 글이 새겨져 있음. 1900년 건립. 영빈관에서 이전함.
* 수표교 – 길이 27m. 폭 7m. 지방유형문화재 제18호. 1406년 건립. 1959년 청계천에서 이전.
* 와룡묘 – 건물 8동. 1934년 재건. 지방민속자료 제5호.
* 봉화대 – 팔각정 옆. 높이 2.5m. 화강암제품.

가이드

⊙ 교통

* 항공 – 서울 김포공항까지 이용가능. 공항에서 택시, 버스 이용.
* 철도 – 서울역 하차. 도보 10분. 지하철 4호선 회현역 하차. 장충공원쪽은 3호선 동대입구역 하차.
* 고속 버스 – 강남고속터미널. 동서울고속터미널.
* 시외 / 직행 – 서울 남부(서초동), 동서울(구의동), 서부(불광동), 상봉(망우리), 역전터미널(서울역)
* 서울 시내교통 – 좌석 45(1호터널 앞), 23(남대문), 16, 52, 740, 745, 755, 797 (남대문시장)
일반 79–1, 83, 83–1(남산입구, 도서관 앞), 67, 76, 77, 78–2, 81, 81–1(퇴계로)

⊙ 숙박

* 관광호텔 – 하얏트리젠시, 메트로, 렉스, 앰버서더, 타워, 힐튼 등 매우 많음. 서울 시내 관광호텔 84개소(1990년 현재)
* 기 타 – 남산 주위 전역에 각종 숙박시설 다수. (퇴계로 입구, 서울역 주변 양동, 도동 등 일부는 윤락가로 미성년자 출입금지구역임)

⊙ 메모

* 기타 사항 – 광장(야외음악당)에서 전망대간 셔틀버스 수시 운행. 서울타워 종합요금 – 어른 3,500원, 소인, 2,350원, 케이블카 – 왕복 어른 1,200원, 어린이 650원.

남한산성

경기 광주군 중부면 산성리 · 성남시

병자호란의 항전장, 남한산성

　오랑캐에게 항례를 드리는 국치의 수모를 겪었던 역사의 현장 남한산성(南漢山城)은 백제시대로부터 조선시대에 이르는 각종 유적, 유물이 남아 전하는 호국, 국방유적지. 수도 서울의 남쪽 근교에 위치하여 주말 관광코스로도 널리 알려져 있다. 36.4㎢의 면적을 지닌 남한산성도립공원은 성남시와 광주군 7읍, 면, 동 13리에 속해 있는 사적 · 자연공원이다. 공원 내에는 사적 제57호로 지정된 9.05km의 성곽을 비롯 수어장대, 숭렬전, 청량당, 현절사, 침과정, 연무관 등

도지정 문화재 6개소, 문화재자료 2개소 등의 문화자원이 있다.·이 외에도 병자
호란 기록화전시장이 세워져 있다. 남한산성은 군웅이 활거하던 한강유역에 남아
있는 성터와 유적·유물의 하나로 북한산성과 함께 서울의 남북을 지키던 요새
였다. 지금도 그 터가 전하고 있는 이곳의 이 산성은 석축으로 된 포곡식산성으
로 백제의 시조인 온조가 쌓은 것이라고 전한다. 그러나 신라 문무왕 12년에 능
현·부산성 등과 함께 길이 4,360보의 토석축(?)으로 된 '주장성'이 축성되었는

데 이것이 남한산성의 시초라고 할 수 있다. 그 후 조선왕조에 이르러 광해군 13년(1621) 완전한 석성으로 축성했고 일장성으로 불리던 주장성터에 이원익 등의 건의로 인조 2년(1624)에 다시 개축했다. 또한 숙종, 영조, 정조 때 계속적인 개축과 증수가 있었다.

이곳의 원성은 8천6백66m이며 화기에 견딜 수가 있는 이빨 모양의 외성 3천88m 등 총 1만 1천7백55m에 이르는 성곽이 세워졌다. 당시의 기록에 의하면 성내에는 전군포 125개, 암문 16개, 장대 4개, 옹성 4개, 저수지 45개, 우물 80개, 물방아 8개가 있었다고 한다. 그러나 퇴락이 심하였으며 이에 제1차로 72년과 76년 사이에 기존건물과 성곽을 보수하여 현재에 이르고 있다. 이곳은 고종 44년(1907) 광주 군청이 개청되었던 곳이었으나 1971년 이전하였으며 1971년 도립공원으로 지정되었다. 이곳은 서울근교의 관광사적지로 연간 90만명이 찾아드는 곳이다. 이는 산록의 남쪽과 서쪽에 이어지는 수려한 계곡에 연유하지만 조선 인조 15년(1637) 병자호란시의 항전장으로 민족사에서 씻어낼 수 없는 치욕의 현장이기 때문이다. 이 때문에 유비무한의 한을 되새기며 반성의 계기를 일깨우는 도장이 되고 있다.

알아둡시다 · 병자호란

유사이래 처음 겪는 국치의 수모

조선 인조 14년(1636) 12월, 청나라 태종은 10만의 군사를 이끌고 압록강을 넘어 침략을 감행했다. 불과 10일 만에 서울 근교까지 밀어닥친 청 태종의 침략군대는 왕성을 목표로 공격준비를 서둘렀다. 이에 조정에서는 최명길을 적진으로 보내 시간을 얻은 후 봉림, 인평대군과 왕족들을 강화로 피신시켰으나 워낙 진입이 빨라 왕과 신하는 미처 피신을 못해 광주땅의 남한산성으로 옮겼다. 12월 16일 청군은 왕을 따라 남한산성으로 추격전을 펼쳐 성의 외곽을 포위하고 공격을 계속 퍼부었다. 성내의 1만 4천여명의 군사들은 보급이 중단된 채 항전을 계속했으나 추위와 기아로 전의를 상실하던 중 강화함락 소식이 전해오자 이듬해 정월 그믐날 항전 45일만에 성문을 열고 항복했다. 왕과 소현세자는 삼전도(지금의 송파)로 나가 수향단에서 무릎을 꿇고 청 태종에게 치욕의 향례를 올려야 했다. 그후 소현세자와 봉림대군이 볼모로 잡혀갔고 척화파였던 홍익한, 윤집, 오달제도 끌려가 그곳에서 순절했다. 이들 3명의 순국신하를 삼학사라 부르며 추앙한다.

정상에 세워진 지휘소, 수어장대

◉ 명소

• 서장대(西將臺) – 산성의 최고봉인 징상에 영조 27년(1751) 이기진이 중층누각을 세우고 내편은 무망루(無忘樓), 외편은 수어장대(守禦將臺)라 했다. 1957년 해체 복원하고 1973년 번와와 단청을 했다. 하층은 정면 5칸, 측면 3칸, 2층은 정면 3칸, 측면 2칸이다. 지방문화재 제1호.

• 동문 – 좌익문(左翼門)이라고 부른다. 홍예 좌우 석축은 자연석이며 높이 4.7m. 1965년 문루를 복원했고 1973년 일부를 다시 복원했다. 구조는 건평 11.24평의 목조 단층으로 기와팔작지붕을 얹고 있다.

• 서문 – 우익문(右翼門)이라고 부른다. 서장대와 북문의 중간에 위치. 홍예높이 4.14m. 건평 6.8평으로 한식 목조 단층에 기와로 된 합작지붕을 얹고 있다. 문루 전후면에 높이 1m의 여장을 설치했다.

• 남문 – 지화문(至和門)이라 한다. 홍예높이 5.4m, 성곽높이 6.6m, 1969년 해체 복원했고 1973년에 다시 보수했다. 건평 18.21평으로 한식 목조 단층건물이다.

* 북문 – 전승문(全勝門)이라 부른다. 서장대를 오르는 길 중간 능선에 위치. 홍예높이 6.9m, 성곽높이 7.5m, 홍예의 안쪽은 벽돌을 사용했고 취두가 설치되어 있다.

* 연무관(演武官) – 무술을 연마하던 곳이며 한식 목조 단층건물로 건평 37평, 기와로 된 팔작지붕을 얹고 있다. 1975년에 대보수를 한 뒤 1978년에 다시 보수하였다.

* 침과정(枕戈亭) – 한식 단층 기와건물로 건평 3.38평 조선 영조 때 보수 후 방치되어 퇴락된 것을 1970년 해체 복원하고 1978년 다시 보수했다.

* 숭열전(崇烈殿) – 조선 인조 16년(1638)에 설립되어 온조왕을 모시다가 뒤에 축성에 공이 많은 이서를 함께 배양. 정조 19년(1795)에 ‘숭열’이라 사액이 내려졌다. 1970년 해체 복원.

* 현절사(顯節寺) – 조선 숙종 14년(1688) 이세백에게 명하여 건립하고 숙종 19년(1693) 봄에 사액했다. 병자호란 당시 삼학사를 기려 세운 것이다. 1974년 보수. 정면 3칸, 측면 2칸, 건평 13.7평 규모.

* 청량당(清涼堂) – 조선 인조 때 산성의 동남쪽 축조 책임자 이회 장군이 모략으로 사형을 당한 후 무고함이 밝혀지자 원혼을 위로하기 위해 세운 당사. 인조 4년 후에 축성된 것으로 추정. 한식 목조 단층으로 정면 3칸, 측면 2칸, 1978년에 보수.

* 지수당(池水堂) – 조선 현종 13년 이세화가 건립한 정자. 3개의 연못 속에 세워졌던 것이다. 1978년 보수. 규모는 정면 3칸, 측면 3칸, 건평이 13평이다.

* 영춘정(迎春亭) – 1957년 남문 밖 능선에 경기도 지사가 건립한 것. 1974년 서장대근처 남쪽 봉우리로 이전하고 1978년에 보수. 팔작지붕, 6.75평. 편액은 ‘농천 이병희’의 글씨이다.

* 영월정(迎月亭) – 영춘정과 함께 건립. 사각지붕. 정면 1칸, 측면 1칸. 건평은 1.33평. 편액은 원곡 김기승의 글씨이다.

* 성곽(城郭) – 1975년 서장대와 서문 사이의 55m를 보수한 것을 시초로 계속 복원중이다. 원성의 길이는 내주 6,297보(7,480.8m)의 외주 7,297보(8,666.5m).

* 장경사(長敬寺) – 승군을 주둔시키기 위해 세운 절. 동문쪽 산정에 있다. 당시에는 9개의 사찰이 있었다고 전하나 현재는 이곳만 남아 있다. 1975년 대웅전의 기와와 단청을 보수했다.

- 병자호란 기록화 전시관－45평 규모. 병자호란 기록화 8점 전시.
- 천주교 순교헌양비－천주교재단에서 5천평의 대지를 마련. 묘역과 높이 1.3m의 순교비를 세워놓았다. 기해박해 이후 천주교 신도들이 계속 처형된 곳이다.

남한산성 로터리 광장에는 180평 규모의 순교자빔 제대가 있다.

가이드

⊙ 교통

- 철 도－서울역 또는 영등포역 하차, 성남행 연계교통 이용.
- 고속 버스－대구, 부산, 전주, 광주에서 성남까지 수시운행.
- 시외 /직행－서울 동서울터미널에서 시외버스 운행.
- 기 타－서울 광화문(좌석 45－1, 45번), 을지로5가(좌석 739번, 일반 66번), 영등포역 앞(좌석 736번, 일반 36번)에서 성남행 시내버스. 성남시내에서 남한산성행 버스 있음.

⊙ 숙박

- 관광호텔－성남시 수진동 소재 성남관광호텔(2급, 30실)
- 기타－산성 내 산성호텔 등 서너 곳의 숙박시설 있음.

⊙ 메모

- 특산 명물－고전가구, 은장도, 등공예, 칠기공예품 등.
- 향토 미각－숯불갈비, 백제장(한정식·향토지정 음식점). 산성 마을에 대형식당 많음.
- 남한산성 입장료－어른 3백원, 군인·학생 2백원, 어린이 1백원, 주차비－소형 5백원.

남해 노량포구

경남 남해군 설천면 노량리

경남 하동과 남해를 가른 노량해안

남해안의 한가운데 위치한 남해도의 관문이 되고 있는 노량포구는 맑은 거울에 비유되는 서정과 낭만의 바다가 연이어지는 한려수도의 중심부. 천연적인 운하를 이루고 있는 앞바다는 수많은 배들이 끊이질 않고 오가는 곳으로 아름답고 웅장한 붉은색 현수교가 걸려있어 그림같은 바다정경이 펼쳐지고 있다.

　노량 앞바다는 조선 선조 때 일어났던 임진왜란 당시 철수하는 왜적을 완전히 격멸한 '노량대첩'이 벌어졌던 역사의 현장. 이곳은 성웅으로 추앙되는 충무공

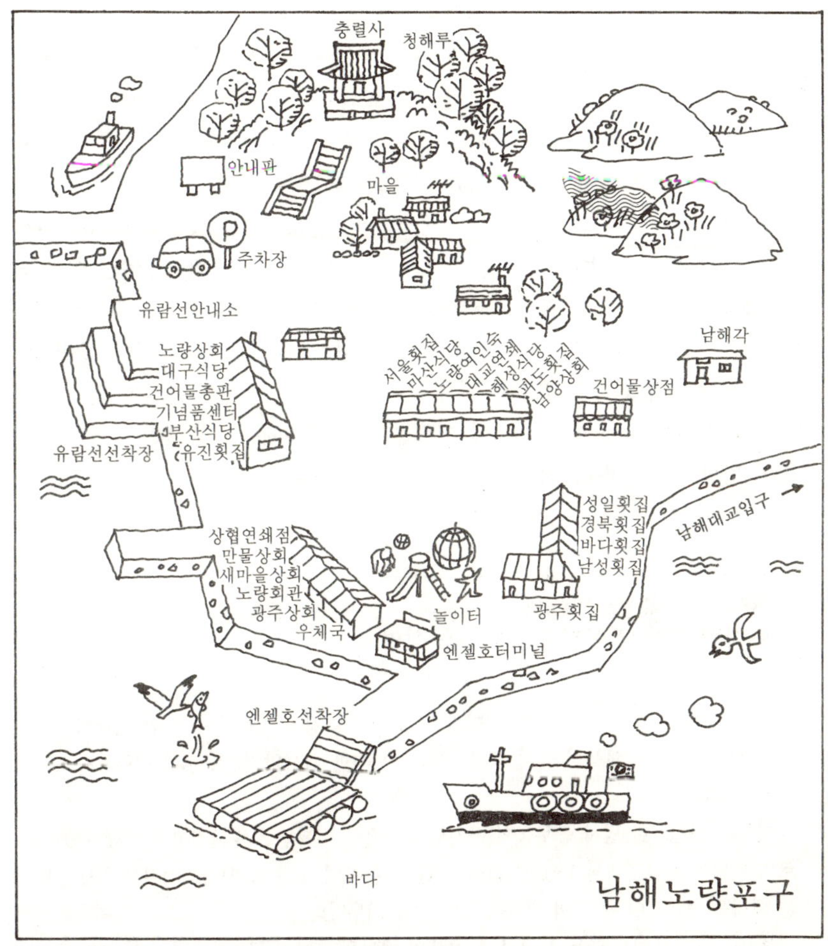

이순신 장군이 전사한 곳이기도 하다. 이를 기려 노량리 동쪽 끝 봉우리 정상에
는 사적 제233호로 지정되어 있는 충렬사(忠烈祠)가 세워져 있다. 82계단을 오
르는 충렬사 주변은 충무공이 태어난 4월 28일을 전후해 벚꽃이 만발하는데 이
로 인해 해마다 4월이 되면 꽃관광을 겸한 참배객들에 행렬이 끊이질 않는다.

충렬사는 충무공 전사 후 36년만인 조선 인조 10년(1632)에 창건되어 3백60
여 년간 충무공 영정을 모셔 온 곳이다. 규모는 매우 적지만 충무공사당으로서
는 가장 오랜 연륜을 지니고 있다. 근처 남해읍으로 들어서는 도로변에는 전사

후 처음으로 뭍에 시신을 모신 곳이라는 충무공전몰유허(이락사로도 부름)가 있다. 노량리는 지금으로부터 약 4백여 년 전 마을을 이룬 곳이다. 이곳은 예부터 줄곧 남해도를 육지부와 잇는 길목이었다. 노량이란 지명은 옛날 남해도로 귀양을 오던 선비가 노량 앞바다를 보고 이곳의 물결이 마치 이슬방울이 모여 교량을 이룬 것 같다고 하여 이슬로(露)와 들보량(梁)으로 불러 노량이 되었다고 한다. 이곳은 지난 1973년 노량리와 하동군 금남면 노량리를 잇는 길이 6백60m, 높이 80m의 현수교 남해대교가 준공되면서 육지부와 연결되어 섬 아닌 섬이 되었다. 한려수도를 오가는 관광객들의 발길이 사시사철 연이어지는 노량 앞바다는 남해대교 주변을 일주하는 유람선을 비롯 각종 횟집, 토산품점 등이 즐비하여 경유관광지로서의 면모를 갖추고 있다. 특히 노량포구 주변은 봄철이 되면 벚꽃이 가득하며 산정에서 마을 어귀에 이르는 낮은 구릉에는 노란색의 탐스러운 유채꽃이 만발하여 한려수도의 봄경치를 대표하고 있다.

알아둡시다 · 충무공 전몰유허

커다란 별이 떨어진 곳, 충무공 성역지

경남 남해군 고현면 차현리의 해변 언덕 위에 자리잡고 있는 충무공 전몰유허는 남해의 관문 노량포구로부터 불과 10분 거리에 위치한 역사의 현장. 흔히 이락사라고도 불리고 있다.

이곳은 임진왜란 당시 충무공의 마지막 대첩으로 기록된 노량해전이 벌어졌던 곳으로 앞바다인 관음포에서 1598년 11월 19일 이른 새벽 노량 앞바다에 집결하여 도망치는 왜적을 격파하던 중 적의 탄환에 맞아 숨을 거두었다.

충무공 전몰유허는 충무공 전사 후 유해가 맨처음 모셔진 곳이라는데서 역사적 의의를 찾을 수 있다.

경내에는 충무공 순국 후 234년이 지난 조선 순조 32년(1832) 공의 8대손이며 통제사로 부임한 이항권이 유허비와 함께 세운 비각을 중심으로 담장, 대문, 돌계단, 주차장 등이 말끔히 단장되어 주변의 노송과 함께 성역지의 풍모를 꾸며주고 있다.

이락사란 커다란 별이 떨어진 곳이라 하여 지어진 이름으로 추정되고 있는데 언제부터 누가 지은 것인지 알지 못한 채 불려지고 있다.

충무공 전몰유허는 봄철마다 입구에 벚꽃이 피어 장관을 이루며 남해대교, 충렬사와 함께 한려수도 경유관광지의 하나로 이름이 높다.

◉ 명 소

● 남해대교—국내 현수교 중 가장 아름답다는 평을 듣고 있다. 1968년 착공하여 1973년 5월에 완공했다. 길이 6백 60m, 높이 80m, 폭 9.6m. 2개의 교탑이 있다.

● 충렬사—충무공 이순신 장군의 사당. 조선 인조 10년(1632)에 세워졌으며 사당규모는 3.6평. 내부에 영정이 모셔져 있다. 맞은편에는 4.5평 규모의 비각이 있고 비각 속에는 충무공의 공적비 4기가 있다.

● 김구비—조선시대 4대 서예가로 꼽히는 자암 김구의 비. 1766년 후손이 세웠으며 충렬사 입구 계단 옆에 있다. 높이 2.5m.

● 남해각—식당, 여관, 전망대를 겸한 시설이다. 남해대교를 건넌 직후 도로변 언덕 위에 있다. 전망이 매우 뛰어나다.

가이드

◉ 교통

● 항 공—서울, 제주에서 진주공항까지 연결.

● 해 운—노량까지 세모엔젤호가 1일 2회 왕복운행(부산~성포~충무~사량도~삼천포~노량~여수), 삼천포~창선간 도선선 운행.

● 철 도—경남 하동까지 경전선(부산-목포)이용 가능.

● 고속 버스—진주, 순천까지 이용 가능.

● 시외/직행—부산에서 2시간 30분 소요, 마산 1시간 40분 소요, 진주 1시간 20분 소요, 순천 1시간 10분 소요.

● 창선도는 버스 이용 가능.

◉ 숙박

● 노량리에 남해각을 비롯 6개소 여관, 여인숙 있음. 읍내 20개소(장급여관은 5개소 뿐이다.) 숙박업소를 주말에 이용하려면 사전예약 필요.

◉ 메모

● 특산 명물—치자, 유자, 비자, 건어물, 마늘, 고구마, 반지락, 석공예.

● 향토 미각—노량리에 생선 횟집 10개소 있음. 유림식당이 맛있는 집으로 소개됨. 박고지, 매운탕, 장어구이, 도가니탕.

내연산 보경사

경북 영일군 송라면 중산리

팔면경을 묻고 지었다는 천년 고찰 보경사

　한반도의 동남해안선에 솟은 호랑이꼬리(또는 토끼 꼬리)로 비유되는 장기반
도가 돌출하여 이룬 아름다운 영일만과 철의 도시 포항을 에워싸고 있는 영일군
은 산과 바다의 절경을 고루 갖춘 산해절승지. 곳곳에 오어사·보경사·장기읍
성·원진국사비·법광사지·고석사·장기갑등대·등대박물관 등 문화경관과 내
연산계곡, 구룡소, 일월지, 도구, 구룡포 모포리, 화진·월포·칠포·죽천해수욕
장 등 자연경관이 널려 있다. 포항의 북쪽 동해와 인접한 지점에 우람하게 솟아

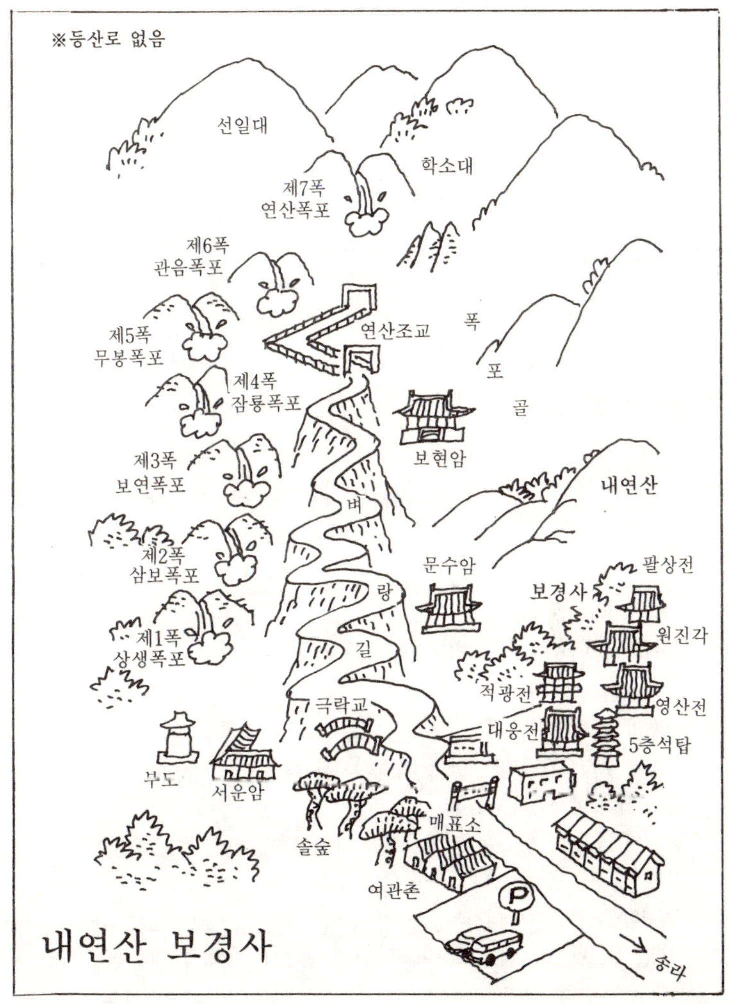

있는 해발 9백30m의 내연산(內延山)은 신라때의 고찰 보경사(寶鏡寺)와 10km에 이르는 수려한 계곡을 지닌 명소. '12폭포골' '보경사계곡'으로도 불리는 내연산계곡은 옛기록인 금당기를 보면 가야산·속리산·오대산에 못지않은 명승지로 3개의 거북바위와 하나의 동석, 12폭포, 무풍계, 낙하교, 습득대, 한산대, 기화대 등이 있다고 적혀 있다. 또한 조선 정조 때 보경사에서 지냈던 동봉 회관화상이 쓴 사적기에는 이곳의 계곡은 수원이 30리나 되며 폭포와 단애, 기

암괴석, 송림 등이 면면히 진열되었으니 이곳을 소금강이라 부르기도 한다고 기록해 놓았다. 내연산계곡은 병풍암, 문수암, 학소대, 감로담 등 28경이 있다고 전해진다. 그러나 현재는 20여 개소만 알려져 있을 뿐이다. 유명한 12폭포도 7폭인 연산폭포까지만 볼 수가 있다. 향로봉을 주봉으로 하고 있는 내연산은 원래 종남산이라 불렸다. 그러나 신라 진평왕이 견훤을 피해 있었던 곳이라고 하여 내연산으로 불리게 되었다고 한다. 이곳은 동해를 지척에 둔 이점과 연이어진 폭포, 소나무 숲 등만을 내세워도 무더운 여름철을 잠시나마 잊게 해주는 피서지로 손색이 없는 곳이다. 내연산계곡은 신라 때 고찰인 보경사로부터 시작된다. 대한불교 조계종 제11교구에 속한 보경사는 전설에 따르면 서역에서 처음으로 중국에 불법을 전했다는 마등, 법란 두 법사가 가져온 12면원경과 8면경을 지명법사가 신라 진평왕 때 중국 진나라에서 유학을 마치고 돌아오는 길에 가져와 묻고 그 위에 보경사를 세웠다고 전한다. 경내에는 보물급 문화재인 원진국

알아둡시다 · 보경사 설화

신라 종남산, 보물 8면경이 묻혀 있는 명당

폭포의 왕국이라 불리는 내연산 기슭에는 보경사라고 불리는 신라 때 고찰이 남아 있다. 보경사가 보배(보), 거울(경)자를 지명으로 쓰게 된 것은 다음과 같은 전설이 전하기 때문이라고 한다.

중국 당나라 때 범승 마등과 법란 두대사가 인도에서 불도를 닦고 돌아오면서 12면경과 8면경을 싣고 왔다.

당나라에 돌아온 두대사는 종남산 밑에 12면경을 묻고 그위에 백마사라는 절을 세웠다. 어느날 제자 일조대사에게 남은 8면경을 내주며 신라땅에 가서 종남산을 찾으라고 일렀다. 명을 받은 일조대사는 신라로 건너와 종남산을 찾은 후 종남산 아래있던 용담호를 메우고 8면경을 묻은 후 절을 세웠는데 이 절이 지금의 보경사라고 한다.

이로부터 신라는 불교문화가 융성해졌다고 전해온다.

8면경은 ①정시(바로 보는 것), ②정사유(진리를 바로 생각하는 것) ③정어(맞는 말을 하는 것) ④정업(몸짓을 바로 하는 것) ⑤정명(바른 생활을 유지하는 것) ⑥정정진(도를 닦는데 바르게 노력하는 것) ⑦정념(바른 생각) ⑧정정(바른 선정)을 뜻한다.

보물 252호인 원진국사비

사비와 부도를 비롯 대웅전, 숙광전, 팔상전 등 건물 17동이 있다. 인근에는 청련암 · 서운암 · 문주암 · 보현암 등 4개소의 임자가 있다.

　보경사는 그 후 신라 성덕왕 2년(723) 각인과 문원대사가 5층석탑을 조성한 것을 비롯 고려 고종 때 원진국사 등이 수 차례 중수하였다. 현재의 모습은 1977년 채벽암 주지가 대규모 불사를 일으켜 조성해 놓은 것이다. 보경사라는 이름은 서역에서 온 불법이 거울처럼 맑게 비추어져 어둡지 않다는 의미로 지어진 것이라고 한다. 보경사를 지나 대체로 평탄한 등산로를 오르면 유명한 12폭포가 하나 둘 지나치게 되고 제7폭 연산폭포 못미처에서는 선경을 볼 수 있게 된다. 보경사와 내연산계곡은 설악산, 소금강, 무릉계곡 등과 함께 해수욕을 겸할 수 있는 해안근교 명승으로 이름을 떨치고 있다.

◉ 명 소
● 원진국사비―고려 고종 11년(1224)에 국사를 기려 세운 비. 높이 1.83m, 폭

기암 사이로 맑은 물이 쏟아지는 제6폭 관음폭포

1.04m. 명부전 앞 보호각에 위치. 보물 제252호.

● 원진국사부도 — 원진국사의 사리탑. 팔각원 당형으로 12층 규모이며 대웅전 뒤 언덕에 위치. 보물 제430호.

● 상생폭 — 제1폭. 일명 쌍생폭으로도 불리우며 높이 5m의 폭포가 두줄기로 흐르고 있다.

● 보현폭 — 제2폭. 높이 10m. 주변계곡도 뛰어나다.

● 삼보폭 — 제3폭. 보현폭포 바로 위에 있다.

● 잠룡폭 — 제4폭. 넓은 소에 우람한 물줄기가 10m 높이에서 쏟아진다.

● 무풍폭 — 제5폭. 잠룡폭에서 3백m를 거슬러 올라 간 계곡에 위치하고 있다.

● 관음폭 — 제6폭. 기묘한 바위틈으로 여러 줄기 폭포가 떨어진다. 위로는 연산폭포와 이어진 연산교가 걸려 있다.

● 연산폭 — 제7폭. 암벽에 비스듬히 낙하한다. 주변기암이 장관이며 일반 등산객이 갈 수 있는 마지막 폭포이다. 무지개가 서린 모습이 장관이다.

● 기타 — 제8폭 은폭, 제9폭 시명폭, 제10폭 제1복호폭, 제11폭 제2복호폭, 제

12폭 제3복호폭, 시비 등이 있다.

가이드

⊙ 교통

● 항 공 ─ 대한항공 1일 3회 왕복(포항~서울)

● 해 운 ─ 포항항에서 울릉도간 정기여객선 운항.

● 철 도 ─ 동대구역까지 이용 가능. 중앙선 이용시는 포항역까지 운행하나 시간이 많이 소요됨. 새마을호는 경주까지 이용가능.

● 고속 버스 ─ 서울, 대전, 마산, 광주간 운행.

● 시외 /직행 ─ 포항에서 보경사까지는 직행버스 20분 소요.
경주, 대구 동부터미널에서도 수시운행.

● 기 타 ─ 송라에서 택시 이용이 경제적임.

⊙ 숙박

● 관광호텔 ─ 포항시, 오션파크(1급, 52실), 선프린스(2급, 30실), 포항비치(2급, 47실), 만다린(42실) 등.

● 기 타 ─ 연산장여관 등 여관, 여인숙 다수. 깔끔한 집이 없다.

⊙ 메모

● 특산 명물 ─ 포도, 고추, 영지, 더덕, 옹기, 돗자리, 문어, 미역, 전복.

● 향토 미각 ─ 포항시내 우체국 근처에 대명해물잡탕과 포항물횟집의 물회가 유명.
송라면 지경리 바다횟집은 향토지정 음식점.

● 입장료 ─ 어른 9백원, 군인 학생 4백50원, 어린이 4백원, 연산폭포까지 약 2시간 소요.

내장산 내장사

전북 정주시 내장동

불처럼 타오른 내장산 경내

한반도의 남서쪽 드넓은 호남평야 한복판에는 노령산맥의 줄기가 뻗어 이룬 내장 산이 솟아 있다.

해발 763m의 내장산은 『신동국여지승람』에 월출산, 지리산 등과 함께 호남 5대 명산의 하나로 일컬어져 왔고 이곳의 가을단풍은 호남 4경으로도 꼽혀 왔다. 또한 대한 8경에도 끼어 있다.

내장산은 동으로부터 서북으로 휘감아 도는 산세를 지녔고 물은 서로부터 동북으로 흘러 흡사 태극의 건곤형을 이루는 지세를 지니고 있다. 입구가 되는 매표소로부터 월영봉, 서래봉, 불출봉, 망해봉, 연지봉, 까치봉, 신선봉, 연자봉, 장군봉 등 9봉이 원을 그리듯 이어지고 가운데에는 내장사가 있다.

내장산 일대는 천연기념물 제91호 굴거리나무의 북방한계선대 일뿐 아니라 제153호 비자나무, 제242호 까막딱다구리, 제243호 검독수리의 자생지이기도 하다. 또한 참나무, 충충나무, 단풍나무 등 6백여 종의 나무가 서식하여 울창한 숲을 이루고 있다.

특히 이곳의 단풍나무는 서래봉과 삼청암터에 집중 자생하여 가을마다 불타는 단풍의 숲을 이루어 놓는다.

이곳의 단풍은 대략 30여 종, 40여 색을 지닌 것으로 알려져 있다.

내장산은 남쪽에 연이어 솟아 있는 백암산과 함께 지난 1971년 11월 76,032㎢ 지역 일대가 국내에서 8번째 국립공원으로 지정되어 사계절 언제나 관광, 등산객이 붐비고 있다. 총 2도 1시 3군에 속해 있는 내장산국립공원은 내장사 지역에 북부관리사무소, 백양사 지역에 남부관리사무소를 두고 남부관리사무소는 별도로 인근 입암산성, 남창계곡에 남창분소를 두고 각각 나누어 관리하고 있다.

대한불교 조계종 24교구에 속해 있는 내장사는 백제 무왕 37년(636) 영은조사가 창건한 사찰로 맨처음에는 영은사라 불렸고 지금의 내장사 입구에 있었다고 한다. 이는 고려 숙종 때 중창되었고 조선 명종 때 3창을 했으나 임진왜란 때 모두 불타고 말았다.

그후 1925년 백학명선사가 벽연암 위치로 옮겨 벽련사로 불리다가 1938년 매곡선사에 의해 현위치로 옮겨져 내장사라 했다. 현재의 건물은 지난 1974년경부터 모두 새로 지은 것이다.

내장사내에는 지방유형문화재 제49호 조선시대 동종이 있는데 이는 전남 장흥군 보림사에서 옮겨온 것이라고 한다. 근처에는 영은사지, 벽련사지가 남아 있고 구암사, 도덕암, 원숙암, 성불암, 벽련암 등의 사찰과 암자가 있다. 내장사는 국내 제일의 단풍명소 일뿐 아니라, 봄의 신록, 여름의 녹음, 겨울의 설경도 유명하다.

◉ 명소

● 신선봉 —내장산의 주봉으로 해발 763.2 m 수목이 울창하며 신선대, 금선폭포 등의 명소가 숨겨져 있다.

● 서래봉 —내장사의 북쪽에 솟아 있는 봉우리. 농기구인 써래를 닮았다. 수리봉이

단풍의 명소 내장산

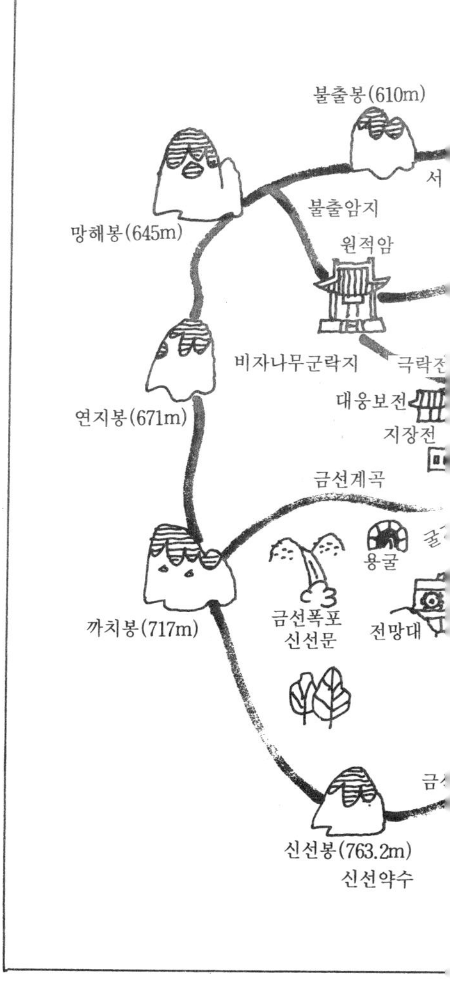

라고도 부른다. 단풍이 가장 아름다운 봉이다. 높이 622 m.

● 불출봉 ─ 서래봉 서쪽. 바위가 장관. 불출암터인 석굴에서 부처님이 나왔다고 한다. 높이 610 m.

● 망해봉 ─ 높이 650 m. 불출봉 서쪽에 위치. 암봉으로 되어 있어 몹시 험하다. 먹뱅이굴 등이 있다.

● 월영봉 ─ 높이 406 m. 9봉 중 가낭 낮다. 대장사 맞은편에 있다. 달맞이의 명소.

송이바위가 유명.

● 연지봉 — 높이 670 m. 망해봉과 까치봉 사이에 위치. 전망이 뛰어나다.

● 까치봉 — 높이 717 m. 신선봉과 연지봉 사이에 위치. 백암산과 맞이어져 등산로의 역할을 한다.

● 장군봉 — 높이 696 m. 임진왜란 때 승병장 희묵대사가 왜군과 싸웠다는 곳. 장군대, 성지 등이 있다.

- 연자봉 - 높이 675m. 내장사 앞에 위치. 신선봉의 동쪽에 붓같이 생겨 문필봉이라고도 한다. 케이블카가 설치되어 있다.
- 도덕폭포 - 내장산 입구에 위치한 폭포로 높이 약 20m. 도둑이 살던 곳인데 감화되어 도인이 되었다는 전설이 있다.
- 유군이재 - 내장사와 백양사의 등산로 중앙지점에 위치한 고개. 임진왜란 때 희묵 대사의 승전지.
- 용굴 - 금선계곡 위에 있다. 전주사고의 실록들과 태조 영정을 임진왜란 때 숨겨 두었다는 곳이다. 까치봉 아래 위치.
- 신선문 - 용굴 맞은편 산속에 위치한 천연석굴.
- 기름바위 - 금선폭포에서 선녀들이 목욕하는 모습을 훔쳐 보지 못하도록 기름칠을 해두었다는 이야기가 전한다.
- 금선폭포 - 신선봉과 까치봉 사이에 위치한 폭포로 높이 18m.
- 우화정 - 내장사를 오르는 길목 광장에 위치한 신선제 연못 가운데 세워진 육각 정자이다.

알아둡시다 · 단풍

기상조화가 꾸미는 자연의 걸작품

　가을은 단풍의 계절. 매년 9월 중순 경부터 설악산 오대산 등 북부지방의 높은 산에서부터 붉은 옷을 갈아입기 시작하여 전국 산들은 치악산, 북한산, 계룡산 등을 거쳐 11월 초순 경 붉게 물들인다. 9월 말경부터 남하를 시작하는 단풍은 내장산에 이르러 절정을 이루고 바다를 건너 제주도로 이어진 후 화려한 모습이 사그러진다.

　단풍은 식물의 잎이 기온이 10도 이하로 떨어지면서 떨게층에 의해 물이 올라가는 현상이 중지되면서 잎의 색이 변하는, 기상조화에 의한 자연의 작품인데 단풍나무, 담쟁이덩쿨 등과 같이 빨간색이 물드는 것은 화청소가 생기기 때문이며, 은행나무, 포플러와 같이 노란색은 엽록소가 없어져 생기는 것으로 알려져 있다. 이밖에도 갈참나무, 떡갈나무와 같은 갈색이 생기는 원인은 고사 때문이라고 하는데 단풍의 생태에 관하여는 아직 불명한 점이 많다. 단풍의 색상은 일사량, 수분, 기온차, 나무상태 등에 의해 좌우되며 기온에 의해 시기가 결정되는 것으로 알려져 있다. 일반적으로 단풍은 고산지대의 경우 하루 50m씩 아래로 물들며 하루 22km씩 남쪽으로 번져간다.

- 비자림 - 천연기념물 제153호, 원적암 부근에 자생.
- 굴거리나무 군락 - 천연기념물 제91호. 전망대 부근에 있다.
- 전망대 - 내장사 남쪽 연자방을 오르는 길목 봉우리에 세워져 있다. 케이블카 종점 옆에 위치하고 있다.
- 단풍터널 - 일주문에서 내장사 경내까지 4백m의 도로 좌우로 단풍터널이 이루어 진다.
- 사랑의 다리 - 딸깍다리라고도 한다. 원적암에서 백련암지 사이에 돌길이 있다.

가이드

⊙ 교통

- 철도 - 호남선 정주역까지 이용. 정주역은 1일 새마을 3회 왕복, 무궁화 4회 왕복, 통일호 10회 왕복.
- 고속버스 - 서울에서 정주시까지(3시간 20분 소요) 동서울, 강남고속버스터미널에서 운행.
- 시외 /직행 - 서울, 전주, 광주, 대구, 부산, 김제, 군산 등에서 전주행 이용. 정주시내에서 내장산행 시내버스, 택시이용.
- 성수기 때 경내버스 운행. 케이블카 운행 중.
택시이용시 백양사로 추령을 경유하여 갈 수 있음.

⊙ 숙박

- 관광호텔 - 내장산 관광호텔(1급, 104실).
- 기타 - 상가지구에 여관, 여인숙. 식당상점도 많이 있음.

⊙ 메모

- 특산 명물 - 참외, 장고, 염주, 복조리.
- 향토 미각 - 복분자술, 한정식점이 정주시내에 여러 곳 있음.
- 내장산 입장료 - 어른 9백원, 군인 · 학생 5백50원, 어린이 3백40원.

대둔산 마천대

충남 금산군, 논산군, 전북 완주군

81 m 절벽에 걸린 금강구름다리

　푸른 하늘을 괴고 있는 듯 우뚝 솟은 기암단애로 이루어진 대둔산은 노령산맥의 줄기가 뻗어 이룬 걸작품이다. 해발 878m의 마천대를 중심으로 7부능선 이상은 기암괴석과 단애가 빼곡히 들어차 있고 아래부분은 울창한 수목이 뒤덮혀 있어 마치 녹색잔디에 아름다운 수석을 진열한 야외수석전시장의 모습처럼 느껴진다. 이처럼 뛰어난 모습은 조선시대 산수화의 거장 오원 장승업의 그림으로도 남아 전한다. 이 외에도 수많은 시인 묵객들이 대둔산을 주제로 한 작품들을 남겨 놓고 있어 예부터

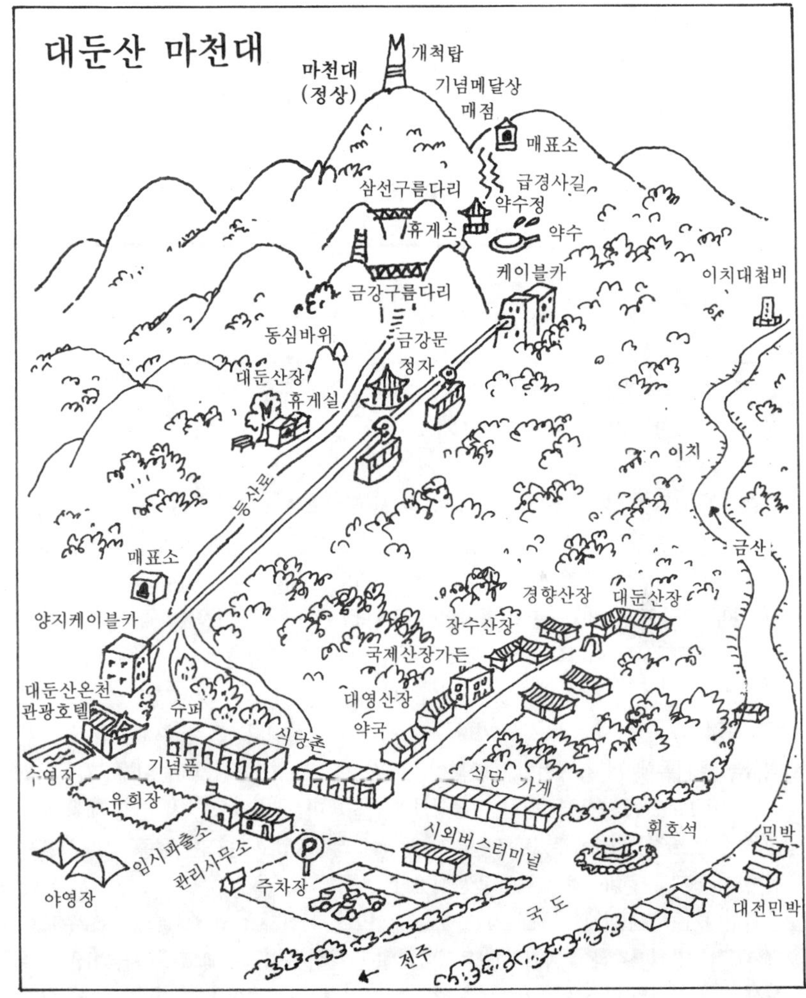

대둔산의 명성이 대단하였음을 실감나게 하고 있다. 충남 금산군과 논산군, 전북 완주군의 경계를 이루는 대둔산은 마치 다투기라도 하듯 지난 1977년 3월에 전북에서 도립공원으로 지정한데 이어 '80년 5월에는 충남에서 도립공원으로 지정하여 관리하고 있다. 대둔산은 봄철의 진달래, 여름의 운무, 가을의 화려한 붉은 단풍, 겨울의 은빛 봉우리가 극치를 이루는 사계절 모두 수려한 절승지이다.

이곳은 조선 선조 때 일어났던 임진왜란 당시 권율 장군이 이끄는 관군이 군량미

확보를 위해 호남평야로 진출하려던 왜장 고바야가와의 2만 대군을 맞아 산허리 배티재에서 대승을 거둔 역사의 현장이다. 지금도 이곳에는 당시의 대승을 기리는 대첩비가 남아 있다. 또한 산중턱 깊은 골짜기에는 신라 신문왕 때 원효대사가 창건했다는 고찰 태고사가 있다.

태고사는 72칸의 건물이 가득한 거찰이었으나 한국전쟁 당시 이곳에 요새를 이루고 있던 공비를 소탕하기 위해 산전체에 불을 질러 모두 불타고 말았다. 현재의 건

알아둡시다 · 칠백의총

칠백의사 얼 기리는 호국 성지

대둔산을 들어서는 추부면 소재지 마전에서 금산으로 향하면 읍내를 들어서기 직전 우측으로 대형 접시안테나가 눈길을 끈다. 이곳이 지난 70년 준공한 위성중계국. 맞은편에 임진왜란 당시 순절한 칠백의사의 넋을 기리는 호국 요람지 칠백의총이 위치한다.

충남 금산군 금성면 의총리에 위치한 칠백의총은 1592년 임진왜란 당시 중봉 조헌 선생과 영규대사가 이끄는 칠백 명의 의사가 청주성을 수복하고 이어 8월 18일 금산 연곤평에서 왜장 고바야가와 다까가끼의 1만 5천 명의 왜병과 맞서 혈전을 벌이다가 중과부적으로 전원 순절한 것을 기려 세운 성지이다. 칠백의총은 전투가 끝난 후 조헌 선생의 제자들에 의해 시신이 수습되어 한 무덤에 모셔져 칠백의사총이라 부른 것을 효시로 1603년에는 유림들이 중봉 선생의 일군순의비를 건립하고 순의단을 세워 제향을 모시기 시작했다. 그후 1647년 다시 사당이 건립되었고 1663년 현종 때는 종용사란 사액과 제토가 내려져 제향이 받들여졌다.

그러나 1940년 일제 침략 당시 일제가 순의비를 폭파하고 칠백의총과 종용사를 헐고 제토를 강제매각하여 폐허로 만들었다. 해방 후 이곳 유림들과 주민들은 의총과 종용사를 다시 세워 명맥을 유지케 되었다. 그 후 칠백의총은 1963년 사적 105호로 지정되면서 경역보수정화 작업을 착수, 1970~1976년 수차례에 걸쳐 보수, 정화하여 오늘에 이르고 있다.

총 4만 404평의 면적에 임야, 잔디, 광장, 건물 등을 조성한 이곳은 경내에 의총을 비롯 일군순의비, 종용사 취의문기념관, 일군순의비각, 활터 등 15종의 시설물을 두고 있고 경외에는 칠백의사순의탑, 등가대, 매점 등 8종의 시설물이 설치되어 있다. 특히 경내에는 숭의지로 명명된 연못과 2만여 본의 각종 관상수가 식재되어 멋들어진 정취를 꾸며주고 있다.

마천대에서 바라본 노령의 준봉

물은 신도들의 정성과 도, 군비로 지난 '74년부터 복원이 이루어져 대웅전을 비롯 관음전, 삼신각 등을 신축하여 옛 면모를 되찾아 가고 있다. 이 절은 진묵대사가 수도하다가 입적한 곳이며 우암 송시열 선생이 수학했던 곳으로 유명하다. 입구의 바위에는 우암이 새겼다는 갑암이란 각자가 남아 있다.

대둔산의 명물은 정상인 마천대와 아슬아슬한 줄사다리를 꼽는다. 하늘에 가까운 곳이라는 뜻을 지닌 마천대는 옛날 원효대사가 지은 이름으로 드넓은 호남평야와 서해가 아련히 조망되고 서대산, 계룡산, 덕유산 등이 한눈에 들어와 전망대 역할을 하고 있다. 이곳의 시멘트제 개척탑은 수년전 스테인리스로 말끔히 단장되었다.

줄 사다리는 홈바위 사이에서 솟는 삼선약수터와 등산로의 관문인 금강문 상단을 가로 질러 설치되어 있다. 이중에서도 임금바위와 입석대를 잇는 금강구름다리는 높이가 81m나 되어 담력과 스릴을 만끽할 수 있는 명소로 널리 알려져 있다. 이 외에도 동심바위, 군적골 금강폭포, 형제봉 등 많은 명소가 널려 있다. 오랫동안 중부에 위치한 지리적 이점으로 가족단위 등산객의 사랑을 받아온 대둔산은 최근 시설단지를 조성하고 호텔, 케이블카를 설치하면서 중·노년층의 단체관광객들이 점차

정상인 마천대에 세워진 개척탑

늘어나 머지않아 전과 달리 위락 관광지로 변모할 조짐을 보이고 있다.

⊙ 명소

- 마천대 — 해발 879m. 신라 원효대사가 하늘과 가깝다고 해서 명명. 충남,전북의 경계지점.
- 개척탑 — 마천대 정상에 시멘트로 조성한 것을 수년 전 스테인리스로 씌워 단장했다.
- 금강구름다리 — 1972년 설치. 길이 50m. 높이가 81m로 금강문 위 임금바위와 입석대 사이에 걸쳐 있다.

- 삼선구름다리 — 삼선약수 앞에 127계단을 오르면 길이 40m로 설치되어 있다.
- 동심바위 — 금강문 아래 위치. 기봉에 둥근 바위가 얹혀 있다.
- 태고사 — 신라 때 원효대사가 창건한 고찰로 중턱 골짜기에 위치한다. 1974년 복원되어 현재에 이른다. 우암 친필 각자가 남아 있다.
- 배티재 — 이치로도 부른다. 임진란의 격전지.
- 케이블카 — 1988년 6월 착공. 90년 11월 준공. 길이 930m.

가이드

◉ 교통

- 철도 — 대전까지 호남선(서대전), 전라선(서대전), 경부선 이용.
- 고속버스 — 대전까지 이용가능. 서울에서 금산간 운행. 금산읍에서 전주까지는 버스 이용.
- 시외/직행 — 대전 동부터미널에서 직행 하루 10회. 1시간 소요.
- 기타 — 케이블카 41인승 대인 왕복 2천원, 학생 1천5백원, 소인 1천원(약 7분 소요, 9백30m).

◉ 숙박

- 관광호텔 — 대둔산 온천 관광호텔(63실).
- 기타 — 장급시설을 갖춘 산장, 여관 7개소(125실) 야영장 있음.

◉ 메모

- 특산 명물 — 인삼, 마늘, 한지, 인삼차 등.
- 향토 미각 — 토종닭, 산채, 인삼 어죽 등 제원면 저곡리 일대에 인삼어죽으로 유명한 업소 많음.
- 기타 사항 — 케이블카 운행(1990년 개통). 등산소요시간, 왕복 약 4시간 소요.

덕산온천

충남 예산군 덕산면 사동리

약알칼리성 단순 방사능천이 솟는 덕산온천장

　교통의 요충지인 천안시와 서산시를 잇는 충남의 서북부지역은 곳곳에 이름난 충신, 열사, 학자, 무인들의 유적이 널려 있고 산봉, 낚시터, 사찰, 온천 등을 총망라한 관광지가 연이어지는 황금의 관광코스이다. 이곳은 중부권에 위치한 지리적 이점으로 항상 수도권을 비롯 전국에서 관광객이 몰려들고 있다. 충절의 고장, 사과의 특산지 예산에 위치한 덕산온천(德山溫泉)과 충의사는 수덕사와 함께 수도권 배후의 온천욕과 관광을 겸할 수 있는 겨울철 환상의 트리오코스로 잘 알려져 있다.

한동안 이곳은 대로와 외떨어진 깊숙한 곳에 위치한 불리한 조건 때문에 인근 온양, 도고온천에 눌려 소외되어 왔었다. 그러나 수덕사를 오가는 관광객들이 늘어나면서 다른 온천장들과는 달리 호젓함을 맛볼 수 있는 촌스러움이 도리어 매력으로 부상되어 각광을 받기 시작했다. 지금은 수년 전부터 하나 둘씩 늘어난 단골들이 줄을 이어 모처럼 찾아드는 이들은 아예 대접을 못받는 형편이 될 만큼 성시를 이룬다. 몇 해 전 수덕사와 삽교를 잇는 도로포장공사가 완성되면서 더욱 편리해진 이곳은 매헌 윤봉길 의사 사당인 충의사와 유적지가 바로 이웃해 있고 명찰 수덕사는 차로 20여 분 거리에 위치한다. 또한 다소 멀리에는 추사고택, 향천사, 남연군묘, 해미읍성, 가야산, 보부상유품, 천주교생매장성지 삽교방조제 등과 연계되는 다양한 코스의 일정이 가능하다. 덕산온천은 충남의 온천장 중 가장 서단에 위치한 곳으로 천질은 무색투명한 약알칼리성 단순방사능천. 이곳은 이뇨, 신경통, 만성위장질환, 동맥경화, 피부미용 등에 효과가 있다고 알려져 있다. 온천수의 수온은 섭씨 35~42도 내외이며 1개 공(孔)에서 1일 1천톤 이상의 온천수가 용출된다. 덕산온천의 유래는 약 4백년 전 상처입은 학이 치료하는 것을 보고 사람들이 몰려들기 시작했다고 한다. 이곳에 목욕탕이 처음으로 들어선 것은 1918년께이며 다시 1947년 새 건물을 짓고 시설을 보완하면서 온천수를 '지구에서 솟는 젖'이란 의미로 지구유(地球乳)라 명명했다. 일설에 장항선 철도는 원래 이곳을 지나도록 설계되었으나 온천매입에 실패한 일인 철도회사가 심술을 부려 현재와 같이 삽교노선으로 변경하였다고 한다.

온천장 바로 옆 포랑리는 1932년 4월 29일 중국 상해 홍구공원에서 침략의 원흉들에게 폭탄을 던져 최고 사령관 시라까와 대장 등 10여 명에게 중상을 입혀 대한 남아의 기백을 세계 만방에 떨친 매헌 윤봉길 의사의 사당 충의사가 위치한다. 충의사는 1968년 윤의사를 기려 세워진 사당으로 홍살문과 삼문(三門), 본전(本殿) 등으로 꾸며져 있다. 도로너머 맞은편은 매헌의 생가로 동상기념탑과 함께 성장가인 담한당(擔韓堂), 생가인 광현당(光顯堂) 유품이 전시된 기념관 등으로 구성되어 있어 매헌이 망명하기 전의 생활모습과 매헌이 앞장섰던 월진회(月進會) 농민계몽운동 등의 활동상황을 되새겨 볼 수 있다. 충의사지역은 사적 제229호로 지정되어 있으며 1967년부터 1974년까지 총 4만 4천 7백10평의 면적에 성역화사업을 벌여 말끔히 꾸며 놓았다. 1932년 12월 19일은 윤의사가 25세의 나이로 순국한 날로 해마다 이 날이면 충의사에서 기제가 치러진다. 이

지구에서 솟는 젖을 상징하는 비

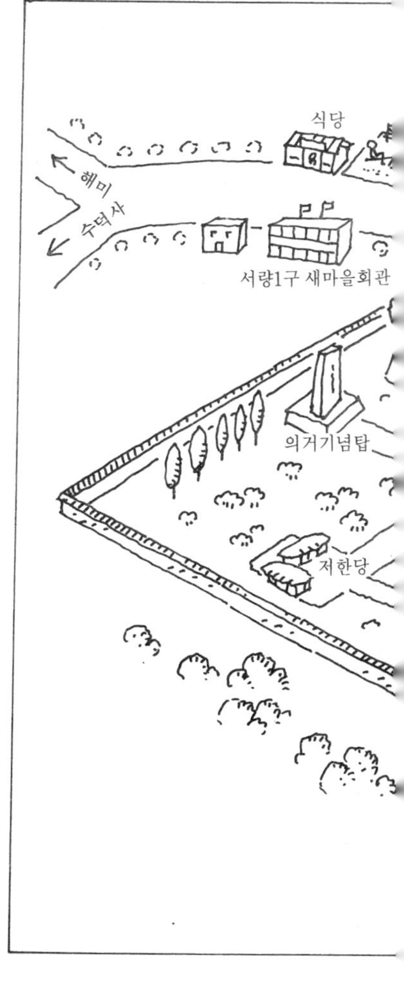

때를 전후해 참배를 겸한 온천여행을 떠난다면 더욱 뜻 깊은 일이 될 것이다.

◉ 명 소

● 지구유비―덕산온천장 마당 한구석에 세워져 있다. 지구에서 온천수가 솟는 젖이라고 해서 세운비이다.

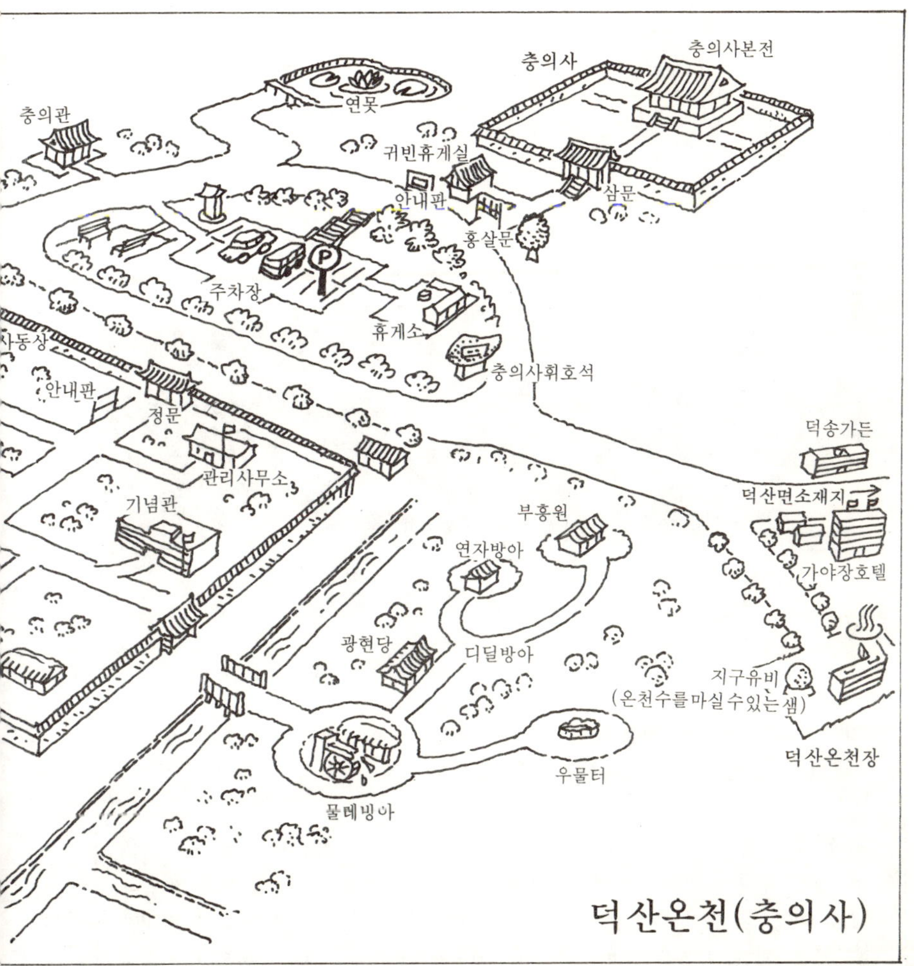

- 덕산온천─약알칼리성 단순방사능천, 동맥경화, 피부미용 등에 효과가 있다고 알려져 있다. 수온 42도 내외. 최근 맞은편 일대가 온천지구로 고시되었고 옆에는 가야장관광호텔이 신축되어 있다.(온천수 수온 등은 불명)

- 충의사생가 맞은편에 위치. 1968년 건립한 것을 1973년~1978년 홍살문, 사당, 내삼문, 충의문 등을 전면 증축, 정화함. 28.3평 규모의 사당에는 영정을 모시고 주변에는 휴게실과 충의관을 건립했다.

매헌 윤봉길 의사의 사당인 충의사

알아둡시다 · 추사고택(秋史故宅)
명필 김정희 선생이 살다가 묻힌 곳

조선 후기 유명한 실학자이며 서예가인 추사 김정희 선생의 유적지. 이 고택은 조선 영조 때 추사 증조부의 서울 적선동의 집이 크다고 하여 원성궁의 소인배들의 참소로 이곳으로 뜯어 옮겨 99간으로 지은 것이다. 그 후 후손들이 살다가 1968년 다른 사람에게 팔린 것을 도비로 매입하여 보전케 되었다. 현재의 고택은 1976년 9월 정화사업에 착수하여 1977년 6월 복원 보수공사를 준공하고 관리사무소를 설치하여 관리하고 있다. 김정희는 조선 순조 19년(1918) 문과에 등과한 후 성균관 대사성, 병조 참의 등을 역임하였으며 정치, 학문, 예술에 많은 업적을 남겼다. 특히 그의 서예와 시문을 독보적인 존재로써 불후에 명성을 누렸다. 유허지에는 추사가 기거하던 안채, 사랑채, 문간채 등을 갖춘 80.5평 규모의 고택과 김정희 묘, 김정희 종가 유물(보물 제547호), 증조모인 화순옹주 묘, 정려문, 화엄사, 백송(천연기념물 제106호), 석주 등이 있다. 추사고택은 덕산온천, 수덕사 등과 같은 예산군 신암면 용궁리에 위치한다.

- 저한당—윤의사 성장가. 부친 윤황 옹이 1911년 이사하여 살던 곳으로 윤의사가 4세부터 1930년 망명하기 전까지 살던 집이다.
- 부흥원—21세 때(1928) 창설하여 야학회, 독서회, 월진회 등 농촌운동을 벌였던 곳이다.
- 충의관—농촌활동. 의거장면 등을 담은 기록화 11경도가 있다.
- 광한당—생가, 윤의사가 태어난 곳이며 4세까지 살던 집이다.
- 윤의사 의거기념탑—1965년 6월 건립. 동상 옆에 위치하고 있다.
- 윤의사 동상—왼손에 책을 들고 오른손을 들고 있는 입상이다. 1975년 건립.
- 유물전시관—보물로 지정된 회중시계, 인장, 지갑, 중국 화폐를 비롯 각종 책, 경대, 등잔 등이 진열되어 있다.
- 기타—물레방아, 연자방아 등이 있다.

가이드

◉ 교통

- 철도—장항선 이용. 삽교역에서 내리거나 예산에서 시내버스, 택시 이용(5천원 정도).
- 고속버스—서울에서 온양간 운행. 온양서 시외버스 이용.
- 시외/직행—서울 서초동 남부터미널 또는 천안 등지에서 수덕사행 버스 이용.
- 기타—예산에서 시내버스, 택시 이용.

◉ 숙박

- 관광호텔—가야장관광호텔(3등급, 51실).
- 기타—덕산온천장(대중탕 구비, 25실), 예산읍내 여관, 여인숙 150여 개소 있음.

◉ 메모

- 특산 명물—성리쌀, 사과, 숭어, 표주박, 한지, 표고 등
- 향토 미각—예산읍내에 한정식으로 유명한 삼선식당, 갈비구이 소복식당, 한양갈비 등이 있음. 어죽(예당저수지).
- 기타 사항—주말에 숙박업소 예약이 어려움.

덕수궁

서울 중구 정동5

덕수궁의 정전인 중화전

　돌담길과 미술관으로 이름을 떨쳐온 덕수궁(德壽宮)은 도심공원으로 언제나 사랑을 받아온 명소. 속칭 '대한문 대궐'로도 불렸던 이곳은 삼일운동의 근원지의 하나이며 인목대비위폐, 대한제국 선포, 한일합방, 헤이그밀사 사건, 고종의 암살, 미·소공동위원회 등 근세와 현대의 전환기에 있었던 주요한 대사건의 역사 현장이다.
　덕수궁은 1907년 순종이 즉위한 뒤 창덕궁으로 이궁하면서 선황인 고종의 덕수를 비는 뜻으로 고쳐 부른 이름이며 원래는 '경운궁', '서궁' 등으로 불렸다.

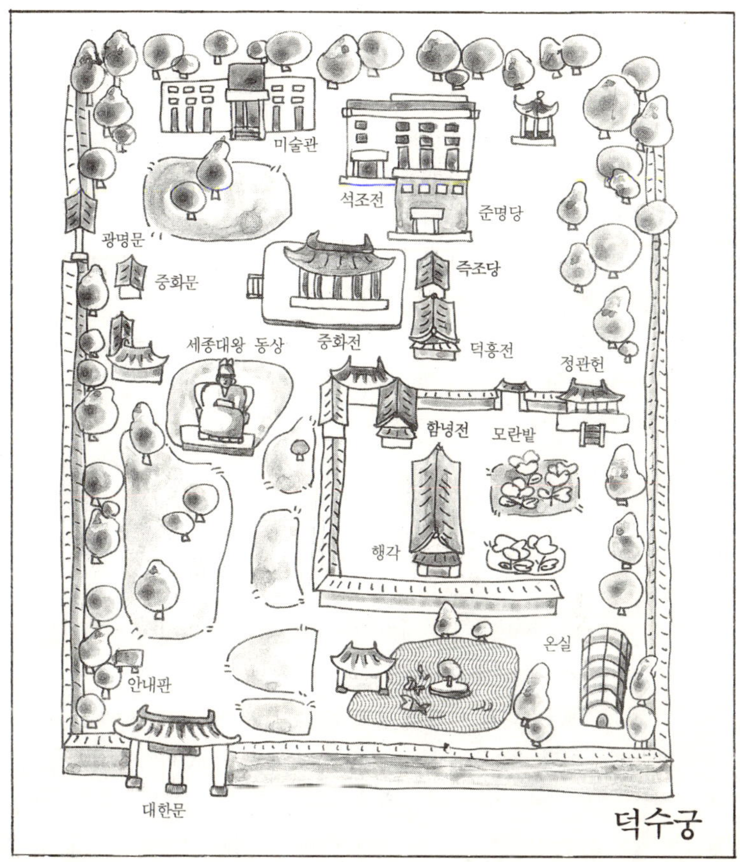

원래 이곳은 조선 성종(9대)의 친형인 '월산대군'의 사저로, 왕궁이 된 것은 임진왜란 뒤 거의 폐허가 된 한양에 환도한 '선조'가 갈 곳이 없자 1593년에 '시어소'라 하여 임시 행궁으로 사용한 것이 시초였다. 그후 '광해군'이 창덕궁으로 이궁하면서 이곳을 경운궁이라 하며 왕실의 사고로 버려 두었다가 고종 때 '아관파천' 후 외국 공사관이 가까운 이곳에 환궁하여 궁터 주위에 생겨난 각종 건물을 매입한 후 새로 크게 중건했다.

덕수궁은 1904년 대화재로 인하여 건물이 거의 불타게 되어 이듬해 양식과 한식을 절충하여 각종 건축물을 지었다. 덕수궁은 정원, 분수와 모란, 국화, 장미 등을 갖춘 화단이 있어 젊은 연인들의 발길이 끊이질 않는다.

◉ 명소

• 대한문(大漢門) - 궁의 정문. 1904년 불탄 것을 1906년 재건한 것이다. 1971년 도로확장 때 동쪽으로 옮겨(약 20m) 복원했다. 현판은 고종 때 중신 남정철이 쓴 것이다. 독립만세운동의 시발지의 하나이다.

• 중화전(中和展) - 궁의 정전으로 본래 2층이던 것을 불탄 뒤에 단층으로 지은 것이다. 정면에 출입문으로 사용하던 중화문이 있다.

• 석조전(石造殿) - 러시아 공사관의 권유로 1900년 착공, 1909년에 완공한 구황실 최대의 양식건물. 연건평 1,226평. 3층의 규모로 영국인 하딩(G・R・Harding)이 설계한 19세기 초 유행한 콜로니얼식(식민지 양식)이다. 정면에 황실 문양(배꽃)을 새겼으며 원래는 전체가 부드러운 곡선을 살린 로코코식 건물이었으나 한국전쟁 후 변경됐다.

• 정관헌(静觀軒) - 고종이 다과를 즐기며 음악을 감상하던 양식건물로 태조, 고종, 순조의 초상화가 있었던 곳.

• 함녕전(咸寧殿) - 고종의 침전, 1904년 4월 화재로 12월에 새로 지었다. 고종이 승하한 곳.

• 광명문(光明門) - 침전 함녕전의 정문. 1938년 석조전에 미술관을 개관할 때 '흥천사종' '누각'과 함께 이전한 것이다.

• 중명전(重明殿) - 여러 전각 수옥헌(漱玉軒)들 중 가장 큰 건물, 1925년 화재로 벽만 남아 재건했다. 3층 구조로 옛모습과 다르게 지어졌다.

• 누각(涙刻) - 1945년까지 경성박물관에 보존되어 있었다. 효종이후 고종때까지 조선의 표준시계였다. 조선 중종 29년(1534) 자격루 개조와 신설을 위해 유부, 최세정 등이 31년(1536) 6월 완성했다. 구조는 세종 때 장영실이 제작한 자격루와 같으나 규모가 다소 작고 자동 시보장치가 되어 있다. 이 물시계는 이탈리아 로마공원에 있는 것과 함께 세계에서 가장 오래된 것이다.

• 흥천사종 - 세조 8년(1462) 10월에 태조의 후비 신덕왕후를 위해 만든 것으로 중종 때 흥천사가 불타자 동대문, 광화문으로 옮겨다니다가 현 위치의 자리로 옮겨졌다. 높이 2.8m, 구경 168m, 두께 30㎝이다.

• 준명당(浚明堂) - 궁의 편전으로 고종이 거처하던 곳이다. 이곳에는 고종과 순종의 초상이 있었고 외국사절도 영접한 곳이라 한다.

• 즉조당(即祚堂) - 인조가 즉위하였던 곳이며 귀빈 엄씨가 거처한 곳이다. 일설에 이곳은 측조당(則祚堂) 또는 명례궁으로 불렸다고 하며 현 세종문화회관 별관

> 알아둡시다 · 자격루
> # 세계에 단 두 개뿐인 희귀문화재
>
> 세종실록에 보면 자격루의 구조를 설명하는 귀절이 있다. 자격루는 자동시보장치를 갖춘 물시계였다. 물시계는 이미 신라 성덕왕 때부터 만들어져 사용했던 것으로 알려져 있다. 국보 제229호로 지정되어 있는 덕수궁의 자격루는 관노출신으로 일약 종육품 벼슬에 올라 많은 과학기기를 발명한 업적을 남긴 장영실의 자격루를 유부, 최세정 등이 개량하여 중종 31년(1536)에 다시 만든 것이다. 1945년까지 경성박물관에 보존되어 있던 이 누각은 효종 이후 조선 말기 때까지 조선의 표준시계였다. 이곳에서 시간을 알리면 보신각의 종이 울리고 남산 봉수대에 연기가 피워져 시간이 알려졌다. 이 시계는 12시로 나눈 면을 다시 시마다 8각으로 나누어 시제에 맞는 1일 96각으로 되어 있다. 자격루는 이탈리아 로마공원에 있는 물시계와 함께 세계에서 가장 오래된 세계적인 보물이다.

자리에 있던 것을 옮겨 지은 것이라 한다.

● 석어당(昔御堂) ─ 궁내 유일한 2층 건물로 임진란 후 환도한 선조가 거처했던 곳이다.

가이드

⊙ 교통

● 항공 ─ 김포공항까지 전노선 운행. 공항에서 시청 앞까지 좌석, 공항버스 이용.

● 철도 ─ 지하철 1, 2호선 시청앞 하차.

● 고속버스 ─ 강남, 동서울터미널까지 시내버스, 택시, 지하철 이용. 시청앞 하차.

● 기타 ─ 시청앞 행은 교통의 요충지임.

⊙ 숙박

● 관광호텔 ─ 인근에 프라자, 코리아나, 뉴서울, 뉴국제, 프레지던트 등이 있음.

● 기타 ─ 인근에 장급여관 많음.

⊙ 메모

● 덕수궁 입장료 ─ 어른 5백50원, 18세이하 무료.

덕숭산 수덕사

충남 예산군 덕산면 사천리

백제말기에 세워진 수덕사의 관문인 일주문

　국내 최고의 목조건물로 꼽히는 대웅전이 위치한 수덕사(修德寺)는 대한불교 조계종 7교구의 본사로 덕산도립공원의 중심지이다. 고승 만공선사의 유적·유물과 김일엽 스님의 일화가 전해져 유명세를 보태주고 있다. 수덕사는 그간 범종각, 법고각, 원통보전, 환희대 등 경내의 건물들을 복원 정비하는 등 꾸준히 불사를 일으켜 해마다 모습을 달리하고 있다.
　최근에는 조인정사와 일주문 사이에 웅장한 계단과 연못 중층법당을 준공하여

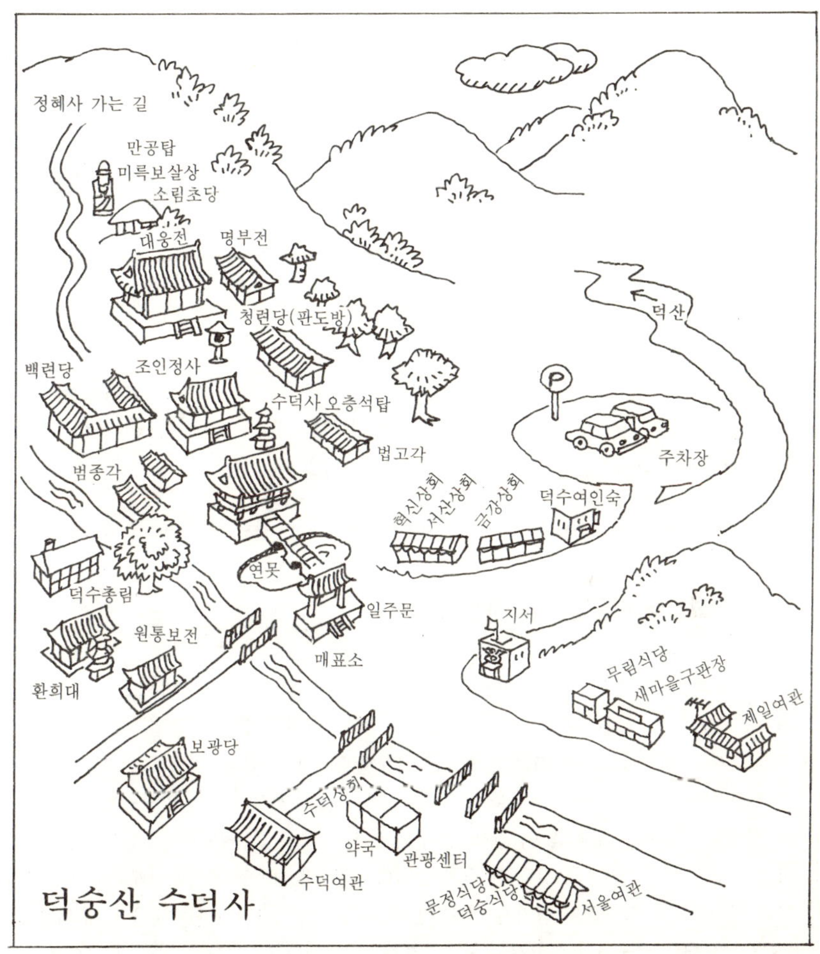

분위기를 쇄신했다.

수덕사의 창건 유래는 여러 가지 설이 전해지고 있는데 사기에 의하면 백제 말기 숭제법사가 창건하고 백제 무왕 때는 혜현법사가 강론했다고 적고 있다. 이는 삼국유사 권5 제8 혜현·구정과 속고승전에도 비슷하게 적혀 있다. 따라서 초창의 시기는 백제 무왕 때로 추정한다.

초창 당시 사찰 위치는 아직 확인되고 있지 않으나 최근 학술조사 결과 일주문 서쪽 산기슭 밭이 있는 지점을 꼽고 있다.

이는 고려 초쯤 화재로 모두 소실되어 고려 충렬왕 때 현재 위치로 옮겨 지은 것으로 추측된다. 해발 480m의 덕숭산(德崇山)기슭에 위치한 명찰 수덕사는 경내에 많은 문화재와 기암괴석이 유명하다. 또 수려한 계곡을 따라 이어진 1,030 계단을 비롯 많은 암자가 있으며 만공선사에 얽힌 유적·유물이 널려있는 곳이다. 수덕사는 고종 2년(1865) 만공선사가 중창한 이래 줄곧 선종의 근본도장을 이루었다. 수덕사는 인생의 온갖 고뇌를 해탈하여 자신의 참된 면목을 추구하고 덕을 닦아 모든 중생을 복과 덕의 길로 인도한다는 뜻에서 지어진 이름이다.

⊙ 명소

● 일주문(一株門)-입구의 긴 계단 정면에 소전(素荃) 손재형이 쓴 '덕숭산 수덕사'란 현판이 걸려 있다. 단청과 공포가 일품이다.

알아둡시다 · 덕숭산 수덕사 전설

수덕도령과 덕숭낭자의 사랑이야기

덕산도립공원의 중심지 수덕사에는 숱한 전설이 전하고 있다. 그중에서도 수덕사의 창건설화는 더욱 유명하다. 이 전설은 이곳의 지명이 되기도 했다.

옛날 어느 양반집에 수덕이라는 빼어난 인물의 도령이 있었다. 어느해 늦가을 하인과 사냥을 나선 수덕도령은 노루를 발견하고 활시위를 당기려 했으나 맞은편에 아름다운 낭자를 발견하고 넋을 잃어 활을 쏘지 않았다. 집으로 돌아온 수덕도령은 낭자의 모습이 연일 아른거려 아무것도 할 수가 없었다. 마침내 충복인 할아범에게 낭자의 거처를 알아오도록 부탁하여 낭자가 이웃마을에 혼자사는 덕숭낭자라는 것을 알게 되었다. 수덕도령은 덕숭낭자에게 결혼을 간청하자 낭자는 절을 짓는 것을 조건으로 내세웠다. 도령은 절을 짓고 낭자를 찾았으나 부처를 모시지 않은 절이 무슨 소용이냐며 나무랐다. 또한 불사중· 낭자만을 생각한 탓인지 절은 완성무렵 번번히 불타고 말았다. 마침내 절이 완성되자 낭자는 결혼을 승낙했으나 도령에게 자신의 몸에 손을 대지 못하도록 했다. 어느날 도령이 낭자와의 약속을 어기고 낭자를 끌어안자 뇌성벽력이 일어나며 낭자는 사라지고 수덕의 손에는 낭자의 버선만 남아 있었다. 얼마후, 그 자리는 바위로 변하고 바위 옆에는 버선모양의 하얀꽃이 피었다. 이 꽃을 버선꽃이라 한다. 수덕사는 도령의 이름을 딴 것이며 덕숭산은 낭자의 이름을 따서 지었다고 한다.

최근 조성된 석계단과 중층누각

• 여래탑 — 신라 문무왕 5년(665)에 축성된 탑. 조인정사(祖印静舍) 정면에 있
는 3층석탑으로 마모가 심한 편이다.
• 범종각 — 조인정사 오른쪽에 있는 작은 건물. 청동제 범종의 보호각이다.
• 청련당(青蓮堂)·백련당(白蓮堂) — 대웅전 앞에 마주보고 있는 2개의 건물 오
른편이 판도방으로도 불리는 청련당이며 왼편이 백련당이다.
• 대웅전(大雄殿) — 국보 제49호 봉정사 극락전, 부석사 무량수전과 함께 가장
오래된 목조 건축물로 알려진 건물. 정면 3칸, 측면 4칸의 단층 맞배지붕에 강
한 배흘림을 나타낸 건물로 단조로우나 강한 기풍이 있고 전체적으로는 웅장한
느낌을 주고 있다. 고려 충렬왕 34년(1308)에 건립. 고려와 조선시대에 그려진
벽화가 있었는데 현재는 고려 때의 '금령도'만 남아 있다.
• 덕수총림 — 비구니 제일선원. 현대식 2층 석조건물.
• 환희대(歡喜臺) — 일주문을 지나 좌측에 새로 지음. 여류시인 김일엽 스님의
수도처로 유명하다.
• 관음바위 — 정혜사를 오르는 길 입구. 전설에 '수덕가시'라는 관음보살의 화신

만공선사가 세운 미륵불 입상

이 숨은 곳이라고 전한다.

● 소림초당(小林草堂)—관음바위를 지나 등산길 오른쪽에 있는 작은 초가집.

● 미륵불입상—소림초당을 지나 우측으로 돌계단을 따라 오른편 석등 옆에 위치. 머리에 2층탑 모양의 관을 쓴 불상. 전설에 만공선사가 생전에 조각한 것이라고 한다.

● 만공탑(滿空塔)—각을 낸 화강암 돌기둥 여러 개를 세우고 비석을 달아 만공탑이라 새겼다. 상륜부에는 원형의 화강암 석물이 얹혀 있다. 만공선사 추모탑.

● 석문(石門)—정혜사 못미처 왼쪽 아래 길에 위치한 자연석문.

● 진영각(眞影閣)—석문 아래 지점에 있는 금사대 위에 세워진 암자. 만공선사가 수도했던 곳. 선사의 유적과 유물을 비롯 영정을 모시고 있다.

가이드

◉ 교통

- 철도-장항선 홍성역까지 이용가능.
- 고속버스-온양에서 서울간 운행(1시간 30분 소요).
- 시외/직행-홍성에서 시내버스 30분 간격 운행 40분 소요. 온양, 천안, 예산에서도 시외버스 운행. 서울 남부터미널에서 수덕사간 직행버스 3회운행.
- 기타-홍성, 예산지역에서 택시 이용.

◉ 숙박

- 관광호텔-인근 덕산온천에 가야장호텔이 있음.
- 기타-현대시설을 갖춘 업소는 없음. 덕산온천 주변 이용 가능. 수도권, 중부지역은 당일코스.

◉ 메모

- 특산 명물-산채, 사과, 쌀, 숭어, 표고버섯, 한지, 표주박공예, 도자기 등.
- 향토 미각-예산 읍내 삼선식당 한정식, 소복식당, 한양갈비의 갈비구이가 유명. 어죽으로 유명한 곳도 있음. 수덕사 입구 산채 백반 유명.
- 수덕사 입장료-대인 8백원, 군인·학생 백원, 소인 3백원. 주차비 소형 5백원. 수덕사 중건공사중(일부는 완공).

덕적도 서포리

경기 옹진군 덕적면 서포리

낮은 수심을 자랑하는 서포리 해수욕장

　인천 앞바다에 떠 있는 115개의 도서로 이루어진 옹진군은 한때 황해도에 속하였으나 분단의 비극에 의해 휴전선 이북에 미수복지역을 남겨 두고 있는 통한의 현장. 그러나 관내 곳곳에는 절경과 황금어장이 펼쳐지고 있다.
　인천 연안부두에서 서남쪽 75km 거리에 위치한 이 섬은 20.67km²의 면적으로 1천 8백여 명이 살고 있고 이 덕적도를 중심으로 41개 섬이 모여 덕적면을 이루고 있다. 이는 옹진군내에서 가장 많은 도서를 지니고 있는 셈이다. 덕적도 주변은 워낙 섬이

서포리 선착장

많아 덕적군도 또는 황자열도라 불리고 있다.

덕적도는 주산인 해발 312m의 국사봉을 중심으로 비조봉으로 연결하는 지맥이 뻗어 해안선은 완만하나 그 외의 지역은 급경사를 이루는 곳이 많이 있다. 따라서 농경지는 8%에 불과하다. 또한 덕적도를 중심으로한 근해 일대는 주요어장으로 꼽히나 대개 소규모 어선이 주류를 이루고 주로 어선의 기숙항으로 쓰이고 있다. 그러나 여름철에는 민어잡이가 왕성하여 많은 선박이 몰려든다.

덕적도는 1901년경 개신교인 감리교가 전파되었다. 당시 한국인 전도사들은 피나는 전도사업 끝에 1907년 덕적중앙교회를 설립했다. 이와같은 시기에 서포2리에는 덕적제일교회가 세워졌다. 이들은 1910년 합일학교를 세워 신교육을 시켰는데 이는 서해안 일대에서 유일하게 삼일운동에 참여하는 계기를 이루었다. 이같은 신문명 덕택으로 덕적도에는 타도시와 달리 성황당 등을 찾아 볼 수가 없다.

덕적도는 천주교와도 깊은 인연을 맺고 있다. 1962년 최분도 신부가 덕적공소에 오가면서 서포2리에 대규모 간척사업을 벌여 식량증산을 시켰으며 '바다의 별'이라고 불리는 병원선을 지원 받아 의료활동을 벌였다. 아예 덕적본당 신부로 취임한 최

천혜의 조건을 지닌 서포리 해변

신부는 덕적도에 상수도 개설, 전기 가설, 해태양식 보급 등 지대한 기여를 했다. 지금도 이를 기리는 비석이 서포리에 남아 있다.

　서포리해수욕장은 덕적도의 서쪽 해안에 위치한 해수욕장으로 1977년 3.16㎢ 지역이 국민관광지로 지정되었다. 해수욕장은 1957년 개장되었으며 길이 2㎞, 폭 500m의 백사장을 지니고 있다. 이곳 백사장은 모래질이 우수하고 간조시에도 갯벌이 드러나지 않아 서해안에서는 보기드문 천혜의 조건을 지니고 있다. 또한 백사장

뒤로는 울창한 송림이 우거져 있어 피서지로도 알맞다.

　현재 서포리해수욕장 일대에는 운동장, 오락장, 탁구장, 샤워장, 어린이놀이터 등이 마련되어 있다. 여름철의 경우 여객선이 수회씩 증설 운행되고 있어 수도권의 가족 피서지로 각광을 받고 있다.

알아둡시다 · 인천항

서해북부 도서의 심장, 식도락의 명소

부산 원산항에 이어 조선 고종 20년 (1883년) 개항된 인천항은 우리나라 근대문명이 받아들여진 서양문명의 도래지였다. 인천항은 1893년 영국인 챔버스의 설계로 선착장을 만들었는데 이는 사실상 아무런 의미를 가질 수 없는 것이었다. 시설부족으로 1912년경 부산항에 제1항 자리를 물려주게된 인천항은 1911년 6월 개문식 제1도크를 착공, 1918년 준공하고 1928년까지 마무리공사를 완료하면서 면모를 갖추게 되었다. 제2도크는 1935년부터 착공되었으나 한때 중단되었다가 1966년 재개되었다. IBRD 자금으로 축조된 2도크는 '74년 완공되었다. 인천항은 도크 준공이후 내항에는 외항선 36척이 동시 접안할 수 있는 시설이 7,420m가 있다. 이곳은 8개 부두로 나누어져 있다. 외항은 32개소의 정박지가 있어 최고 15만톤급 외항선도 하역을 할 수 있다. 인천항 남서쪽 항동에는 경기, 충남 서해안을 오가는 여객선 전용터미널이 있다. 연안부두로 통칭되는 이곳은 일반항로 6개와 보조항로 8개 등 총 14개 항로에 20여 척의 선박이 운행된다. 연안부두 일대에는 회집이 몰려 있어 식도락의 명소로도 이름이 높다.

◉ 명소

● 해수욕장 — 총 55만㎡ 면적에 길이 2km, 폭 0.5km의 백사장이 펼쳐진다. 마을과 백사장 사이 15만㎡ 면적에는 송림이 우거져 있다.

● 최분도 신부 공덕비 — 마을 송림 속에 세워져 있다. 최신부는 1932년 미국 미네소타 렉빌에서 태어나 27세 신부가 된 후 연평천주교회에 부임하면서 덕적도와 인연을 맺었다. 최신부는 덕적도 일대의 낙도에 병원선을 취항시켜 무료진료를 실시했고 성당, 병원 등을 세웠다. 특히 지역개발, 어민소득증대에 많은 업적을 남겼다.

● 국사봉 — 국수봉이라고도 한다. 북리와 서포리의 경계를 이룬다. 높이 321m.

● 망재 — 진1리와 서포1리간을 연결하는 고개. 옛날 수군절제사가 상주하면서 군사들이 망을 보던 곳이라고 한다.

● 동고령 — 진2리와 서포2리를 연결하는 고개. 해발 200m.

● 구룬나루 — 섬 북쪽에 위치. 서포리 마을에서 동쪽으로 9번째 골짜기라고 하여 구룬나루라고 불린다.

가이드

⊙ 교통

- 해운 — 인천 연안부두에서 서포리간 2시간 30분 소요. 1일 2회, 하절기에는 증편.
- 철도 — 전철 경인선 이용. 인천역, 동인천역 하차.
- 고속버스 — 서울~인천간 1시간 20분 소요(서울역 삼화 고속주차장 발). 대구, 부산, 광주, 대전, 전주간 고속버스 운행.
- 시외 /직행 — 서울 역전, 영등포, 대구, 부산, 광주, 대전, 천안, 온양, 성남, 수원, 군산 등지와 인천간 직행버스 수시운행.
- 기타 — 연안부두까지 시내버스 수시운행. 택시 이용. 여름철에는 수시 운항하므로 사전 문의 (032)884~3695.

⊙ 숙박

- 민박 76호, 239실(717명 수용). 문의 (032)434~0015. 야영기능.

⊙ 메모

- 특산 명물 — 낙지, 숭어, 게 등 해산물.
- 향토 미각 — 게, 생선회, 매운탕 등.
- 기타 사항 — 하절기에만 집중적으로 관광객이 몰림. 선창에서 마을까지 짐운반 리어카 대기.

도담삼봉

충북 단양군 매포읍 도담리

단양팔경의 백미 도담삼봉

  맑은 물이 흐르고 높은 산에 에워싸인 단양군은 산수의 고장. 예부터 숱한 비경을
지닌 탓으로 시인묵객들의 발길이 끊이질 않았던 곳이다. 최근에는 충주호 조성에
이어 소백산이 국립공원으로 지정되고 월악산국립공원을 잇는 국도포장이 완공되면
서 수륙순환 관광지의 중추지로 주목되고 있다. 단양지역의 관광명소는 제1단양팔
경과 제2단양팔경등 16개소로 집약되는데 이외에도 고수동굴, 천동동굴, 노동동굴,
운선구곡, 은주암, 능각구곡 등의 자연경관을 즐비하게 지니고 있다. 또한 고구려적

성비, 죽령산신당, 향산석탑, 구인사 등 문화자원도 적지않게 널려져 있다. 이처럼 숱한 명소 중 가장 널리 알려진 것이 도담삼봉과 고수동굴. 특히 단양군 매포읍 도담리 남한강변에 위치한 도담삼봉은 제1, 제2 단양팔경 중 으뜸으로 꼽힌다.

도담삼봉(島潭三峰)은 조선시대에 정도전이 숨어지내며 풍류를 즐기던 곳으로 선생의 호는 이곳에서 유래된 것이라고 한다. 경관은 수심 10m, 강폭 150m의 남한강 맑은 물 위에 기암 단애 세 봉우리가 일렬로 나란히 서 있다. 이중 가운데 봉우리가 높이 6m로 가장 높다. 좌우 양옆의 봉우리는 전설에 의해 남봉은 첩봉, 북봉은 처봉이라고 불린다. 중봉 중턱에는 1766년(영조42) 가을 조정세가 세운 능영정이 있었으나 유실되었다. 그후 김도성이 목조 4각정을 건립했으나 1972년 홍수로 인해 유실되었고 1976년 10월 지역 기업인의 배려로 철근 콘크리트의 6각정을 짓고 삼도

단양을 벗어나는 충주호 유람선

정이라 했다. 퇴계 이황 선생 등 많은 선비들이 이곳을 보고 찬탄했던 시가 곳곳에
전하고 있다.

⊙ 명소

- 삼도정 — 가운데 봉우리 우측 중간 지점에 세워진 정자.
- 은주암(隱舟岩) — 석문 상류에 있다. 거센 물살로 움푹 패였고 높이가 100척에
달하며 마치 사람이 엎드려 양발을 합친 모양 또는 맹수가 입을 벌린 모양으로 도니
바위굴이다. 굴의 넓이가 무려 백여 척이나 되므로 배를 숨길 만하다고 하여 은주
암으로 부른다.
- 고수동굴(古藪洞窟) — 대강면 고수리. 도담삼봉과는 다소 멀리 떨어져 있다. 천
연기념물 제256호. 석회암으로 이루어진 연륜 5억년~10만년 전에 생성된 것으로
추정. 굴 총연장 1천 6백m, 지굴 1천m, 주굴 6백m. 굴내온도 12℃의 석회동굴로
3층 구조를 이룬다.

알아둡시다 · 단양팔경

단양의 여덟가지 절경

충북 단양읍을 중심으로 남한강 상류지점일대 계곡 20km 구간에 걸쳐 펼쳐지는 단양8경은 예부터 이 고장을 대표하는 명소 중 명소, 최근 충주호와 연계되어 더욱 빛을 발하고 있다. 단양8경은 최근 새로 8경을 보태어 제1, 제2 단양8경으로 나뉘어 부르는데 16경 모두가 절경이다. 이곳은 곳곳에서 봄의 철쭉, 여름의 뱃놀이, 가을의 단풍, 겨울의 설경을 고루 즐길 수 있으며 조선시대인 1548년 당시 단양군수였던 퇴계 이황의 자취를 더듬어 볼 수 있다.

〈제1 단양8경〉

① 하선암(下仙岩) – 단양읍 대잠리. 단양 남쪽 4km 지점인 장암(마당바위) 위쪽에 위치. 삼선구곡의 첫번째 명승지. 3층으로 된 흰바위가 마루처럼 평평하게 깔려져 있다. 주변경치도 일품.

② 중선암(中仙岩) – 단양읍 가산리. 삼선구곡의 중심지. 흰바위가 계단을 이루며 골짜기에는 쌍룡폭이 있다. 또 명경대와 관찰사 윤헌주의 글이 새겨진 옥염대가 있다. 조선 효종 때 김수증이 지은 이름.

③ 상선암(上仙岩) – 단양읍 가산리. 명종 때 수암 권상하가 지은 이름. 기묘한 모습의 넓은 바위가 널려져 있고 작은 폭포가 무수히 있어 장관을 이룬다. 근처에 권상하가 기거하던 수일암과 경천벽 등이 있다.

① 옥순봉(玉筍峰) – 단양읍 장화리. 희고 푸른 여러 개의 산봉우리가 죽순 모양으로 100여m 솟아있다 하여 옥순봉이며 바위에는 퇴계의 '단구동문(丹邱洞門)'이란 각자가 있다.

⑤ 구담봉(龜潭峯) – 단양읍 장화리. 강을 두른 기암이 거북을 닮았다고 하여 구봉, 물 속에 잠겨진 바위에 거북무늬가 있어 구담이라 한다. 거대한 단애를 이룬다.

⑥ 석문(石門) – 매포읍 도담리. 도담삼봉 상류 2백m 지점 강변에 위치. 높이 2개의 돌기둥에 약간 구부러진 돌이 가로 놓여져 자연스런 문모양을 이룬다. 바로 옆 굴 내부에 선인의 옥전(玉田)이 있다. 벼랑 위에는 천연기념물 62호 측백나무 자생지가 있다.

⑦ 도담삼봉(島潭三峰)

⑧ 사인암(舍人岩) – 대강면 사인암리. 운선구곡의 하나. 높이를 알 수 없는 기암이 솟아 있으며 정상엔 노송이 있어 운치를 더해준다. 입구에 역동 우탁 선생기적비가 있다.

〈제2 단양8경〉

① 죽령폭포(竹嶺瀑布)-대강면 용부원리. 죽령터널 입구. 왼쪽 계곡에 5m 높이 기암에서 중간 부분이 갈라져 쏟아진다. 소를 이룬 맑은물과 주변의 숲이 좋다.

② 칠성암(七星岩)-대강면 황정리. 원통암 서쪽에 7개의 기암이 깎아 세운 듯 밑돌에 고여져 높이 솟아 있다. 상봉에 기묘한 노송이 자라고 있다.

③ 다리안 산-대장면 천동리. 조선 말기 임오군란 때 민비가 피난했던 곳 수림이 우거졌으며 암벽 기암과 맑은 물이 어울린다.

④ 북벽(北壁)-영춘면 상리에 솟아 있는 기암절벽들로 응암 청암봉 등 각종 기암이 수십 척 높이에 6백여 보의 넓이로 펼쳐져 있다.

⑤ 온달산성(溫達山城)-영춘면 하리. 성산(323m)에 세워진 석성. 서남쪽 일부 외에는 거의 완전하게 남아 있다. 성둘레 637m. 전체 약 1.2km. 지방기념물 2호. 아래에는 온달동굴로 불리는 남굴이 있다.

⑥ 구봉팔문(九峰八門)-가곡면 보발리. 골짜기가 마치 구봉 문처럼 생겨 전설에 승려가 법문으로 알고 오르며 애를 쓴 곳이라 하여 법월팔문(法月八門)이라고도 한다. 9봉을 이루고 골짜기가 8개의 문과 흡사하게 생겼다.

⑦ 일광굴(日光窟)-어상천면 임현리. 굴의 길이 1km. 좁은 입구를 지나면 석유가 흘러 언덕을 이루고 있고 넓이 50m, 높이 30m의 넓은 광장이 있다. 약수도 있고 천장에 구멍이 있다.

⑧ 금수산(錦繡山)-적성면 상리. 해발 1,016m. 원주 치악산과 이어진다. 원래는 백암산이라 불렀다가 경치가 비단의 수처럼 곱다하여 퇴계 선생이 지은 이름. 수목이 울창하고 전망이 좋으며 금수암(화암), 용소, 부처바위, 정치암, 한양지 등이 있다.

가이드

⊙ 교통

• 해운-도담삼봉에서는 유람선 수시운행. 대절시는 구담봉 장거리 코스도 있음.

• 철도-청량리~영주간을 운행하는 중앙선으로 단양역까지 이용(무궁화 1일 2회, 통일호 1일 3회).

• 고속버스-인근 제천시까지 서울에서 고속버스 운행(약 3시간 소요).

• 시외/직행-단양까지 부산, 김천, 대구, 서울, 안동, 영주, 청주, 제천 등에서 직행버스 수시운행.

호반에 싸인 말끔한 신단양

• 기타 — 제천시, 단양읍에서 도담삼봉행 시내버스 수시운행.

◉ 숙박

• 관광호텔 — 구단양에 단양파크호텔(3급, 30실).
• 기타 — 신단양에 장급시설 여관이 많이 있음(약 30개소).
도담삼봉에는 여인숙, 민박 2개소 뿐임.

◉ 메모

• 특산 명물 — 마늘, 고추, 대추, 꿀, 송이버섯, 더덕, 산채, 석공예, 한지 등.
• 향토 미각 — 도라지 무침, 골무떡, 민물매운탕, 보쌈김치 등. 단양읍의 대구식당
(손칼국수), 부천식당(담북장백반), 삼선식당(닭국수)가 유명.
• 기타 사항 — 단양 8경을 보려면 시내버스를 이용하여 갈아타면서 돌아야함. 택시
이용이 편리. 충주~단양간 유람선은 만수시에만 운항.

독립기념관

충남 천안군 목천면 남화리(흑성산 기슭)

105인 계단 위에 조성된 추모의 장

　한핏줄로 이어온 우리민족의 저력과 불굴의　의지를 보여주는 국민교육의 도량 독립기념관은 지난 1982년 일본의 역사왜곡사건을 계기로 설립을 추진, 3년여 기간 동안 국민의 정성과 성금을 모아 개관한 국내 최대 규모의 전시공간. 독립기념관은 1983년 종합계획을 완성한 후 1984년 8월 15일 기공식을 가졌으나 '86년 완공 직전 대화재로 1년여 기간을　재단장하여　제42주년 광복절인 1987년 8월 15일 역사적 인 개관을 했다. 총 1백21만 평 부지 가운데 중심부 50만 평에는 7개의 전시관, 원

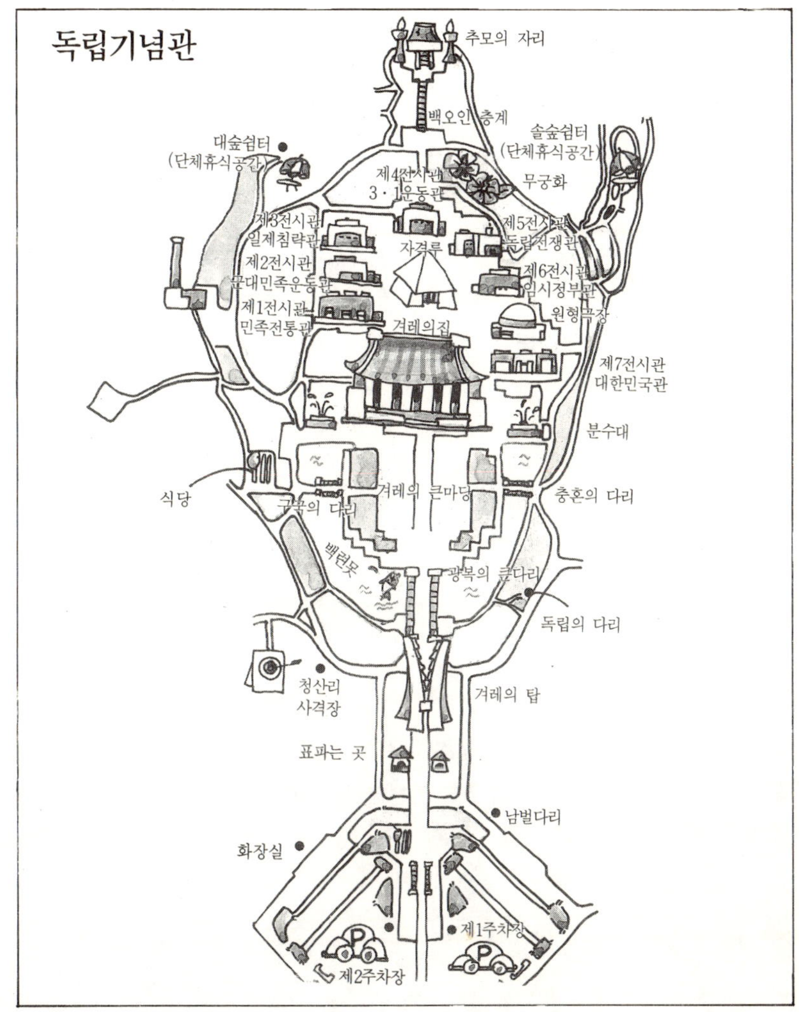

형극장, 27동의 부속건물 등 연건평 1만 7천여 평 규모에 37동의 건물이 들어서 있다. 독립기념관은 외침을 극복하고 민족의 자주와 독립을 지켜온 우리민족의 국난극복사와 국가발전사에 관한 자료를 수집, 연구 전시함으로써 국민의 투철한 민족정신과 국가관을 정립하는데 이바지하기 위하여 4천만 겨레가 한마음을 모아 세운 겨레의 전당이다. 이곳의 전시품은 1만여 종, 4만 3천여 품목에 달하는 방대한 양으로 1983년부터 국민 각층의 기증품과 정부기관, 박물관 등에서 인수한 것이다. 또한 재래박물관의 개념에서 탈피하고 실물자료의 보완적 효과를 높이기 위해 일부자료는 사적의의를 손상시키지 않는 범위 내에서 모조복사 전시하고 있다. 주요 복제물은 총 4천 5백여 점으로 이중에는 신라금관, 조선왕조실록 등 국보급 문화재와 입체지도가 실물과 똑같이 복제되어 있어 눈길을 끈다. 독립기념관은 지역의 특성을 최대한으로 살려 지은 것이다. 구조는 대형 상징탑을 축으로 다리, 연지 등이 펼쳐지고 대광장을 지나면 거대한 규모의 겨레의 집이 세워져 있다. 이곳은 우리나라에 있는 석공사 관계자들이 거의 참여, 전국에 산재해 있는 화강암들을 취합해서 만든 명실공히 온 국민의 노력과 정성의 결정체이다. 기념관에는 연구실과 도서실, 기획전시실, 소극장이 마련되어 있으며 여기를 통과하면 6개의 전시실이 병풍처럼 정연하게 둘러서 있다. 자연채광을 최대한 활용하고 단열공조시설을 완벽하게 해서 전시물 보존과 열관리 효율화를 꾀한 이 전시실은 전시물 부착을 자유자재로 할 수 있도록 전시벽 장치를 해놓고 있다. 또한 제1전시실부터 6전시실까지 통로가 계속 연결되어 있어 동선의 낭비가 적고 특히 장애자를 위한 통로가 별도로 마련돼 있다는 것을 특징으로 들 수 있다. 편의시설로는 대형 식당 3개소와 전지역에 26개의 크고 작은 매점이 설치되어 있으며 주차장은 나무에 둘러싸여 휴게시설을 겸하고 있다. 특히 장애자를 위해 주차장에서 추념의 장까지 전용통로를 마련했으며 음료수대, 전화 등도 따로 설치했다. 독립기념관은 개관 당시 수많은 관람객으로 화제가 되기도 하였으나 근래에는 수요가 격감, 관리운영재원조차 위협을 받고 있는 실정이다. 한편 독립기념관측은 기념관의 좌우 계곡인 동곡과 서곡을 개발하여 전천후 종합 휴양지로서의 도약을 서두르고 있는데 일부의 비난도 적지 않아 향후의 거취에 관심이 모아지고 있다.

◉ 명소

● 겨레의 탑 — 높이 51.3m. 한도룡 작품. 민족의 발전과 화합, 통일의 염원을 나타내는 조형물로 양손을 합장한 모습. 탑이 서 있는 다리는 국내에서 가장 넓은 다리로 고속도로의 2배이다. 다리 아래로 경계선이 없는 연지가 있고 분수가 솟는다.

● 겨레의 큰마당 — 12만명이 동시에 운집할 수 있는 규모. 기념관과 연지 사이에 위치.

● 겨레의 집 — 독립기념관의 상징건물로 한식 맞배지붕과 현대식 건축기법으로 지어졌으며 40개의 돌기둥과 가로 세로 70cm 되는 동기와 4만 3천1백장이 사용된 동양 최대 규모의 건물. 지붕에 사용된 동기와는 국내 처음으로 개발된 제품으로 점

차 청동색으로 변하면서 육중한 아름다움을 더하게 된다. '온 백성의 정성과 슬기를 모아 / 여기 길이 빛날 겨레의 성전을 세움에 / 오늘 좋은 날을 기리어 대들보를 올리니 / 조국 대한민국이여, / 영원무궁토록 번영 발전하여라. / 일천구백팔십오년 시월 초열흘'이란 준공기념문이 새겨져 있다. 연건평 2,375평 규모. 높이 45m.

● 제1전시실 – '민족전통, 국난극복실' 3개의 대공간을 중심으로 겨레의 터전과 뿌리, 민족의 발전과정을 중점 전시. 광개토대왕비(실물크기) 거북선(2.5 : 1) 석굴암 등이 복제 전시되고 임진왜란, 병자호란 등의 전쟁기록화, 한글창제조형물이 설치되어 있고 백두산 천지를 사진으로 벽화화 해 놓고 있다. 주변에는 선사시대로부터 조선시대에 이르기까지 패널로 제작된 사료들이 전시되어 있다.

● 제2전시실 – '근대민족문화운동실, 호국계몽운동실, 의병실' 개화기의 모습과 의병의 활약상을 체계적으로 보여준다. 특히 캐나다에서 입수한 당시의 7시간짜리 기록영화도 상영된다.

● 제3전시실 – '일제침략실'로 우리 민족사에 있어서 가장 암울했던 일제침략시절의 잔학상을 사실대로 전시하고 있다. 입구에 고난의 한국인상이 있고 당시의 인장, 무기, 형구를 실물로 꾸며놓고 경제수탈, 무력탄압을 납인형으로 재현시켜 놓고 있다.

● 제4전시실 – '3·1운동실'로 벽면에는 서울대 서세옥 교수팀의 3·1운동도가 걸려 있고 중앙에는 거대한 3·1운동상 전시. 이 조각품은 3·1운동 당시 각계 각층의 시위 군중 57명의 모습을 상징적으로 보여준다. 주변에는 3·1운동의 추진과정, 독립선언, 만세시위 등이 중점 전시되고 시위에 사용된 각종 태극기와 유품, 고문도구 등이 진열되어 있으며 유관순 열사의 지하 감옥이 복원, 재현되어 있다.

● 제5전시실 – '독립군실, 사회운동실, 학생운동실, 문화운동실' 안중근, 김좌진, 윤봉길 등 세 의사의 동상과 관계자료와 유품, 활약상이 전시되고 농민운동, 여성운동 등의 활동이 판넬로 배치돼 있다.

● 제6전시실 – '재외동포실, 임시정부실, 광복군실'로 임시정부 요인 42명이 납인형으로 재현되어 있고 만주, 중국, 일본 등지에서 국권회복운동에 앞장선 재외동포의 사회상이 판넬 설명과 함께 분류 전시되어 있다.

● 제7전시실 – '정부수립과 분단의 비극실, 경제개발실, 국력성장과 통일의지실'로 1전시실 다음으로 규모가 크다. 기관차모형, 서명 태극기 등이 있다.

● 궤도 전시장 – 2천9백평 규모. 궤도길이 470m. 3명씩 타는 궤도차 186대가 동시 운행되며 열차를 타고 구·신석기문화, 삼국시대, 고구려고분, 살수대첩 등과 춘하추동의 장관을 관광한다. (계획중)

● 원형극장─아름다운 조국강산, 자랑스런 문화유산 등을 소개하는 사랑하는 나의 조국이 15분간 상영된다. 원형영상은 최신 영상기법으로 35mm 영사기 9대를 동시 사용하여 360도 대형 스크린에 투사한다. 건평 441평. 5백명 수용.

● 추모의 장─105인 계단을 오르면 애국 충성의 염원을 상징하는 부채꼴 모양의 최기원 작 상징조형물이 위치한다.

길이가 1백5m인 이 작품은 조상들의 갖가지 활동을 수많은 군상으로 표현한 것으로 우리민족의 과거, 현재 그리고 미래를 나타낸 것이다. 양측에는 봉화대가 있어 불꽃이 타오르고 한 가운데서는 태극을 주제로 한 원형분수가 물을 항상 부글거리며 민족의 한을 표현하고 있다. 봉화의 위치는 기념관 전면적의 중앙선, 본관의 지붕마루선과 일직선이 된다.

알아둡시다 · 유관순 유적

어린 처녀의 순정과 사랑을 나라와 민족을 위해 바친 열사

흑성산 독립기념관이 위치한 곳에서 얼마 멀지 않은 지령산 기슭에는 유 관순 열사의 고향이 있다. 이곳 일대는 유 열사의 생가와 교회, 추모각 등이 정화되어 매일 열사의 뜻을 기려 찾아드는 참배객의 발길이 끊이지 않고 있다. 1918년 미국인 선교사의 소개로 이화학당에 입학한 유관순은 이듬해 일어난 3·1독립만세운동에 참가하였다. 총독부에 의해 학교가 문을 닫게 되자 고향으로 내려온 유관순은 독립만세 시위를 계획하고 천안, 연기, 청주, 진천 등지를 찾아다니며 유림의 대표자들과 대성(大姓)의 종친장들을 만나 만세운동의 참여를 권했다. 그해 음력 3월 1일 아우내 장터에서 수천 군중에게 태극기를 나누어 주며 시위를 지휘하던 유관순은 일본헌병에게 체포되고 부모는 모두 살해되었다. 옥중에서 다시 만세운동을 벌인 그는 혹독한 고문에 의해 한 많은 어린 나이로 10월 20일 눈을 감고 말았다. 나이 어린 처녀의 순정과 사랑을 송두리째 나라와 민족을 위해 바친 것이다.

충청남도 천안군 병천면 병천리 독립기념관에서 진천쪽으로 가는 길목에는 아오내장터라고 새겨진 비석이 세워져 있다. 이곳 아래 탑원리에는 유관순 열사를 기리는 사당이 있다. 이곳은 독립기념관 개관에 앞서 부지 1만 1백84평을 확보하여 추모각을 크게 증축하고 주차장, 파고다휴게소, 봉화지를 정화했다. 아울러 산 너머에 있는 용두리 생가(生家)지도 새로 정화했다. 유관순 유적지는 독립기념관과 이웃하여 독립기념관과의 연계코스가 되고 있다.

- 한국인상—본관 1층 메인홀 중앙에 위치. 김영중 씨의 작품으로 높이 14m, 길이 13m의 화강암 제품이다. 실내 조각작품으로는 국내 최대 규모로 한국인을 상징하는 인물 9명을 군상으로 조각해서 미래를 향해 도약하는 한국인 기상을 표현하고 있다. 벽면을 구성하는 부조작품 3점은 입체 조각 작품의 정후방이 '백두산 천지', 양쪽은 '문화투쟁'을 나타낸다. 천장에 비치는 채색조명으로 각종 의미를 부여해주고 아울러 장엄한 음악연주로 연출효과를 꾀하고 있다.

- 고난의 한국인상—제3전시관 중앙홀에 위치. 청동 조각작품으로 이상갑 씨 작품. 높이 6m, 폭 8m의 규모이다. 원기둥을 중심으로 고난을 극복해 나가는 한국인의 모습과 일제의 침략과정을 나선형으로 틀어올리고 있다.

- 선열 3인상—안중근, 김좌진, 윤봉길 등 3인의 동상. 5전시관 중앙홀에 위치. 3인 선열의 청동제 흉상을 모시고 흉상 아래 대리석에 친필어록과 서명을 넣었다.

- 어록비—총 67기 중 미설치 11기. 선열, 위인들의 어록을 새긴 비들로 기념관 경내 곳곳에 널려 있다.

가이드

⊙ 교통

- 철도—경부, 전라, 호남, 장항선 이용 천안역 하차. 천안역은 새마을호가 정차하지 않음.

- 고속버스—서울, 대전에서 천안간 운행.

- 시외/직행—서울, 성남, 수원, 대전, 청주, 공주, 온양, 전주, 인천, 대구, 원주 등에서 천안간 직행버스 수시운행. 진천행 직행버스는 독립기념관 입구 경유.

- 기타—천안시에서 독립기념관 시내버스 수시. 서울지역 관광버스 정기운행(오전 1회). 자가운전자 경부고속도로 목천인터체인지이용.

⊙ 숙박

- 관광호텔—인근 온양시, 도고 등지에 관광호텔 다수.

- 기타—시내 장급여관 다수 있음(약 30개소). 수도권 및 중부지역은 당일코스.

⊙ 메모

- 특산 명물—호도, 황동공예품, 칠보화초장 등.

- 향토 미각—호도과자. 각종 음식점이 많이 있으나 유명한 집은 없는 편.

덕수궁 석조전

국보 제86호 경천사 10층 석탑 (경복궁)

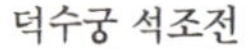

가야산의 해인사 경내의 일우

서울의 중앙에 위치하고 있는 남산의 아름다움

세계에서 가장 오래된
물시계인 자격루
(덕수궁내)

경복궁내의 석물

우아한 경복궁의 경회루

친근함이 넘치는 남한산성 남문

희방사 길목의 희방폭포

서울대공원 안에 있는
서울랜드의 놀이기구 일부

인기있는 산림욕장(광릉수목원)

설악소청에 있는
산장과 등산객들.

십이선녀탕의
유명한 복숭아탕

설악의 관문인 한계령의 겨울풍경

단양팔경의 하나 도담삼봉

상당산성의 공남문의 위용, 올라서면 전망이 좋다.

국내 두번째로 건설된 구룡포 호미등의 대보등대

4개의 석주에 올려져 있는 범어사의 일주문

무등산 품에 안겨있는 추색짙은 증심사

물, 바위, 송림이 어우러져 뽐내는 채석강

오작교를 건너면 광한루……

금산사를
찾아드는 탐방객

풍성함이 넘치는
금산사 앞 상가 풍경

가을이 깊어가는 대흥사경내

탐방객이 끊이지 않는 보경사

맑은 물이 넘치는 불영계곡

신록의 수덕사 경내

두륜산 대흥사

전남 해남군 삼산면 구림리 장춘동

13종사 13강사를 배출한 두륜산

　한반도의 끝 토말(土末)의 길목에 웅장하게 신령스런 모습으로 우뚝 솟아 있는 두륜산(頭輪山)은 여덟 개의 봉우리가 옹위하듯 모여 있는 만세(萬歲)의 불훼(不毀)지라서 오래도록 삼재(三災)가 미치지 않는다는 명당이다.

　다도해가 펼쳐지는 서남해안의 그윽한 풍정이 한눈에 바라다보이는 해발 703m의 두륜산은 태백에서 갈라진 소백산맥이 이룬 작품이다. 두륜산은 상서러운 용이 고향으로 돌아가는 형국으로 이는 백두산맥에서 뻗은 지맥이 중국의 곤륜산으로 돌아가는 것이라는 것이다. 이 때문에 중국 곤륜산의 륜(崙)자와 백두산의 두(頭)자가 합쳐져 두륜산이라는 지명을 낳았다. 이는 나중에 륜자가 동음의 륜(輪)자로 바뀌었다고 전한다.

두륜산은 다도의 요람지로 일컬어지는 곳이다. 두륜산 서쪽 계곡 해남읍 동남쪽 12km 지점에는 대한불교 조계종 제22교구 본사 대흥사(大興寺)가 위치한다.

전하는 말에 대흥사는 백제 무녕왕 때 불심이 가득한 어느 스님이 창건했다고 하며, 신라 법흥왕 때 아도화상이 창건했다고도 전한다. 그후 원효, 자장, 의상, 도선 등 역대의 고승들이 들려 중건했다고 전한다. 대흥사는 13대종사(大宗師)와 13대강사(大講師)를 배출하였는데 이들은 모두가 임진왜란 이후에 배출된 인물들로 서산대사의 학풍을 잇고 있다.

이중에서 특히 초의선사는 불교교리와 유교, 선교에서도 달통의 경지를 보여 서산대사 이래 가장 뛰어난 중흥조로 일컬어지고 있다. 지금도 서산, 초의 두 대사의 행적은 대흥사 곳곳에 남아 전하고 있어 면면한 자취를 더듬어 볼 수 있다. 대흥사를 들어서는 길목은 아름다운 숲으로부터 시작된다. 대흥사의 가람배치는 다른 절과 달리 매우 독특하여 건물별로 독립된 경역으로 이루어져 있다. 즉, 좌측 대웅보전을 중심으로 명부전, 대향각, 심계루 등이 몰려 있고 우측 다소 떨어진 곳에 천불전을 중심으로 한강원이 있으며 표충사와 대광명전 등이 각각 배치되어 있다. 대흥사는 임진왜란과 6·25전란 때에도 아무런 피해를 입지 않았는데 임진왜란 이후에 실시된 중창으로 인해 현재는 임진왜란 후기의 건물만 전하고 있다. 경내에 건물로는 대웅보전, 침계루, 명부전, 나한전, 백운당, 천불전, 용화당, 도서각, 표충사, 서원, 서산대사기념관, 대광명전, 보연각, 일로향실, 청신암, 진불암, 만일암, 북미륵암 등이 있다. 이 외에도 대흥사가 위치한 두륜산에는 북암, 남암, 만일암, 진불암, 상원암, 관음암 등의 암자가 있으며, 명소로는 구름다리, 흔들바위, 여의주봉, 금강굴, 능허대, 대장대, 극락대, 백운대 등이 있다. 뛰어난 자연경관과 유서깊은 문화자원을 고루 지닌 두륜산 대흥사는 명실공히 서남해 주변을 통틀어 첫손에 꼽히는 곳이다. 한때 대둔사로 불리웠던 이곳은 '큰두메'라는 뜻으로 우리말로 풀어 '한듬절'로도 불리웠다. 일찍이 서산대사가 명당임을 간파한 이곳은 국내 대가람으로서는 드물게 삼재를 입지 않았으며 수많은 고승을 배출하였다. 이는 경내를 들어서는 길목의 비전에 보호되어 있는 수많은 고색창연한 부도와 비석들로 증명되고 있다. 두륜산 대흥사 주변은 '장춘동'이란 지명이 생겨날 만큼 봄이 길고 아름다운 곳으로 알려져 있다. 또한 백설이 뒤덮인 두륜산의 모습은 입가에 맴도는 담백하고 청아한 차 맛과 다를 바 없다.

표충사 앞에 위치한 서산대사 유물관

⊙ 명소

● 장춘동 숲길 ― 십여 리가 채 못되는 숲길이 이어진다. 단풍나무와 잡목으로 울창하게 싸여 있고, 옆으로는 맑은 계류가 선경을 이뤄 전국에서 손꼽히던 곳이다.

● 이동주 시비 ― 1979년 지병으로 61세 때 숨진 서정시인 심호 이동주의 시비, 유작 '강강술래'가 새겨져 있다.

● 일지암 ― 한국 다도의 요람지. 1980년 6.5평 규모의 보옥과 15.3평의 다정, 3평의 부속건물로 새롭게 단장되었다. 매년 8월 1일(음력) 초의선사의 열반일을 기려 추모의 모임이 성대히 거행된다.

● 탑산사 동종 ― 보물 제88호. 원래 장흥에 있던 것을 옮겨 표충사 안에 보관한 것. 고려 후기 작품.

● 표충사 ― 임진왜란 때 승병을 모아 국난을 타개키 위해 앞장섰던 서산대사를 비롯 그의 문하에 있었던 사명, 뇌묵대사가 모셔진 곳이다. 지방기념물 제19호.

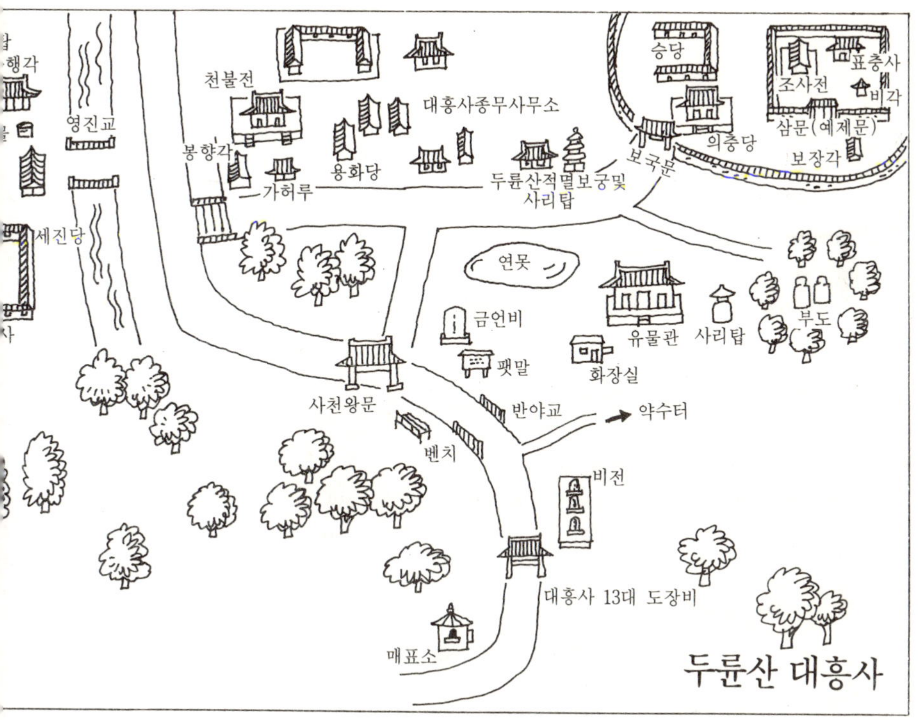

- 서산대사유물관―표충사 맞은편에 위치. 시산대사의 유물인 금병풍을 비롯 각종 유서깊은 보물들이 진열되어 있다.
- 응진전 앞 3층석탑―보물 제320호. 통일신라 때 작품. 화강석.
- 대광명전―조선 말기 때 초의선사가 세움. 본당의 내부에 비로자나불을 봉안했고, 상부 천정은 연화문과 운학을 그린 우물천정으로 꾸며져 있어 아름다움이 극에 이르고 있다.
- 북미륵암 앞 마애여래좌상―보물 제48호. 높이 4.2m. 화강암에 새겨진 고려 때 작품.
- 보장각―서산대사유물과 사중유물을 보관하는 곳.
- 천불전―지방유형문화재 제48호. 내부에 천불상(지방유형문화재 제52호)이 안치되어 있다. 조선시대 작품.
- 서산대사 부도―지방유형문화재 제57호. 높이 2.6m.
- 대웅전―조선 말기 건물. 지정외문화재 125호.

알아둡시다 · 녹우단

수원에서 옮겨온 조선 중엽의 민가

해남읍을 벗어나 대흥사 길로 들어서면 좌측으로 아담한 마을이 있다. 이곳은 풍수에서 일컫는 좌청룡 우백호가 겹겹히 쌓여있는 명당중의 명당이다.

연동이란 지명을 지닌 이곳은 고산 윤선도가 머물던 곳으로 지금도 윤씨 후손이 살고 있는 곳이다.

고산은 1587년 서울에 살던 윤유신의 둘째 아들로 태어나 종가인 윤유기의 양자가 되었다. 26세 때 벼슬에 올라 당파싸움으로 숱한 어려움을 겪었으나 봉림대군과 인평대군의 스승을 비롯하여 한성부윤, 공조참의 등을 역임했다.

벼슬길을 떠난 후 고산은 수원땅에 머물고 있었는데 효종이 스승의 은혜를 보답하기 위해 서재인 녹우단을 지어주었다.

고산은 팔도를 유람하다가 이곳 연동의 지세를 보고 녹우단을 그대로 옮겨온 후 선영을 모시며 해남땅에 안주했다. 고산은 보길도, 경원 등지로 수십 년간 귀양살이를 해야했으나 후손들은 이곳에 눌러 살며 많은 인재를 배출했다.

연동마을에는 울창한 숲과 고산과 후손들의 값진 유물이 남아 전하고 있다.

사적 제167호 녹우단은 조선 중기 때 지은 목조와가 건물로 옛방아 등도 그대로 남아 있다.

가이드

◉ 교통

- 항공 – 광주공항까지 이용 가능. 광주에서는 서울, 제주, 부산간 여객기 운항중.
- 해운 – 목포에서 출항하는 여객선이 남쪽 토말의 길목인 송호리 정박.
- 철도 – 호남선 이용 광주 또는 목포역 하차.
- 고속버스 – 광주까지 서울, 동서울, 성남, 의정부, 인천, 춘천, 부산, 울산, 경주, 포항, 대구, 대전, 청주, 수원, 전주, 진주, 마산, 부곡에서 연결할 수 있음. 나주까지 이용 가능.
- 시외 / 직행 – 해남간 광주, 여수, 목포, 완도, 부산, 마산 등에서 직행버스 수시운행. 광주 2시간 소요. 목포 1시간 소요. 대흥사~해남읍간 완행버스 수시운행(30분 소요).
- 기타 – 해남읍에서 대흥사간은 택시도 수시운행됨. 목포, 광주 등지에서는 대흥사

천불상이 안치된 천불전의 대문   가허루

직행버스도 있음.

◉ 숙박

- 관광호텔 없음.
- 기타—신단지에 여관, 민박집이 말끔히 조성됨.

◉ 메모

- 특산 명물—녹차, 비자, 고구마, 낙지, 장어.
- 향토 미각—참게젓, 낙지볶음, 진양주, 토하젓 등. 해남읍에 한정식으로 유명한 천일식당이 있음.
- 대흥사입장료—어른 8백원, 군인·학생 4백원, 어린이 3백원.

두타산 무릉계곡

강원 동해시 삼화동

수많은 각자가 새겨진 무릉반석

 붉은 해가 덩실 떠오르는 맑은 동해를 따라 이름이 지어진 동해시는 어업전진기지 묵호와 산업전진기지 북평이 합쳐져 1980년 탄생된 영동지방을 대표하는 산업도시. 시내에는 태백의 줄기가 뻗어 이룬 두타산(頭陀山), 청옥산(靑玉山) 등 우람한 산세와 푸른 동해가 꾸며놓은 아름다운 해안 덕택으로 천혜의 수륙연계 관광지를 꾸며놓고 있다. 동해시 남서쪽 끝 삼척군과 경계를 이루는 지점에는 태백산맥의 주릉에 속한 청옥산(1403.7m)과 두타산(1352.7m)이 50여 리 남

짙한 간격으로 솟아 있다. 이 두개의 산 사이에는 두산의 정수를 모은 경승, 일
명 무릉도원으로 불리는 무릉계곡(武陵溪谷)이 위치한다. 1977년 국민관광지로
지정된 이곳은 고려 충렬왕 때 이승휴가 중국의 무릉현 근처 무릉산기슭의 원강
강변의 절경인 무릉도원과 같은 선경이라고 하여 무릉계라고 맨처음 불렀다는
것. 일설엔 조선 선조 때 삼척부사 김효원(金孝元)이 지은 것이라고도 한다.
　무릉계곡의 경관 중 무릉반석과 용추폭포 부근은 국내 제일 선경으로 꼽아도

손색이 없는 경관으로 백미 중에 백미, 이 외에도 두타 청옥산을 오르는 길목에
선녀탕, 학소대, 병풍바위, 칠성폭포, 두타산성, 삼화사 등 명소들이 즐비하다.
　　무릉반석은 석장엄동으로도 불리는 명소. 마치 커다란 명석을 펼쳐 놓은 듯
1천 5백평이나 되는 평평한 암반이 펼쳐져 있다. 주변은 옥수가 연이어 흐르고
기암이 늘어서서 절묘한 수석미를 이룬다. 암반에는 수많은 시인묵객의 각자가
어지러이 남겨져 있는데 그 중에는 조선 선조 때 4대 명필 4선으로 꼽히던 양봉
래의 '무릉선원 중대천석 두타동천(武陵仙源 中台泉石 頭陀洞天)'이란 열두자가
새겨져 있다. 용추는 무릉반석에서 30여 분 거리에 위치한 폭포로 청옥산에서
흘러내린 옥수를 항아리 모습의 상담·중담에 머금었다가 길이 10m, 폭 2m의
물줄기를 아래로 내리쏟는 장관을 보여준다. 바로 밑은 계단처럼 단층을 이루는
두개의 검은색 단애가 마주보며 물줄기를 쏟아내는 쌍폭이 있다. 용추에는 조선
시대 삼척부사였던 유한전이 썼다는 '용추(龍秋)'란 글씨가 바위에 남아 있다.
　두타산성은 신라 파사왕 때 처음 쌓은것이라고 하는데 임진왜란 당시 의병들이
왜적과 싸우다 장렬하게 분사한 곳이다. 삼화사(三和寺)는 신라 선덕여왕 11년
(642) 자장율사가 창건한 흑연대의 후신으로 석회석 채광으로 현재의 위치인 중
대사(中臺寺) 터에 이건(移建), 새롭게 지은 것이다. 경내에는 신라 3층석탑과
철불을 비롯 대웅전, 종각, 부도 등이 있다. 원래 이 곳에는 10여 개가 넘는 사
찰들이 있었다고 하는데 지금은 삼화사만 남아 있다. 화강 석회암층이 빚은 산
수절경 무릉계곡은 전나무, 잣나무, 소나무 등 울창한 숲이 잘 보전되어 입구까
지의 대부분 산들이 시멘트 원료광산으로 변해 무자비하게 파헤쳐진 흉한 모습
과 극명한 대조를 보여주고 있다.
　이곳은 여름 뿐만 아니라 봄, 가을의 경치도 장관이다.

◉ 명 소

● 무릉반석 — 매표소에서 다리를 지나 금란정 일대에 오른쪽에 펼쳐진 약 1천 5
백평의 넓은 암반. 예부터 시인·묵객이 머물러 간 곳이라는 사실을 증명하듯
수많은 각자가 새겨져 있는데 이중 명필인 양사언이 썼다는 각자가 유명하다.
● 금란정 — 무릉반석 옆에 세워진 정자. 일제 때 향교가 폐강되자 유생이 모여
금란계를 조직 정각을 건립하려 했으나 일제에 의해 좌절되고 해방 후 그 후손
들이 이원동 단봉에 건립한 것을 1956년 현위치로 이전한 것이다. 매년 시회 등
이 개최되고 있다.

삼단으로 된 용추폭포, 기우제를 지내던 곳이다

● 삼화사(三和寺) - 맨처음 흑연대라고 불렸다. 전설에 신라 선덕여왕 11년 (642) 자장율사가 창건한 후 3선인이 반석에서 즐겼다고 하여 이곳 산봉을 삼공 (三公)이라 불렀다고 한다. 그 후 신라 경문왕 때 범일국사가 삼공암이라 했고 고려 태조 때 삼화사로 개칭했다. 삼화기에 의하면 신라 효성왕 3년(739) 서역 에서 약사여래 3불이 돌배를 타고 이곳에 당도하여 삼불 중 검은 연꽃을 든 백 (伯)은 삼화사에 머물고 푸른 연꽃을 든 중(仲)은 이원동의 지향사에, 금연꽃을 든 계(季)는 삼척 영은사에 머물었다고 한다. 현재의 건물은 1977년 채광권 내 들게 되자 무릉계곡의 중대사 옛터인 현재 위치로 이전하여 1979년 중건한 것이 다. 경내에는 철불좌상과 신라 때의 높이 4.9m의 3층석탑이 전한다. 대지면적 4 천평.

● 호암소(虎岩沼) - 무릉계곡 입구 도로변에 위치. 전설에 삼화사 고승이 이곳 에서 호랑이가 덤벼들어 법력으로 버랑을 뛰어넘자 호랑이도 뛰어넘다가 절벽 아래 소로 떨어져 죽었다고 한다. 후에 삼척부사 김효원이 호암소라 이름을 지 었다. 단애 아래에는 맑은물이 소를 이루고 있으며 남쪽바위에는 '호암'이란 각

자가 새겨져 있다.

● 학소대 — 무릉반석 북쪽 0.5km 지점에 있다. 전설에 학이 집을 짓고 살았던 곳이라고도 하며 어떤 선인이 종이학을 날리니 학이 되어 이곳에 날아가 앉았다고도 한다. 높은 단애에 옥수가 폭포처럼 흘러내린다.

● 용추폭포(龍湫瀑布) — 조선 영조 때 삼척부사 유한준이 용추라고 글씨를 새기고 치제하였다는 곳. 청옥산으로부터 흐르는 맑은 물이 항아리 모양으로 된 암벽으로 폭 2m, 높이 10m의 물줄기를 내쏟고 있다. 3단으로 된 용추폭포는 기우제를 지내는 제당이기도 하다. 근처에는 벼락바위와 번개바위가 있다. 삼화사에서 계곡쪽으로 2.5km에 있다.

● 두타산성 — 신라 파사왕 23년(102)에 자연석으로 쌓은 곳에 조선 태종 때 개축한 것으로 높이 1m, 길이 2천 5백m의 규모. 이 곳은 임진란 당시 왜적에 항거하여 많은 양민과 의병이 숨진 곳이다. 지금도 당시 화살이 떠내려간 곳을 '전천'이라 하며 왜병에게 산성을 부수는 계책을 일러 준 노파의 빨래터를 '피소'라고 부른다.

● 쌍폭 — 용추폭포를 오르는 길에서 철다리를 건너면 계곡 속에 마주보듯이 비스듬이 쏟아지는 두 개의 폭포가 있다. 오른쪽 폭포를 삼대폭포라고도 한다.

알아둡시다 · 동해시 해수욕장

뛰어난 경관의 해수욕장이 늘어선 동해

• 망상 — 강원도 동해시 망상동, 동해시 북쪽 6km. 1977년 국민관광지 제2호로 지정되었다. 백사장 길이 2km, 폭 200m, 면적 20만㎡, 경사도 2~4° 평균수심 1m 연간 60만 명이 찾아오는 명소이다. 동해시가 직영하면서 많은 점이 개선되었다. 옆에 노봉해수욕장이 있다.

• 어달 — 강원도 동해시 어달동. 동해시 북쪽 5km, 남으로 3km. 동해시의 명소 중 하나로 타지방 보다는 동해시민의 해수욕장으로 각광을 받고 있다. 주변에 바위섬이 많아 아름다운 경치를 지니고 있다. 백사장 길이 5백m, 폭 8m, 면적 4천㎡, 경사도 2~4°, 수심 1m, 암벽의 돌출이 심한게 흠이다.

• 추암리(해금강) — 강원도 동해시 북평동. 동해시 최남단. 북평 6km 지점에 있다. 해수욕장으로는 다소 멋적은 느낌이 드는 곳이나 경관이 인근에서 가장 좋다. 백사장 길이 1km. 송림은 없다. 군사작전 지역으로 제한사항이 많다.

● 기타-근처엔 장군바위로 비롯 병풍암, 선녀탕, 박달폭포 등 명소가 몰려있
다.

가이드

⊙ 교통
● 항공-서울에서 강릉간 1일 2편 운항(대한항공).
● 철도-영동선(청량리~강릉) 동해역 하차, 새마을 1회, 무궁화 1회, 부산발 중앙
선 무궁화 1회 운행.
● 고속버스-서울, 동서울~동해간 운행(4시간 40분 소요).
● 시외/직행-동해 천곡동까지 부산, 대구, 울산, 태백, 서울, 춘천, 속초, 원주, 울
진, 포항 등과 직행버스 연결됨.
● 기타-동해시 중심부에서 삼화동 경유 무릉계 행 시내버스 운행. 택시 이용 가능.

⊙ 숙박
● 관광호텔-인근 망상동에 망상파크호텔 신축중(92년 준공예정).
● 기타-입구 주차장일대 민박집 많음(약 1백실). 장급여관은 시내 중심부이용. 야
영가능.

⊙ 메모
● 특산 명물- 오징어, 명태, 가자미, 물회, 명란, 성게알, 자기, 시멘트.
● 향토 미각-입구 상가에서 파전, 도토리묵 등을 팔고 있음. 시내에는 오징어불고
기로 유명한 음식점이 여러 곳 있으며 해안에는 생선회집이 몰려있음.
● 기타 사항-시멘트 분진으로 도로 등이 지저분함.

마이산 탑사

전북 진안군 마령면 동촌리

신비한 돌탑이 가득한 마이산 탑사

　　금강과 섬진강의 분수계를 이루는 마이산으로 유명한 진안은 전라북도 동북쪽에
위치한 고원지대. 예부터 무주, 장수와 함께 '무진장지대'라고 불려왔던 곳이다. 소
백산맥과 노령산맥의 분기점을 이루는 이곳 지역은 높은 산악과 맑은 내가 흘러 곳
곳에 뛰어난 경관을 지닌 골짜기가 많이 있다. 특히 높은 산악지대에 펼쳐진 구릉은
인삼과 버섯재배에 적합하여 금산 인삼이　대부분　이곳에서 생산되고 있다. 또한
옹기, 벌꿀 등도 많이 생산된다. 말의 귀처럼 생긴 암 수봉우리가 쫑긋 솟아 있는 마

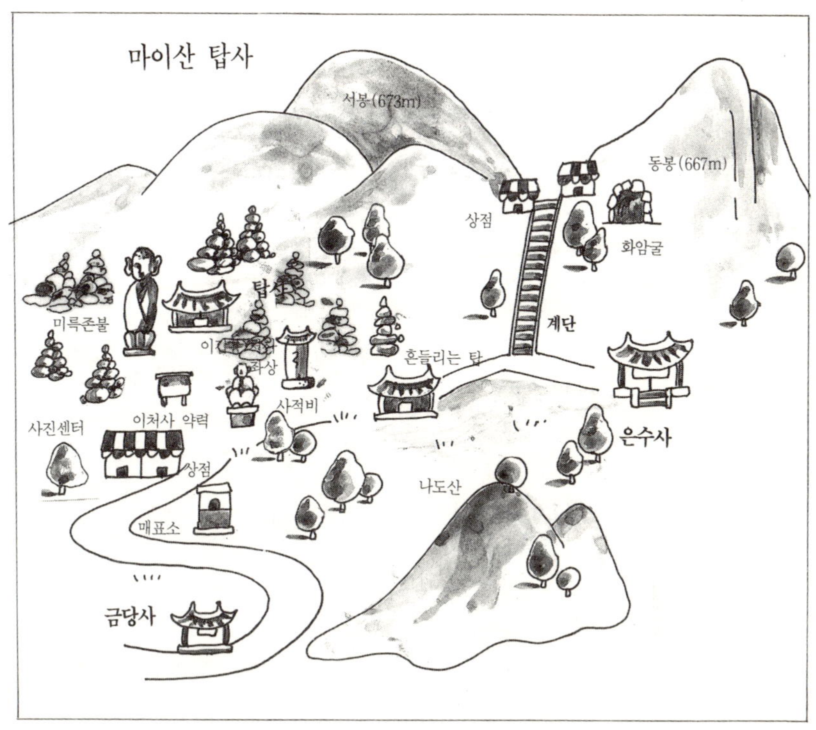

이산은 산전체가 수성암으로 이루어진 암산으로 해발 673m 동봉을 숫마이산, 해발 667m 서봉을 암마이산으로 부른다. 마이산은 신라 때 서다산으로 불렸는데 조선시대 태종이 마이산이라고 고쳐 부르게 되었다. 마이산은 봄에는 돛대봉, 여름 용각봉, 가을 마이산, 겨울 문필봉으로도 부르고 있다. 전설에 의하면 이곳은 어느 부부산신이 승천을 하려 했으나 여신이 게으름을 피워 늦은 새벽에 떠나게 되었는데 그만 아낙네에게 들켜 부정을 타게 되었다. 결국 주저앉고 말게된 산신은 서로 다투고 돌아앉아 있는데 이것이 지금의 마이산 모습이라고 한다. 또 조선시대에는 이성계가 금척을 받는 꿈을 꾸었는데 후에 이곳에 들려보니 꿈과 같은 지형이라 하여 속금산으로 불렀다고 한다. 마이산은 풍화작용에 의한 타포니현상으로 곳곳에 신비한 구멍들이 나있어 천연의 비둘기집으로 이용되고 있으며 각종 나무들이 바위틈새에서 자라고 있다. 1976년 도립공원으로 지정된 이곳은 이갑룡 처사가 1백여 년전 쌓았다는 80여 개의 자연석탑, 탑사, 은수사, 금당사, 당신폭포, 천왕문, 나도봉, 이산

묘, 용암동천 등의 명소가 있다. 최근 남부지역 진입로 부근에서 온천이 발견되어 개발을 서두르고 있다.

담수성 역암층으로 인해 생겨난 것으로 알려진 마이산이 위치한 지형은 양맥과 음맥으로 불리는 계룡산, 적상산, 덕유산, 운장산, 모악산, 지리산 등이 태극형을 이루며 도열하고 있다. 또 태극 모양으로 섬진강이 흘러 음양화합의 조화를 구비한 천하명당이라고 한다.

◉ 명소

• 탑사 – 1885년경 이갑룡 처사가 입산수도 하면서 쌓았다는 120여 개의 석탑군 중앙에 일자로 세워진 절. 주변 석탑은 자연석을 이용하여 음양오행의 이치에 따라 세운 것인데 현재는 80여 개가 남아 있다. 이 탑들은 비바람에도 무너지지 않는 신비한 것으로 천지탑, 오행탑 등의 이름이 지어진 것도 있다. 지방기념물 35호.

• 은수사 – 조선시대에는 상원사, 정명암 등으로 불림. 1920년 중건하여 은수사라 하고 현재까지 전해온다. 목제금척(복원품), 법고 목어, 몽금척기 등이 남아 있다. 인근 아두봉의 낙조가 장관. 오금당이란 사람이 속죄를 위해 지었다고 한다.

• 이갑룡 처사 상 – 전북 임실에서 1860년 출생하여 전국을 헤매다가 신의 계시로 마이산에 머물며 수도했다는 이갑룡 처사의 상. 동상 주변의 탑은 10여 년 동안 손수 쌓은 것으로 98세로 세상을 떠났다고 한다. 탑사 중앙에 위치. 사적비도 있다.

• 지붕바위 – 나도산 옆에 위치. 절벽을 막아 천연석실을 꾸며놓고 있다.

• 주필대 – 이성계가 머물었다는 곳. 이산묘 옆 용바위 아래 위치한다.

• 화암굴 – 숫마이산(부봉) 중턱에 위치한 자연석굴. 득남을 이루어 준다는 약수가 있다.

• 부부시비 – 탑사 남쪽 도로변에 위치. 담락당 하립과 삼의당 김씨의 부부화합의 싯귀가 새겨져 있다. 매년 이곳에서는 백일장이 개최된다.

• 금당사 – 고구려 때 무상화상과 김취가 창건. 현재 건물은 최근 중건한 것이다. 지방문화재인 삼존불과 높이 9 m 의 괘불이 보관되어 있다. 또한 고려시대 5층석탑 등이 있다.

• 나옹암 – 금당사 사지로 전하는 고금당 위 바위산에 위치. 깊이 10 m 의 석굴에 삼존불상과 나옹상이 모셔져 있다.

• 이산묘 – 국조 단군과 4성 40현, 33열사를 봉안한 사당. 맞은편 암벽에 백범 김구선생의 친필 각자가 있다.

알아둡시다 · 애저찜
진안의 소문난 향토음식, 기름적고 연한 맛

애저는 어미돼지의 뱃속에서 나오기 직전의 새끼를 말하는 것으로 불쌍하다는 뜻으로 슬플 애, 불쌍히 여길 애(哀), 돼지 저(猪)를 합해 애저라는 이름으로 부르고 있다. 애저찜(애저탕)은 느낌과 달리 연한 색깔에 기름 등이 전혀 뜨지 않으며 냄새가 없고 고기가 연하여 마음먹기에 따라 누구나 즐길 수 있다. 요즘은 잡은 지 18일 정도 된 것을 골라 쓰는데 연하고 작은 것을 택한다. 요리는 삶는데 판가름이 날 만큼 중요한 데 이 외에 온도, 양념도 중요하다.

애저는 암돼지가 6~7월에 새끼를 낳지않아 여름과 겨울이 가장 비싸다. 진안읍내에 진안관 등 전문 향토음식점이 많이 있다.

가이드

⊙ 교통

● 철 도 - 경부선 영동역, 전라선 전주역 이용. 경부선이 운행횟수가 많은 편이나 육로 거리가 멀어 불편.

● 고속 버스 - 전주까지 서울, 동서울, 성남, 인천, 광주, 대전, 대구, 부산, 울산에서 운행. 영동까지 서울에서 약 3시간 소요.

● 시외 / 직행 - 진안읍까지 전주, 대전, 대구, 무주, 금산, 서울에서 직행, 완행버스 운행.

진안읍에서 완행버스 30분 간격 운행(30분 소요).

● 기 타 - 진안읍에서 택시 이용 가능. 도보 약 1시간 거리.

⊙ 숙박

● 관광호텔 - 인근 전주시내에 코아호텔(특2급, 106실), 전주관광호텔(2급, 42실).

● 기 타 - 탑사 아래 마이산장이 있음. 진안읍내 장급여관 두서너 곳 있음. 여관 10여 개소.

⊙ 메모

● 특산 명물 - 표고버섯, 인삼, 고추, 담배, 강정, 애저찜, 옹기, 삼베.

● 향토 미각 - 터미널 앞 진안관이 애저찜 유명. 용담, 진안, 마령 강정이 유명.

● 입장료 - 어른 6백원, 군인 · 학생 3백70원, 어린이 2백원.

모악산 금산사

전북 김제군 금산면 금산리

국내 유일의 3층법당, 미륵전

　예부터 호남지방에서는 사계절을 통틀어 네가지 절경을 꼽는다. 이를 '호남4경'
이라고 한다. 호남4경은 모악산 금산사(金山寺)의 봄날 꽃 경치를 비롯, 변산반도
의 여름바다, 내장산의 가을단풍, 겨울 백양사의 설경을 일컫는다.

　지난 1972년 12월 도립공원으로 지정된 해발 793m의 모악산은 노령산맥을 이루
는 주봉으로 수려한 산세 탓인지 각종 종교단체가 모여 있는 영산. 서쪽 기슭에 대
한불교 조계종 17교구 본사인 금산사를 비롯, 신라의 고찰 귀신사, 심원암, 학선사,

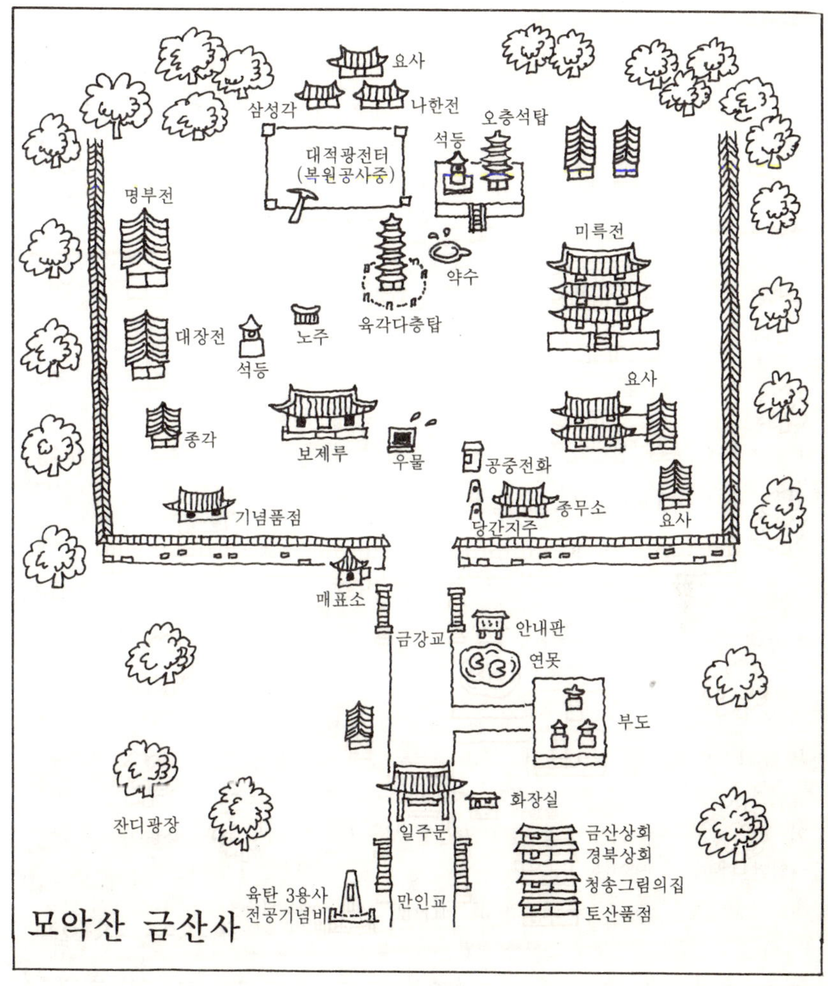

보현사, 월명암, 도통사 등이 있다. 또한 증산교 본부와 수십여 개의 분파와 신흥종
교 등이 몰려 있어 옛날 계룡산의 신도안과 버금가는 종교집산지로 명성을 얻고 있
다. 그러나 모악산은 정유재란, 동학운동, 한국전쟁 때마다 재해를 입어 희귀 동식
물은 거의 남아 있지 않다. 모악산이란 지명은 어머니 모양의 바위가 있어 불리게
된 이름이라고 한다. 동양 최대의 미륵전 입불상과 벚꽃으로 유명한 금산사는 백제
때인 서기 599년(법왕 원년)에 창건된 법왕의 자복사찰로 전하는데 신라 때는 5교

9산(五敎九山)의 법상종 근본도장으로 알려져 있다. 금산사는 미륵신앙의 요람지로 추앙되는 불교성지이다. 경내에는 국보 제62호로 지정된 3층 규모의 유서깊은 미륵전을 비롯 노주, 석련대, 혜덕왕사진흥탑비, 오층석탑, 석종, 육각다층석탑 등 10여 점의 보물급 문화재가 경내 전역에 널려 있다. 금산사는 후백제 때 신검이 아버지인 견훤을 가두었던 곳으로 알려져 있다. 수년전 이곳의 보물급 문화재인 대적광전은 실화로 불타고 말았는데 현재 복원중이며 미륵전도 외각에 보호각을 지어 모습을 달리하고 있다.

⊙ 명소

* 미륵전 - 3층 목조건물. 1, 2층은 정면 5칸, 측면 4칸이며 3층은 정면 3칸, 측면 2칸이다. 미륵삼존입불을 안치하고 있다. 조선 인조 때 재건된 건물로 국보 제62호.
* 노주 - 보물 제22호 고려 때 작품. 하대는 한개의 돌로 되었고 중대는 석탑모형

알아둡시다 · 미륵전
국내 유일의 3층법당

모악산 기슭에 위치한 금산사에는 국내 유일의 3층법당 미륵전이 있다. 이 건물은 경남 창녕의 관룡사 대웅전, 경남 양산의 통도사 대웅전, 충북 보은의 법주사 팔상전 등과 함께 현존하는 다포계양식(조선 중기)건축물로 국보 제62호로 지정되어 있다. 미륵전은 백제 법왕 원년(599) 진표율사에 의해 창건되어 신라 5교의 하나였던 법상종의 본산을 이룬 금산사의 건물로 세워졌다. 그러나 임진왜란 때 불타 현재의 건물은 조선 인조 13년(1635)에 수문대사가 재건한 것이다. 규모는 1층과 2층이 정면 5칸, 측면 4칸, 3층은 정면 3칸, 측면 2칸으로 팔작지붕을 얹은 다포집이다. 총높이는 약 20m, 아래층의 기둥높이 약 4m, 내부의 가장 높은 기둥이 13.3m, 아래층 넓이는 약 88평, 처마밑 넓이는 143평에 이른다. 내부에는 미륵보살입상과 좌우협시보살 등 3존불을 모시고 있는데 미륵보살은 높이가 11.8m로 동양 최대 규모이다. 좌우협시불인 묘향, 법륜 두 보살상도 각각 8.8m의 높이가 된다. 건물의 정면은 서쪽을 향하고 있다. 바닥은 거대한 자연석으로 초단을 쌓았으며 건물 기둥은 자연의 굵은 통나무를 사용하여 소박한 느낌의 조화를 이루고 있다. 정면 1층에 대자보전, 2층에 용화지회, 3층에 미륵전의 편액의 걸려 있다. 최근 외벽에 보호를 위한 겉집을 쌓아 우람한 모습을 한눈에 가름할 수 없어 아쉽다.

이며 상대도 한개의 돌로 이루어짐. 각종 무늬가 아름답다.

● 석련대—보물 제23호. 통일신라 때 작품으로 높이 1.67m. 둘레 10m. 거대한 모습이 한개의 돌로 제작되었다.

● 혜덕왕사진홍탑비—보물 제24호. 고려 때 작품. 귀부와 비신이 완전하게 남아 있다. 이수는 원래 없던 것으로 여겨진다.

● 오층석탑—보물 제25호. 높이 7.2m. 전설에 견훤이 건립했다고 하며 고려 때 작품.

● 석종—보물 제26호. 방등계단 위에 얹혀져 있다. 화강석으로 된 고려 초기 때 작품. 높이 2.27m.

● 육각다층석탑—보물 제27호. 고려시대 작품. 오석으로 제작됨. 높이 2.18m.

● 당간지주—보물 제28호. 통일신라 때 작품. 가장 완전한 형태로 평가받고 있다.

● 심원암 북강 삼층석탑—보물 제29호. 고려 때 작품.

● 대적광전—보물 제476호로 지정되었던 건물이나 실화로 불타 복원중. 단층 목조에 정면 7칸, 측면 4칸 규모.

가이드

◉ 교통

● 철 도—호남선 이용, 이리역 하차.

● 고속 버스—서울 강남터미널 호남선 이용 김제시 하차(3시간 10분 소요).

● 시외 / 직행—김제시까지 전주, 부안, 이리, 군산, 고창, 대전, 성남에서 직행버스 운행. 김제~금산사행 직행버스 운행(30분 소요).

● 기 타—시내버스도 수시운행.

◉ 숙박

금산사 입구 여관, 여인숙 다수. 김제시내에도 장급여관 10여 개 업소.

◉ 메모

● 특산 명물—청도리 감, 순채, 쌀, 역골 갈퀴

● 향토 미각—내세울 만한 업소 없음.

● 기타 사항—벚꽃명소로 널리 알려짐.

입장료—어른 9백원, 군인 · 학생 5백20원, 어린이 3백원.

무등산 증심사

광주직할시 동구 운림동 56

무등산의 대표적인 사찰 증심사

광주직할시의 진산 무등산(無等山)은 백제 때는 무돌, 무당산으로 불렸고 신라 때 무진악(武珍岳)·무악(武岳), 고려 때 서석산으로 불렸다. 무등산은 전남지역의 소백산맥 지맥중에서는 가장 높은산(해발 1,187m)으로 정상인 천왕봉·지왕봉·인왕봉의 세봉우리를 중심으로 웅장하게 버티고 서서 서북부 평야지대에 펼쳐진 광주시가를 감싸주고 있다. 그러나 대부분지역이 육산(肉山)으로 유순한 산세를 지녀 남녀노소 누구나가 2~3시간이면 정상을 오를 수 있다. 반면

무등산 북쪽 기슭에 위치한 원효사 지장전

주봉의 입석대, 서석대, 투구봉, 선두암, 문바위 삼존석 등은 기암과 단애로 이루어져 소문난 명소의 절경 못지않은 장관을 꾸며놓고 있다. 무등산은 1백53과 8백97종의 온대 남부식물이 고루 분포되어 서식하고 있는 것으로 알려져 있는데 철따라 갖은 꽃이 만발한다. 특히 봄의 진달래, 여름의 녹음, 가을의 단풍과 억새가 장관이다. 겨울도 남부지방에서는 좀처럼 보기 힘든 빙화와 설화가 만발하여 설경도 절경을 이룬다.

지난 1972년 도립공원으로 지정된 무등산은 산봉과 계곡, 폭포 등 자연경관 외에도 각종 문화자원이 가득하다. 무등산에는 원효·의상·철감·지공·나옹대사 등 고승들의 자취가 담긴 유적과 고경명, 충장공 김덕령 장군, 송강 정철 등 명인의 유적지가 남아 있다. 무등산 기슭에는 증심사(證心寺)를 비롯, 약사암, 원효암 등 사찰들도 여러 곳이 있다. 무등산의 문화유적 중 대표적인 곳으로 꼽히는 증심사는 신라 법흥왕 4년(581) 또는 헌안왕 4년(860) 철감국사가 창건했다고 전하는 고찰로 무등산의 서쪽 기슭에 위치하고 있다. 증심사는 고려 때 혜초국사, 조선 세종, 광해군 때 등 여러 차례에 중창되었는데 정유재란과 한국전

보물 131호인 증심사 비로자나불 좌상

쟁 때 불타 오백전과 사성전만 남았다. 현재의 건물들은 최근 수차례 중건 끝에 조성된 것이다.

그러나 경내에는 고려 때 작품인 5층석탑을 비롯 보물 제131호로 지정되어 있는 철조비로자나불좌상, 3층석탑, 오백전, 석조여래입상, 7층석탑 등 불적이 많이 남아 있다. 근처에는 아름다운 계곡이 있다.

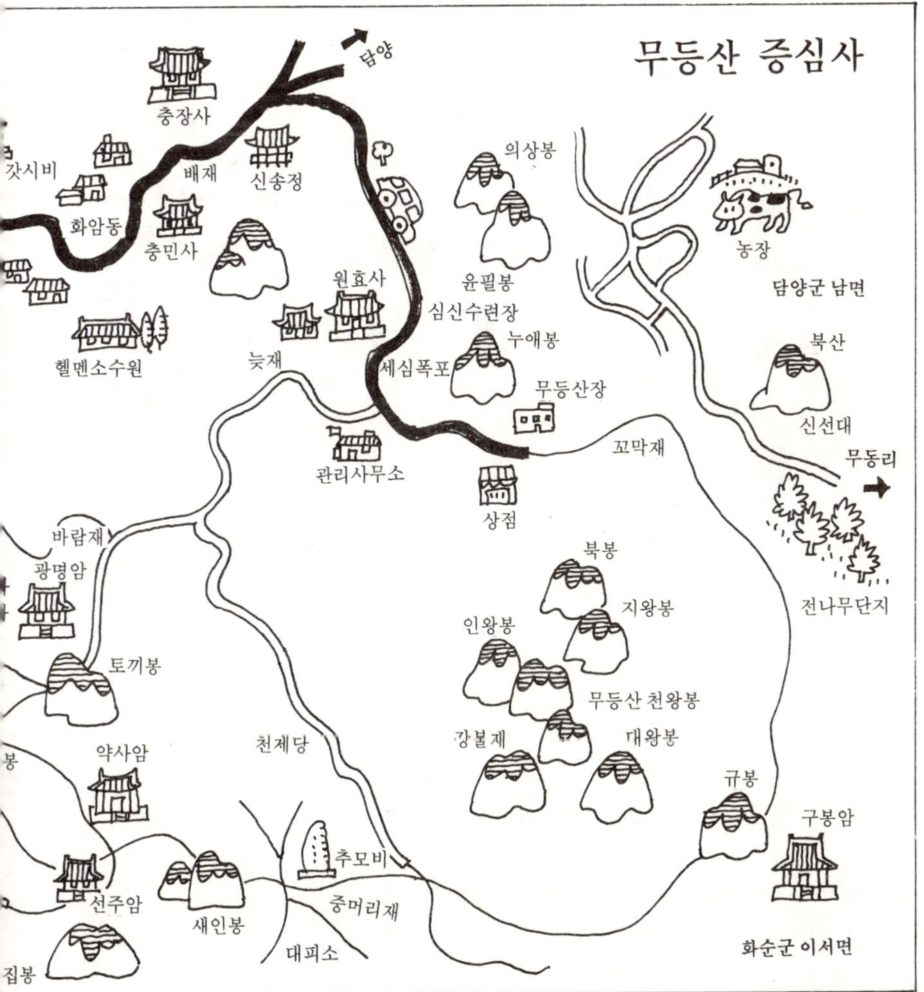

◉ 명 소

● 증심사 철조비로자나불좌상―보물 제131호. 통일신라 때 작품. 높이 90cm. 원래는 광산군 서방면 동계리(현 광주시 지산동)에 있던 것을 1934년 옮겨 왔다.

● 약사암 석조여래좌상―보물 제600호. 높이 2.5m 통일신라시대 작품. 화강석으로 조성되어 있다.

김덕령 장군을 모신 충장사

- 증심사 3층석탑－높이 3.2m. 대웅전 뒤에 위치. 통일신라시대 양식을 충실히 따르고 있으며 통일신라 때 작품으로 추정하고 있고 지방유형문화재 제4호.
- 5층석탑－노전옆에 위치. 고려 초기 때 작품. 1933년 해체복원시 금동불상 2구, 철탑, 철불 2구, 청옥세주 23개 등이 발견되었으나 한국전쟁 때 유실되었다.
- 오백전－오백나한을 모시고 있고 조선 초기의 건물이다.
- 석조보살입상－고려시대 작품으로 추정된다.
- 7층석탑－조선 중기시대 작품으로 추정된다.
- 노전－사성진이라고도 부른다.

가이드

◉ 교통

- 항 공－광주공항까지 서울, 제주, 부산간 연결됨.
- 철 도－호남선 광주행 이용, 광주역 하차, 새마을 1회 왕복, 무궁화 2회 왕복, 통일호 2회 왕복.

알아둡시다 · 충장사

충무공과 왜적을 무찌른 김덕령 장군

호남의 웅도 광주직할시 중심부에는 충장로라는 도로명이 있다. 이는 조선 선조 때 일어났던 임진왜란 당시 충무공 이순신 장군과 수륙연합군을 편성하여 왜적을 무찌른 김덕령 장군의 시호를 따서 붙인 이름이다.

광주의 진산 무등산중턱 배재에는 충장사가 있다.

광주직할시 북구 금곡동에 속해 있는 배재는 김덕령 장군의 조상들이 모셔져 있던 묘터로 지금은 김덕령 장군 유적보존회가 1975년 건립한 충장사가 위치하고 있다.

충장사는 사당과 내삼문, 외삼문, 동재, 서재, 은률비각, 유물관, 관리사무소, 연못 등으로 꾸며져 있다.

충장사 조성 후 인근에 있던 충장공묘소를 이장하기 위해 묘를 파니 4백여 년전의 수의와 유물이 고스란히 남아 있어 세상을 놀라게 했다. 당시 발견된 8점의 의복을 모두 민속자료로 지정, 보존되고 있다.

● 고속 버스 — 서울, 동서울, 성남, 의정부, 인천, 춘천, 부산, 울산, 경주, 포항, 대구, 대전, 청주, 수원, 전주, 진주에서 광주간 운행.

● 시외 / 직행 — 광주에서 여수, 목포, 해남, 완도, 대구, 김제, 논산, 이리, 진주, 전주간 직행버스 수시 운행.

● 기 타 — 광주시내에서 시내버스 수시운행. 시내에서 택시 20여 분 거리.

◉ 숙박

● 관광호텔 — 광주 그랜드, 광주 파레스, 신양파크, 국제관광, 씨티힐, 리버사이드, 광주관광, 그랑프리호텔 등 무등산 주변, 시내 중심부에 있음.

● 기 타 — 무등산, 시내전역에 장급여관 다수. 각종 숙박시설 다수.

◉ 메모

● 특산 명물 — 무등산 수박, 춘설녹차, 딸기, 북, 옹기, 붓, 각궁, 목각, 한지 등.

● 향토 미각 — 애저탕, 무등산 닭죽, 용봉탕. 무등산집(추어탕), 중앙식당(닭백숙), 송죽헌(한정식) 유명.

무등산 등산코스 : 주차장~무등산장~꼬막재~장불재~증심사 약 5시간 소요(일요일 서석대 개방됨).

반야산 관촉사

충남 논산군 은진면

은진미륵으로 이름난 관촉사 경내

백제의 흥망성쇠를 건 일전을 벌였던 황산벌이 펼쳐지는 논산은 동북으로는 계룡산, 대둔산, 노성산 등이 연이어 솟아 있고 서남쪽은 광활한 들판이 펼쳐지는 천혜의 고장이다. 충남의 곡창으로도 꼽히는 곳이다. 또한 '은진미륵'과 '제2훈련소'로 전국에 이름이 알려져 있다.

논산군의 서남쪽에 솟아 있는 나지막한 봉우리 반야산(해발 1백m) 동북쪽 기슭에는 은진미륵을 모신 사찰로 널리 알려진 관촉사가 있다. 대한불교 조계종 제6교

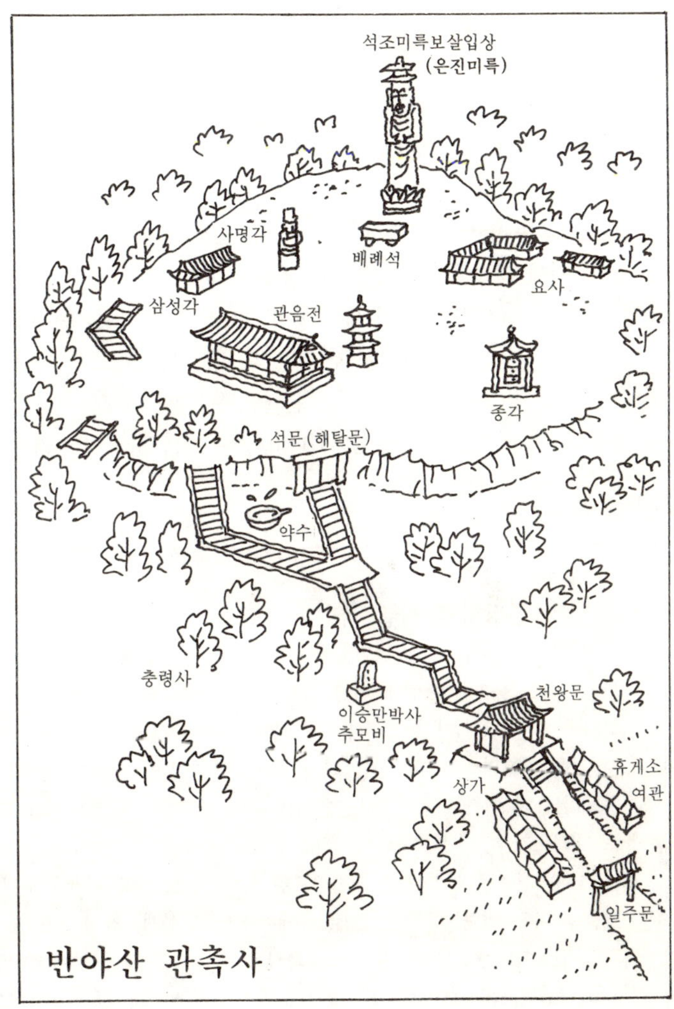

구에 속한 관촉사는 마곡사의 말사. 그러나 규모는 뒤지지만 명성은 마곡사에 결코 뒤지지 않는다. 관촉사는 고려 광종 19년(968년) 혜명대사가 창건하여 우왕 때와 조선 선조, 현종 때 각각 중수한 고찰로 경내에는 보물급 문화재인 석조미륵보살입 상과 석등을 비롯 배례석, 석문, 탑, 삼성각, 사명각, 관음전 등을 지니고 있다. 은 진미륵으로도 불리는 석조미륵보살입상은 석불로서는 동양 최대 규모를 자랑한다.

고려 광종19년(968)에 착공하여 38년만인 목종9년(1006)에 완성한 이 대불은 관촉사 경내에 동남방을 향하여 서 있다. 규모는 신장 16.08m, 둘레 9m, 귀의 길이 3.3m, 눈과 눈 사이 1.8m, 입 1.06m, 갓의 높이 2.43m이다. 이 미륵은 얼굴이 네모지고 길어 비례감과 균형이 없는 특이한 모습을 하고 있다. 전설에 의하면 고려 광종 때 어느 할머니가 고사리를 뜯으러 반야산에 갔다가 어린아이 울음소리를 들어 달려가니 큰 돌이 땅에서 솟아나고 있었다. 이를 관가에 알려 결국 임금까지 알게 되자 임금은 신하를 모아 회의를 한 결과 땅에서 솟아난 바위로 석불을 조성하기로 했다. 이에 혜명대사에게 명하여 불상을 세우도록 했다. 석불의 완성을 앞두고 혜명대사는 그 규모가 너무 커 세울 방법에 고심을 하고 있는데 어느날 꿈속에 동자들이 나타나 큰돌을 세우고 흙으로 덮은 후 다시 윗부분의 돌을 굴려 올린 후 흙을 파내는 흙장난을 보여 주었다. 이를 본 혜명은 석불을 세울 방법을 비로소 깨닫게 되니 마침내 거대한 석불이 완성되었다고 한다. 이후 중국의 승려가 찾아와 중국 가

알아둡시다 · 노성참게

왕실에 진상했던 가을 특산품

드넓은 노성들판에 누렇게 벼가 익을 때면 계룡산에서 흘러내려 맑은 물이 이룬 노성천에는 참게잡이가 한창이다. 이 때에는 30여 리의 노성천에는 모닥불과 등불로 장관을 이룬다. 민물에 사는 참게는 여름이 제철인 바다의 꽃게와 달리 가을을 제철로 꼽는데 이는 가을이 되면 한여름 동안 상류에서 새끼를 낳고 살이 찐 후 하류로 내려오기 때문이다. 게는 갑각류의 십각목에 딸린 단미류로 한자로는 해(蟹)로 적는다. 게는 특이한 걷는 모습, 모양 신체구조로 인해 횡행군자. 무장공자 등의 별명을 지니고 있다. 종류는 꽃게, 홍게, 대게, 민꽃게, 참게 등이 있는데 크게 서식지가 민물이냐 바다냐에 따라 구분하기도 한다. 게요리는 구이, 게장, 포, 국, 튀김 등 다양한 조리법이 알려져 있지만 게장이나 생식을 할 경우 디스토미에 감염될 우려가 있다. 본초강목 등의 학서에서는 게가 위장병과 옷창, 산후복통 등에 좋고 게장 등은 근골을 상한 것을 다스린다고 적고 있다. 노성참게는 조선 초기 때부터 공주목 이산현의 특산물로 왕실에 진상품이었다. 진상품으로 썼던 참게는 크고 상처가 없는 암컷을 가려내고 정결한 아낙들이 게의 장을 긁어 항아리에 담아 보냈다고 한다. 노성참게는 다리털이 적고 무거우며 맛이 뛰어나며 특히 갑옷 속의 샛노란 게의 내장으로 만든 요리는 향긋하고 단맛이 있으며 입안에서 절로 녹아든다. 또한 가슴, 다리의 살은 담백한 맛을 지니고 있다.

주에도 큰 석불이 동쪽을 향하고 있어 서로 광명의 빛이 통하니 관촉이라 부르자고 하여 절이름이 관촉사가 되었다고 한다.

◉ 명소

- 석조미륵보살입상−보물 제218호. 은진미륵이라고도 함. 고려 광종 때 작품. 총 높이 18.12m. 허리 아래, 머리, 가슴 등 3개의 돌로 이루어져 있다.
- 석등−보물 제232호 사각형 화사석을 두어 사층탑 모습을 하고 있다.
- 연화배례석−지방유형문화재 제53호. 길이 1.5m. 폭 1m. 화강암으로 만듦. 고려시대 작품.
- 석문−돌기둥에 판석을 가로 놓은 문. 1963년부터 해탈문이라 부른다.
- 이승만박사 추모비−관촉사를 오르는 길목 좌측에 세워져 있다.
- 충령사−입구 좌측 산기슭에 위치. 한식 단층건물. 고장의 호국충령을 모신 곳.

가이드

◉ 교통

- 철 도−호남선 논산역 하차, 1일 새마을 3회 왕복, 무궁화 4회 왕복, 전라선 논산역 하차, 1일 무궁화 4회 왕복.
- 고속 버스−서울~논산간 운행(2시간 40분 소요) 대전, 이리, 전주행 이용후 직행버스로 갈아타도 됨.
- 시외 /직행−서울 서초동, 대전, 이리, 전주, 부안 등과 직행버스 연결.

◉ 숙박

- 관촉사 입구 도로변 상가에 소규모 여관, 여인숙, 여러곳 있음.

◉ 메모

- 특산 명물−딸기, 마늘, 땅콩, 대추, 인삼, 향어, 잉어, 을문이, 노성 참게, 율무차, 운모석, 죽세품, 성냥 등.
- 향토 미각−노성 참게, 황복 매운탕. 반월동지역 민물장어구이(낙원장, 대호식당)가 유명.
- 관촉사 입장료−대인 6백원, 군인·학생 3백원, 어린이 2백원.

백암산 백양사

전남 장성군 북하면 약수리

백양사 입구의 청계루와 연못

노령의 뿌리가 뻗어 내려 준령을 이루고 황룡강이 흘러 옥토를 이루는 장성은 전남의 관문으로 오랜 전통문화를 지켜온 예향으로 알려져 있다.

또한 18현의 한분으로 모시고 있는 하서 김인후 선생을 비롯 청백리 지지당 송흠, 아곡 박수량 등 숱한 인물을 배출한 인물의 고장이다.

이처럼 장성은 자연과 전통의 향기가 조화를 이루는 곳이다.

노령산맥이 서남으로 호남평야를 향해 내려서면서 이루어 놓은 걸작이 호남의 명

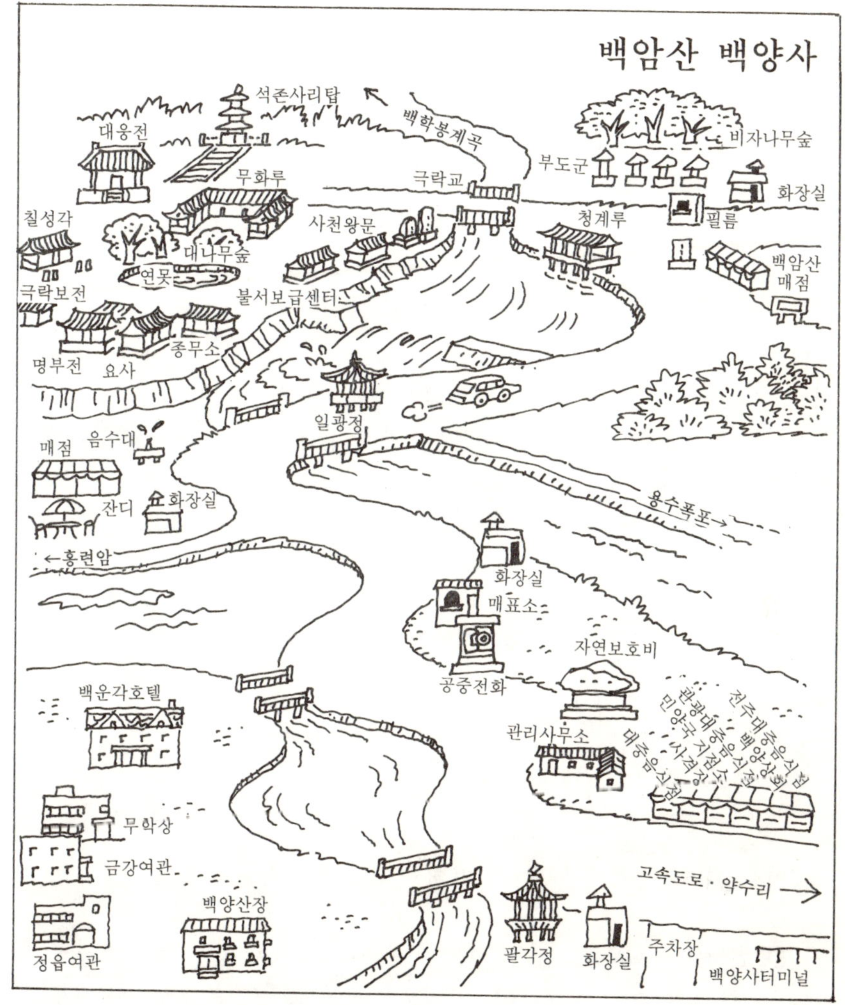

산 중 하나인 백암산이다. 내장산의 남쪽에 이어진 해발 741 m 의 백암산은 절묘한 학바위를 비롯한 기기묘묘한 암봉들이 도처에 솟아 있다. 또한 비자림을 비롯한 울창한 자연림이 빼곡히 들어차 기암과 어울려 장관을 이룬다.

백암산은 북쪽으로부터 백학봉, 도집봉, 상왕봉, 사자봉, 영취봉, 가인봉 등에 둘러싸여 연꽃모양을 이루고 있다. 이 연꽃모양 지세의 중앙에 고찰 백양사가 자리잡고 있다.

백암산 동쪽 기슭에 위치한 백양사는 대한불교 조계종 18교구의 본사로 불갑사, 불회사 등을 거느리고 있다. 이 절은 백제 무왕 33년(632) 여환선사가 창건하여 백암사라고 불렀고 고려시대에는 중연선사가 다시 짓고 정토사라 했다고 한다. 그후 조선 숙종 때 지안대사가 법회를 열 때 산에서 흰양이 내려와 이적을 베풀어 백양사라고 이름을 바꾸었다는 전설이 남아 있다.

경내에는 지방유형문화재인 극락보전을 비롯 대웅전, 사천왕문, 소요대사 부도, 명부전, 칠성각, 진영각, 범종루, 부처님 진신사리 8층탑, 쌍계루 등이 남아 있어 여전히 웅장한 옛모습을 보여주고 있다.

예부터 '춘백양 추내장'이란 말이 전하고 있다. 이는 봄철 4월이면 만개하는 백양사의 천연기념물 비자나무꽃, 입구의 벚꽃과 가을 내장사의 단풍을 두고 이른 말이다. 그러나 단풍도 '양은 내장, 질은 백양'이란 말이 전하고 있어 단풍 또한 뛰어난 곳임을 알 수 있다.

백양사는 푸른 비자나무 숲과 백암산의 상봉 백학봉의 오묘한 자태가 설경과 조화를 이뤄 눈이 부시도록 아름다운 겨울 경관을 자아낸다.

⊙ 명소

● 학바위 – 해발 651 m 백학봉에 있다. 백학이 공중을 나는 듯한 운치를 주는 바위. 조선 중종 때 천제를 지냈다고 한다. 해발 560 m 지점.

알아둡시다 · 장성호
영산강유역 농업개발사업의 결정

호남고속도로를 달리다가 전북 · 전남의 경계를 이루는 장성터널을 지나면 좌측으로 커다란 댐이 눈에 든다. 이곳이 영산강유역 농업개발사업으로 농업진흥공사가 담양 · 광주 · 나주댐과 함께 이룩된 장성댐이다.

1976년 완공된 장성댐을 점토형 사력댐으로 길이가 6백3m, 높이가 36m로 3개의 수문이 설치되어 있다.

이 댐으로 인해 전남 장성군을 비롯 광산군, 함평군, 나주군 일대 1만 2천280ha 유역을 차지하는 거대한 장성호가 조성 되었다.

농업용수개발을 목적으로 이룩된 장성호는 저수량이 8천 970만㎥에 이르며 만수면적은 687ha 이른다. 이곳 유역은 현재 관광지로 개발중에 있다.

● 영천암굴 – 학바위 아래 위치. 석간수 영천이 있다. 이곳 지명이 이곳 약수 때문에 생긴 것이라고 한다.

● 천제단 – 백양사 뒷편에 국제기라 새겨진 바위가 있다.

● 극락보전 – 지방유형문화재 제32호. 정면 3칸, 측면 3칸의 맞배집, 다포계 양식. 조선 중기 작품.

● 대웅전 – 지방유형문화재 제43호. 정면 5칸, 측면 3칸, 팔작지붕.

● 사천왕문 – 지방유형문화재 제44호. 정면 3칸, 측면 2칸, 맞배지붕을 얹고 있다. 조선 말기 작품.

● 소요대사 부도 – 지방유형문화재 제56호, 높이 1.58 m, 조선 중기 작품.

● 옥녀봉 – 해발 469 m. 백양사 남쪽 관리사무소 뒤에 위치. 수림이 울창하다.

● 도집봉 – 해발 722 m. 백양사 서북쪽 봉우리. 백학봉과 상왕봉 사이에 있다.

● 사자봉 – 해발 722 m. 백양사 서북쪽 봉우리. 영취봉과 상왕봉 사이에 있다.

가이드

◉ 교통

● 항 공 – 광주까지 이용가능, 서울, 부산, 제주에서 출발.

● 철 도 – 호남선 통일호 열차를 이용, 백양사역 하차. 무궁화호는 장성역에서 내려야 한다.

● 고속 버스 – 광주까지 이용(서울, 성남, 의정부, 인천, 부산, 춘천, 울산, 수원, 청주, 진주, 전주 등과 연결됨).

● 시외 / 직행 – 광주에서 직행버스로 1시간 소요. 장성읍에서도 수시 운행됨.

● 기 타 – 택시는 약수리에서 호출해야함(백양사에서 이용시).

◉ 숙박

● 관광호텔 – 백양관광호텔(61실)

● 기 타 – 장급여관 5동(124실), 상점 중에는 민박을 하고 있는 업소가 많이 있음.

◉ 메모

● 특산 명물 – 복분자술, 곶감, 잉어, 한천, 콩잎, 고가구, 도자기, 한지.

● 향토 미각 – 입구 상가에서 파전, 도토리묵, 복분자술 등을 팔고 있음. 장성읍 미락, 백년식당 한정식이 유명.

백암온천

경북 울진군 온정면 온정리

매끄러운 수질을 자랑하는 백암온천

　태백산맥의 주능선이 해안선을 따라 남쪽에 이르러 일월산, 통고산 등과 함께 솟구쳐 놓은 백암산은 해발이 1003.7 m 의 준봉이다. 따라서 모리시골, 정골, 운구골, 선시골 등 남대천의 근원이 되는 수려한 계곡이 펼쳐진다. 특히 백암산의 동쪽 기슭에는 부곡, 수안보온천 등과 함께 국내에서 천질이 뛰어난 알칼리성 방사능 유황천으로 알려진 백암온천이 있어 이름이 널리 알려져 있다.

　수온 40~52℃의 백암온천은 1970년대 말까지도 교통이 불편해서 찾는이가 적

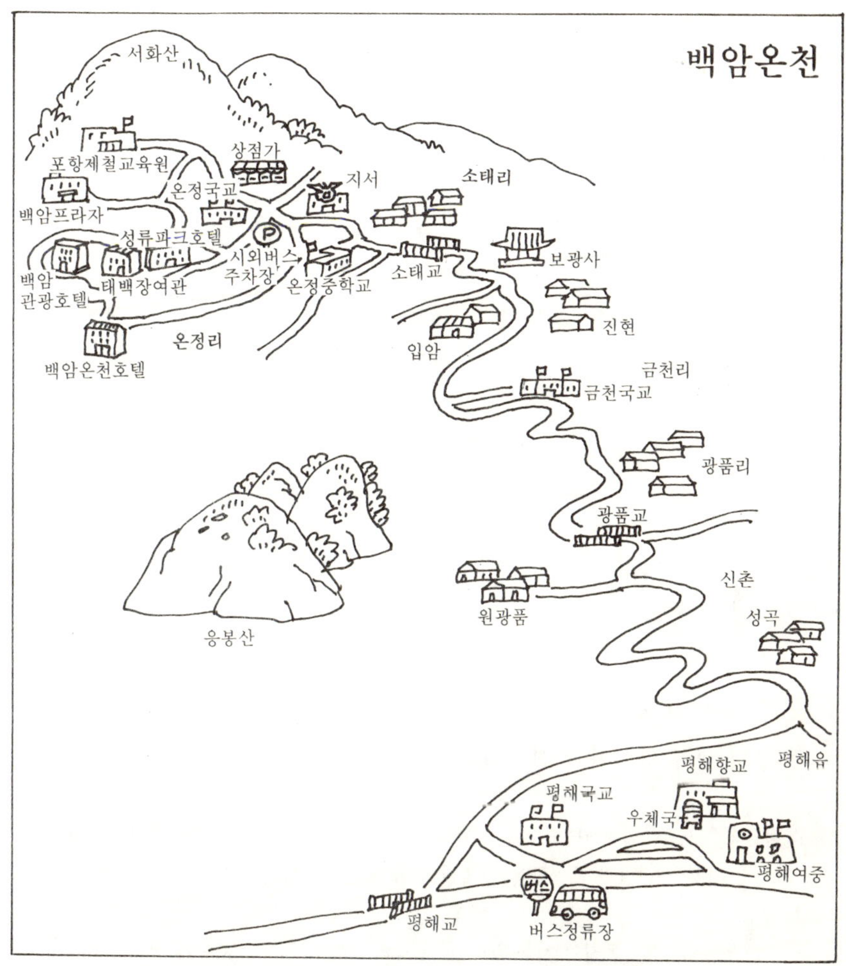

었던 곳이다. 그러나 '70년대 말경 동해안 고속화도로가 개통되고 '80년대 초 울진
현동간 36번 국도가 포장되면서 기반을 다졌고 관광호텔, 콘도미니엄 등이 건설되
면서 온천관광지로서의 명성을 굳혔다. 특히 동해와 인접한 지리적 여건으로 타 온
천장과 달리 여름 휴가철에도 인파가 몰리고 있다.

　동국여지승람에도 언급되고 있는 백암온천은 어느 사냥꾼이 사슴을 쫓다가 벼랑
에 떨어져 다친 상처를 근처 계곡에서 떠온 물로 씻고서 고치게 된 후로 알려지게
되었다고 한다.

일설에는 사슴을 쫓아가 보니 사슴이 김이 피어오르는 샘에서 화살의 상처를 치료하고 있어 발견을 했다고 한다.

그후 인근 백암사 스님이 돌을 쌓아 욕탕을 설치했고 고려 때는 현령이 욕탕을 지어 주민에게 개방했다고 한다.

그후 일제침략시대에 이르러 온천장이 하나 둘씩 들어서기 시작했다.

백암산은 옛날 기우제를 지내던 흰바위가 있었다고 해서 백암사라고 불리워지게 되었다.

백암온천 수에는 나트륨, 황산, 불소, 마그네슘, 칼슘, 철, 염소 등이 있어 위산과다 등 위궤양, 만성관절, 신경통, 외상, 만성부인병, 습진 등에 유효한 것으로 알려져 있다.

⊙ 명소

- 백암온천 — 방사능 유황천으로 무색, 무취로 약간의 단맛을 지니고 있다. 수온은 40~52℃.

알아둡시다 · 덕구온천

비경의 계곡 간직한 온천지대

울진읍의 북서쪽. 태백산맥의 주능선이 이룬 첩첩산중에 자리잡은 덕구온천은 응봉산 기슭에 위치한 절경의 계곡들을 지척에 두고 있는 절경지. 그러나 거리가 멀고 교통이 불편한 것이 흠이라 찾는이가 적다.

전하는 말에 의하면 온천이 처음 알려진 것은 약 6백년 전 어느 포수가 멧돼지를 쫓던 중에 멧돼지가 이곳에 이르러 온샘에서 상처를 치료하는 것을 보고 찾아내게 되었다 한다.

천온은 36~43도. 천질은 철천으로 색, 냄새, 맛이 없는 유화수소를 다량 함유한 알카리성 염천으로 알려져 있다.

이 온천은 피부병, 신경통, 당뇨병, 소화불량 등에 효과가 있는 것으로 보고되어 있다. 근처에는 용소폭포를 비롯한 각종 뛰어난 경관이 펼쳐지는 계곡이 있어 등산, 관광코스로도 각광을 받는다.

유명한 노천탕은 산 중턱에 위치하고 있는데 지금은 폐쇄되었다.

- 선시골 — 선미국교에서 백암산 북쪽에 이르는 골짜기. 선명동천, 개매소, 매미소, 용소 등의 비경이 숨어 있다. 길이 8km.
- 백암폭포 — 백암산 동쪽 계곡 모시리골에 위치. 높이 20m.
- 바둑바위 — 북동능선에 위치. 신선이 구름을 뜯어 바둑을 두었다는 곳.
- 고모산성 — 조선 선조 때 평해군수가 쌓음.
- 백암산성 — 신라시대 석성. 옛날 신라왕이 피난을 했다는 곳.
- 막원정 — 온정교 하류 400m 지점, 수월암이란 글씨가 새겨진 바위가 있다.
- 옥류천 — 막원정 아래 위치한 계곡, 각자들이 여러 개 남아 있다.

가이드

◉ 교통

- 항 공 — 대구, 예천 공항까지 이용가능.
- 철 도 — 포항, 대구, 동해까지만 이용가능. 중앙선 안동행 이용도 무난함.
- 고속 버스 — 포항, 대구, 동해까지만 이용가능.
- 시외 / 직행 — 안동(4회), 예천(1회), 영주(3회), 대구 동부(6회), 영덕(40분간격), 포항(19회), 경주(3회) 등에서 온정행 직행버스 이용. 울진읍~백암온천간 3분간격 운행(1시간 소요).
- 기 타 — 호텔, 관광시 비스 운행(시울지역). 서울 경우 어느 코스는 6~7시간 소요됨.

◉ 숙박

- 관광호텔 — 백암동해(1급, 162실), 백암관광(1급, 107실), 성류파크(2급, 158실).
- 기 타 — 고려온천장 등 장급여관 여인숙 많이 있음.

◉ 메모

- 특산 명물 — 죽변물회.
- 향토 미각 — 죽변물회, 산채 등 유명. 후포, 죽변에 전복죽으로 유명한 동심식당, 동해식당, 등대식당 등이 있음.

변산 채석강

전북 부안군 변산면 격포리

만권의 책을 쌓은 모습이라는 채석강

막내둥이 국립공원 변산은 서해로 튀어나온 특이한 반도지형에 산, 바다, 계곡 등 뛰어난 경관과 풍부한 문화자원을 고루 갖춘 산해절승(山海絕勝)의 관광보고이다. 특히 해안선과 산악준봉에는 절경들이 많아 여름철이면 언제나 피서객의 행렬이 이어진다. 변산은 크게 내변산과 외변산으로 나뉜다. 일부에서는 여기에 해변산을 넣어 구별하기도 하고 아예 '바다의 변산' '산의 변산'으로 나누기도 한다. 외변산은 널리 알려진 내소사, 월명암 등의 문화유적과 변산해수욕장, 채

석강(彩石江), 적벽강(赤壁江) 등의 명소를 지니고 있다. 내변산은 기상봉(해발 5백 8.6m)을 중심으로 좌우에 솟은 옥녀봉, 쌍선봉을 잇는 험준한 산악에 감추어진 옥녀탕, 직소폭포, 봉래구곡, 중계계곡 등 아직도 덜 알려진 절묘한 경관들이 무진장 널려있는 숨은 관광지의 보고이다. 망망 대해를 이루는 서해가 한눈에 바라다보이는 닭이봉(鷄峯) 아래에는 단애와 기암이 억만 년 동안 비바람과 파도에 씻기어 이루어진 자연이 빚어낸 걸작품 채석강이 있다.

지방기념물 제28호로 지정된 이곳은 중국의 시성 이태백이 풍류를 즐기다가 물에 비친 달빛 모습에 반하여 물로 뛰어들었다는 천하 제일의 경승지 채석강과 흡사한 모습의 경승지. 이 때문에 이름이 채석강이 되었다. 채석강은 기묘한 해식단애의 모습이 마치 만권의 책을 쌓아 놓은 모습이다. 이는 이곳 부근의 지질이 선캄브리아기에 속한 화강암과 편마암이 기저층을 이루고 중생대 백악기에 퇴적한 세일과 석회질 세일, 사석 등이 와층을 이루고 있기 때문이다. 이로 인해 단층과 습곡이 유난히 발달하여 아름답고 절묘한 절벽을 이루어 놓게 되었다. 채석강의 오른쪽으로 펼쳐지는 백사장은 여름철에 해수욕장으로 이용되는데 인근 변산해수욕장과 달리 다소 한산하여 한동안 사람들이 몰리자 어느새 격포해수욕장이란 이름으로 불리게 되었다. 이 백사장이 끝나는 지점에 또 하나의 놀라운 모습을 펼쳐내는 적벽강과 수성당이 위치한다.(현재는 일반인 출입금지) 채석강은 소문난 데이트 명소로 알려져 언제나 주말만 되면 인근도시에서 몰려온 연인들로 가득 메워진다. 채석강의 바위에는 해삼, 멍게 등의 해산물을 파는

알아둡시다 · 내변산

삼십리 심산유곡 숨겨진 내변산

바다와 인접한 심산유곡이 펼쳐진 내변산은 변산8경의 하나이며 이곳 제일의 경관인 직소폭포로부터 시작된다.

내소사로부터 약 1시간 거리에 위치한 직소폭포는 30여 m 의 높이에서 흰포말을 일으키며 일직선으로 물기둥을 내려 뿜는 장관을 연출한다. 직소폭포 주변은 깎아지른 절벽과 계곡미가 뛰어나다. 폭포아래 시퍼런 깊은 소는 실상 용추로 불린다. 실상 용추에 고였던 계류는 제2, 제3폭포를 이루며 아래로 흘러내려 옥녀담, 분옥담 등의 절경을 꾸며준다.

맑은 물이 구슬처럼 흐르는 듯한 봉래구곡은 넓은 반석 위에 새겨진 명필의 각자와 흰 반석에 웅덩이를 이룬 모습이 가경이다. 봉래구곡 오른쪽에는 도장같이 생긴 모양의 도장바위(인장암)가 보이며 숲을 나서면 변산의 4대 사찰이었던 실상사지가 남아 있다. 이어 사자동을 거쳐 중계동에 이르게 되는데 중계리는 변산 제일의 오지중 하나로 마을사람들이 백천내라고 부르고 있는 비경 중계계곡이 자리잡고 있다. 서운암 · 학바위 등 기기묘묘한 검은색 기암괴석과 맑은 계류가 어우러져 중계리 석문동, 군막동을 거쳐 해창까지 4㎞의 아름다운 계곡을 이룬다. 그야말로 인적이 닿지 않은 자연미가 그대로 간직된 한폭의 산수화를 연상케한다. 직소폭포 ─중계리를 잇는 삼십여 리 계곡은 울창한 수목이 가득했던 곳으로 한때 궁재와 조선재를 조달했던 곳. 바다와 산을 동시에 즐길 수 있는 관광지이다.

좌판행상이 3~4개 곳이 있어 관리인의 눈을 피해가며 관광객을 유혹한다. 닭이봉을 오르면 휴게실을 겸한 전망대가 있다. 이곳에서 채석강, 격포항 등 아름다운 해안선을 한눈에 볼 수 있다. 채석강의 경관은 일몰 때의 노을과 붉은 빛이 절벽에 반사된 오색찬란한 정경을 백미로 꼽는다.

⊙ 명 소

● 채석강−중국시성 이태백이 경치에 반해 죽었다는 중국의 채석강을 닮았다는 명승지. 기묘한 모습과 색깔을 지닌 암반이 단층을 이루며 바다와 이어져 있다.

● 격포해수욕장−일명 채석강해수욕장으로도 불린다. 백사장 길이 1.1km, 수심 만조시 2.5m. 경사도 14℃, 송림, 백사장이 보통이다.

● 닭이봉−해발 80.7m. 정상에 횟집을 겸한 전망대가 있으며 격포항이 한눈에 보이고 해안선과 서해의 모습이 장관이다.

● 격포항−채석강과 닭이봉을 사이에 두고 있는 어항으로 수협위판장과 횟집이 많이 있어 신선한 회를 즐길 수 있다.

가이드

⊙ 교통

● 철 도−호남선 이용, 김제역 하차. 김제에서 채석깅긴은 직행버스 이용.

● 고속 버스−서울~김제간 고속버스 수시운행.

● 시외 /직행−부안읍에서 격포행 수시운행, 부안까지 서울, 이리, 전주, 대전, 등지에서 수시운행. 김제시에서도 이용가능.

● 기 타−전망대가 위치한 닭이봉까지 승용차 진입가능.

⊙ 숙박

● 민박 7호, 49실(220명 수용), 문의(0683)82~8950.

⊙메모

● 특산 명물−고추, 김, 백합, 도자기 등.

● 향토 미각−백합조개 유명 계화면 의복리 간척지에 초막횟집의 백합죽이 유명.

● 기타 사항−바다낚시 · 농어, 우럭, 돔, 노래미 전망대 경관 뛰어남. 입장료 있음.

보길도 고산유적

전남 완도군 노화읍 부용리 일원(보길도)

고산유적지 부용동

　육지부의 종점 해남반도와 연육된 완도는 남쪽의 대부분 지역이 다도해 해상국립
공원으로 지정되어 있는 천혜의 절경지이다. 도처에 푸른 바다와 울창한 숲, 기암단
애가 어우러져 장관을 이룬다. 완도군은 국내 6번째 규모의 완도를 중심으로 유인
도 55개와 무인도 146개로 이루어져 있다. 완도군은 주도상록수림, 명사해수욕장,
정도리해변, 예송리, 상왕봉, 금당8경 등 자연경관과 청해진 장보고유적, 묘당도 이
충무공유적, 보길도 고산 윤선도유적 등 많은 유적 유물을 지니고 있다. 완도 동남

쪽 뱃길로 두시간 거리에 위치한 보길도는 아직도 자연의 모습을 곳곳에 간직한 아름다운 섬. 조류 작용에 의해 다듬어진 작은 조약돌로 이루어진 해변과 기암절경의 해안, 천연기념물로 지정된 상록수림 등 곳곳에 절경이 남아 있다. 보길도(甫吉島)는 어부사시사의 산실로 유명하다. 이곳은 조선 인조 14년 병자호란 때 왕이 삼전도에서 항복한 것이 전해지자 은거를 결심한 고산 윤선도가 제주도로 향하던 중 심한 풍랑으로 중도에 정착하여 인연을 맺게 된 곳이다. 보길도의 절경을 보고 한눈에 반한 고산은 부용동 격자봉 아래 낙서제를 짓고 지냈으나 서인파의 흉계로 귀양을 가야했다. 귀양에서 풀려나 본가인 해남주변에서 지내던 고산은 다시 보길도에 돌아와 풍류를 즐겼다. 이때 부용동 주변에 동천석실을 만들고 낭금계에 곡수당을 지었으며 세연지를 꾸몄다.

왕의 부름으로 한양을 오가면서 부용동에서 어부사시사를 지으며 여생을 보내던 그는 또다시 귀양을 가게 되어 마지막 귀양은 81세 때 풀려나게 되었다. 다시 보길도로 돌아온 고산은 돌아온지 4년째 되던 해에 생을 마쳤다.

고산이 이곳에서 지은 40수의 어부사시사는 봄, 여름, 가을, 겨울 각각 10수씩으로 나뉘어져 있는데 주옥같이 고운 문장은 그의 대표작으로 꼽아도 손색이 없다.

부용동은 고산이 지은 이름으로 지금은 학교 옆에 옛터가 남아 있다.

◉ 명소

- 낙서재 – 격자봉 아래 세워졌던 고산의 생활중심지. 약 1천5백 평 규모로 현재는 터만 남아 있다.
- 동천석실 – 낙서재 정북쪽에 위치. 해발 2백m의 높은 곳에 높이 10m 이상의 암벽을 깨뜨려 축대를 쌓고 그 위에 작은 집과 연못을 만들고 석실을 꾸몄다.
- 세연정 – 중앙 축대 남쪽에 위치하던 정자. 옆에 큰 연못을 만들었다. 고산이 시를 짓던 곳이다.
- 굴뚝다리 – 정대로 건너가기 위해 만들어진 다리로 넓은 돌을 사용하고 다리부분은 굴껍질을 태운 생석회를 발랐다.
- 소은병 – 낙서재 뒤편에 위치한 병풍모양의 바위.
- 낭금계 – 곡수대와 회수대 부근에 위치한다. 인공으로 판 네모진 연못이 세곳이나 있다.
- 곡수대 – 낭금계를 바라다볼 수 있는 지점. 정면의 석축안에 3개의 구멍이 있고 그 구멍 옆에 연못이 있다. 연못 속에 짐승모양의 바위를 넣고 감상했다고 한다.

고산유적지 부용동

돌미역을 손질하는 가족

● 예송리 상록수림 — 천연기념물 제40호. 수령 2백년 이상의 노거수가 740m 해안에 자생.

● 예송리해수욕장 — 길이 7백m, 폭 30m. 우암 송시열이 제주도 귀양길에 들렸던 곳. 상록수림과 조약돌 해변이 유명하다.

● 중리해수욕장 — 중리 나루터 남쪽해안. 백사장길이 1km, 폭 20m, 면적 2만 ㎡ 경사도 2도, 평균수심 1.5m.

가이드

⊙ 교통

- 항 공 － 광주까지 이용 가능.
- 해 운 － 관광선 2척이 중리에 있음.

완도항~노화항(1시간 소요, 1일 4회), 노화에서 도선선 수시 이용 가능.

보길도의 해안

파란만장한 일생, 선비정신의 귀감

어부사시사의 작가 고산 윤선도는 조선 선조 20년(1587년) 서울에 살던 부정 벼슬에 있던 윤유심의 둘째아들로 태어났다. 고산은 직제학, 승지, 호조참판, 대사헌, 형조판서 등을 지낸 낙촌 윤의중의 손자이다. 그러나 해남 종가 숙부인 윤유기의 양자가 되었다. 남인으로 26세 때 벼슬에 오른 고산은 재야중에 북인이던 이이첨, 영의정 박승종, 왕족 등의 죄상을 상소하여 세상을 놀라게 하였으나 그 때문에 8년간이나 경원 땅으로 귀양을 가게 되었다. 인조반정으로 사면된 후 봉림, 인평대군의 사부가 되었으나 서인들과의 반목으로 벼슬을 버리고 귀행했고 후에 다시 영덕, 삼수 등에서 귀양살이를 해야만 했다. 조선 현종 12년(1671) 적거지였던 보길도에서 생을 마친 그는 이조판서로 추증되었다. 자는 약이, 호는 고산, 시호는 충헌, 본관은 해남이다. 저서로 남긴 『고산유고』가 유명하다. 시조작가로도 알려진 인물이다.

고산유적지 화수담

- 고속 버스 — 광주까지 이용 가능.
- 시외 / 직행 — 완도까지 광주, 강진, 목포, 여수 등지와 직행버스 연결됨.
- 기 타 — 보길도 내에는 버스 1대와 택시 2~3대 뿐임(시간, 요금 확인요).

◉ 숙박

- 중리 민박 4호 12실 60명 수용. 문의(0633)53~6233.

예송리에도 민박 약간 있음. 야영 가능.

◉메모

- 특산 명물 — 김, 미역, 해조류 가공품, 어류 등.
- 향토 미각 — 도미회, 갓소박이 유명. 완도읍 군내리의 제일식당 전복죽이 유명.
- 중리 — 낚시배 20척, 낚시터 3개소 일주선박 대절가능.

보문관광단지

경북 경주시 신평동

보문호의 유람선 선착장

  고대와 현대의 만남으로 신라의 맥을 잇는 전통과 현대감각이 어우러져 일관된 조화를 이루는 전천후 종합관광지. 이것은 경주 관광종합개발 사업의 일환으로 지난 74년도부터 추진해온 보문관광단지의 모토(Motto)이다.

  지난 1979년 4월 개장한 보문관광단지는 이미 세계적인 종합위락관광단지로 명성을 얻고 있다. 보문단지는 신라 천년의 역사를 간직한 거대한 지상박물관으로 경주시가지 동쪽에 솟은 해발 260m의 명활산과 황룡산 기슭에 위치한다. 그림처럼 아름다운 40여 만 평 규모의 보문호를 중심으로 320만 평 규모의 분지에 조성된 보문관광단지는 깔끔한 주변 분위기와 다양한 각종시설을 모두 지닌 이상적인 명소이다. 이곳은 경주를 찾는 외국관광객이 직접 참여하여 즐기는 관광지로 탈바꿈하려는데 목적을 두고 조성되었다.

그러나 이용실적이 의외로 저조하자 다시 국제 규모의 국민관광휴양지 개발 전환을 모색하고 운동 및 위락시설 확충을 통해 이용율 증가와 활성화를 이루었다. 보문관광단지는 수학여행, 신혼여행, 가족여행의 명소로도 이름을 떨치고 있다.

보문단지는 관광센터를 중심으로 특급호텔들과 콘도미니엄, 카지노, 극장식당, 향토음식점, 종합위락시설인 도투락월드, 상가, 소동물원, 유선장, 면세점, 상가 등 각종 편의시설이 마련되어 있다.

또한 호수가 주변에는 각종 꽃과 운동시설이 마련되어 있어 단체 및 가족들의 행렬이 끊이질 않는다. 특히 봄이 시작되는 4월경 보문호 일대는 벚꽃의 장관이 펼쳐진다. 단아한 한식 단층건물과 현대식 호텔건물로 꾸며진 보문단지는 상가, 관광센터, 터미널, 관광교육원 등 공공시설이 7.3%를 차지하며 호텔, 여관 등이 5.2% 운동 및 위락, 오락시설이 26.5% 보문호, 공원, 도로 등이 51.8%를 점유하는 이상적인 구성비로 꾸며졌다. 경주관광객의 65%를 흡수하는 이곳은 최근 3개년간 경주시보다 관광객 증가율이 늘어나고 있다. 그러나 관광객의 94%가 내국인이며 외국인은 6%에 불과한 실정이다. 또한 이곳은 매년 봄의 4, 5월과 가을의 10월에 절반 이상의 관광객이 몰리고 있어 최근 발견된 온천장을 개발하는 등 사계절 전천후 관광지로 만들기 위해 애쓰고 있는 중이다.

⊙ 명소

● 관광센터 - 단지 중앙에 건립된 국제회의장. 지하 1층. 지상 3층으로 9백명을 수용하는 대회의장을 비롯 소회의실, 관광안내소, 우체국, 커피숍 등이 있다.

● 보문호 - 48만 평 규모의 대호수로 덕동호와 이어져 있다. 백조호가 호수 위를 떠다니며 주변에는 호텔, 콘도미니엄, 골프장, 운동공원, 낚시터 등이 있다.

● 물레방아광장 - 세계 최대 규모의 직경 13m 물레방아와 국내 제일의 높이 14m의 인공폭포, 첨성대, 꽃탑 등이 있다.

● 경주조선호텔 - 300실의 호화객실과 36홀의 골프장, 반월성대연회장, 한식당, 실내외 수영장, 각종 레스토랑, 나이트클럽, 볼링장, 가족공원 등을 갖추고 있다.

● 경주콩코드호텔 - 303실의 호화객실과 에메랄드대연회장, 디스코테크, 사우나,

세계 최대규모의 물레방아

수영장, 테니스장 등을 갖추고 백조호 유람선과 로맨스보트, 호반장(유선장)을 경영하고 있다.

● 한국콘도미니엄―지상 4층. 지하 1층으로 103실을 갖춤, 식당, 커피숍, 당구장, 탁구장, 테니스코트, 수영장 등이 있다.

● 여관지대―신라장여관, 보문장여관 등이 있다.

● 도투락월드―보문단지의 대표적인 종합레저시설로 위락 문화 교육 스포츠와 관련된 다양한 시설이 8만평 대지에 조성되어 있다. 경내는 방갈로타운, 국민야영장지구, 운동시설지구, 위락시설지구 등 4개로 구분된다. 주요시설로는 롯지센터, 단체숙소, 방갈로, 양식당, 민속식당, 중식당, 매점, 유희시설(정글마우스 등 10종), 수영장, 전자사격장, 카니발코너, 어린이왕국, 축구장, 배구장, 롤러스케이트장 등과

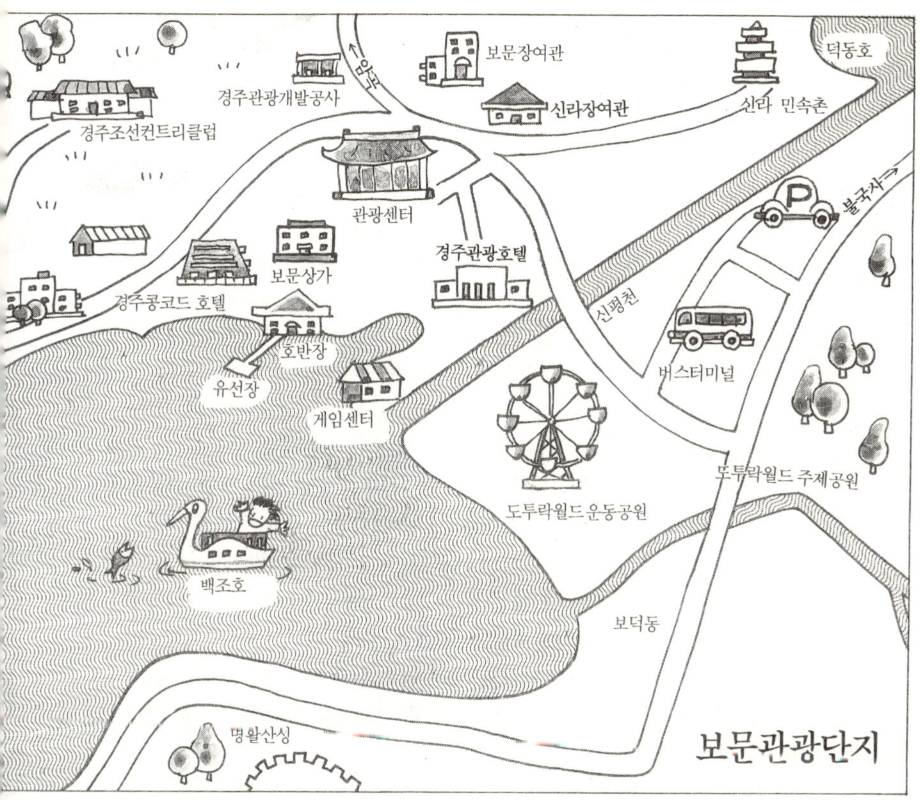

원숭이동산 공룡동산 등이 있다. 1985년 5월 개장.

● 관광교육원―한국관광공사에서 운영하는 호텔종업원 양성기관. 매년 250여 명의 호텔요원을 배출한다.

● 보문상가―32개의 각종 기념품점과 식당, 주점, 다방, 공룡의 집, 괴물의 집, 해양수족관, 민예품점, 오락실, 면세백화점 등이 구비되어 있다. 총 14동의 한식건물로 꾸며졌다.

● 소동물원―거구장 옆에 위치. 사슴 등 진귀한 동물들이 있다.

● 신라촌― 거구장 뒤에 조성중. 1989년 4월 착공. 민속촌과 국악원, 토산품 제조공장 등이 있다.

● 서라벌광장―보문골프장, 식물원, 가족동산, 사슴방목장 등이 있다.

알아둡시다 · **양동 전통민속마을**(경주군 안강읍)

5백년 역사를 지닌 전통민속 마을

문원공 회재 이언적 선생의 세가 여강 이씨와 경절공 손중돈 선생의 세가 월성 손씨가 모여 사는 양동마을은 5백년 역사를 지닌 전통 민속 마을. 지금도 마을 곳곳에 조선시대의 미풍양속과 값진 문화유산이 그대로 계승되고 있다.

낮으막한 설창산을 등에 업고 둥글게 펼쳐진 산기슭에 아담하게 펼쳐져 있는 양동 마을. 산지 구릉이 동서남북으로 뻗어 마치 물(勿)자를 닮은 형상을 꾸며놓고 있다. 울창한 숲을 이루는 산기슭과 계곡 사이에 크고 작은 150여 가옥과 15개소의 정자, 비각, 강학당 등 조선시대의 전통가옥이 가득 들어차 있는 이곳은 인근에 안락천과 형산강이 흘러 토지가 비옥하고 동해로 이어지는 수운이 열렸던 때도 있어 물자가 풍요했었다. 이곳에는 옛날 아산 장씨, 월성 이씨가 살았다고 전하며 근처의 야산 일대에서 발견되는 토기 파편과 고분군 등으로 미루어 보면 아주 오래 전부터 이미 촌락이 형성되었을 것으로 여겨지고 있다. 문헌에 의하면 여강 이씨인 이광호가 이 마을에 거주했으며, 그의 손서인 풍덕 유씨 복하가 처가를 따라 계거하였고, 유복하의 무남 독녀에게 장가를 든 월성 손씨 손소가 청송부근에서 살다가 처가집인 이곳으로 오게 되어 뿌리를 내리게 되었다고 한다. 또한 이광호의 5대 종손 이번이 손소의 7남매 중 장녀에게 장가를 들게 되어 영일에서 이곳으로 옮겨 살게 되었다고 적고 있다. 이 두 문중은 조선시대 이래 한 마을에서 의의를 돈독히 하며 살아왔는데 드물게도 조상들의 문화 유산을 잘 보조하여 지냈기 때문에 아직도 숱한 문화재가 남아 있다. 지금도 마을을 들어서는 길목 좌우로 펼쳐지는 산록의 곳곳에는 보물 3점, 중요민속자료 13점 등 국가지정문화재 16점과 지방유형문화재 4점, 지방기념물, 민속자료 각 1점씩 등 총 22점의 문화재가 산재한다. 이곳은 경주, 시, 군 지역에서는 유일한 조선시대 문화유적지로 전국에서도 극히 예가 드문 전통 민속 보존 마을의 하나로 알려져 있다. 그간 경주 일원의 신라 문화재의 위용에 가려져 빛을 보지 못하였으나 최근 안동 하회, 승주 낙안, 제주 성읍과 함께 조선시대 양반가의 참모습을 한눈에 알 수 있는 명소로 인식되면서 매년 정화사업과 문화재 보수지원사업을 벌이고 있어 옛 모습을 되찾아 가고 있는 중이다.

가이드

⊙ 교통

● 항 공 — 대구, 울산공항 이용 가능.

● 해 운—보문호수 유람선 운행(백조호).
● 철 도—경부선 새마을호 울산행 이용, 경주역 하차. 1일 2회 왕복. 동대구역 하차,
직행버스로 갈아탐.
● 고속 버스—경주간 서울, 대구, 대전, 부산, 광주와 연결. 보문단지행은 현재 운휴
중.
● 시외 /직행—청주, 강릉, 대구, 안동, 마산, 부산, 영주, 울산, 포항 등과 직행버스
연결됨.
● 기 타—호텔 버스 서울간 운행. 공항간도 운행중.

◉ 숙박

● 관광호텔—경주 조선(특1급, 300실), 콩코드(특1급, 303), 한국콘도미니엄.
● 기타—경주시내 중심부, 불국사 지역도 이용가능. 여관, 여인숙 다수.

◉ 메모

● 특산 명물—경주법주, 토기, 자기, 금석공예, 옥석공예, 자수정 등.
● 향토 미각—황남빵, 법주, 궁중전골, 배숙, 쑥굴레 등.
팔우정(해장국), 사대부식당(한정식), 포석정한정식 유명.
● 기타 사항—봄, 가을에 인파기 몰림.

봉미산 신륵사

경기 여주군 북내면 천송리

보물 제225호인 다층전탑

　여주읍 북동쪽 남한강변에 솟아 있는 자그마한 봉미산(鳳尾山) 기슭에 위치한 신륵사는 속칭 보은사, 벽절 등으로도 불리는 고찰이다. 일설에 신라 진흥왕 때 원효대사가 창건하고 고려 우왕 2년(1376) 나옹화상이 입적한 곳이며 각신, 각주 등이 중건했다고 전한다. 이는 다시 조선 세종 22년(1440)과 성종 4년(1473)에 크게 중수하였고 한때 영릉(세종대왕릉)의 원찰(願刹)이 되어 '보은사'라 바꾸어 부른 적도 있었다. 신륵사(神勒寺)는 임진왜란 때 극락전 등이 전화를 입어 현종, 숙종임금

때 보수한 적도 있다. 이곳 2천여㎡에 이르는 사찰, 강변지역은 국민관광지로 지정
되어 있어 인근 영릉, 고달사지, 도자기촌 등의 명승지와 함께 수도·근교의 관광지
로 널리 알려져 있다. 그간 신륵사 입구에 무질서하게 난립했던 상가들은 오는
1996년을 목표로 실시되는 정화사업에 의해 새로 조성된 신단지로 이전하여 환경이
크게 나아질 전망이다. 새로 조성된 단지에는 주차장 2개소, 화장실 10동, 상가 22
동, 관리사무소, 호텔 등이 들어서며 총 29만 7천8백23평이 개발될 계획이다.

◉ 명소

● 조사당(祖師堂)−보물 제180호. 대들보가 없는 무량(無梁)구조를 가지고 있
다. 정측면이 방형에 가까운 소규모 법당으로 정면 1칸, 측면 2칸의 단층 팔작지붕
이다. 조선 초기의 다포집 수법을 이어받은 건물로 조선 예종(1468) 때 지은 것으

로 추정. 1972년 해체 복원했다. 나옹화상 지공, 무학대사 영정을 모시고 있다.

- 다층석탑-보물 제225호. 극락보전 앞에 있다. 조선 초기인 성종 3년(1472)에 세운 것으로 추측되며 본래는 9층이던 것이나 임진란 때 일부가 파손되어 현재는 7층만(높이 3m)이 전한다. 이 탑의 양식은 서울의 원각사탑을 따르고 있다.
- 다층전탑-보물 제226호(1940. 7. 31). 원래는 고려시대에 세운 것이나 1726년 중수 때 크게 변형되었을 것으로 추측한다. 화강암과 전(塼)으로 쌓은 6층 혹은 7층탑이며 전(塼)에는 당초문(唐草紋)이 새겨져 있다. 총높이 9.4m로 장대석은 7단으로 3단의 돌로 된 단 위에 쌓은 것이다.
- 보제존자(普濟尊者) 석종-보물 제228호(1940. 7.31). 고려말 명승 나옹 보제존자의 화강암 묘탑. 고려 우왕 5년(1379)의 것으로 추정. 높이 1.9m.
- 보제존자 석종비-보물 제229호. 총높이 2.12m. 탑신 높이 1.21m, 폭 61㎝로 고려 우왕 5년(1379)에 세운 것이다. 몸체는 대리석으로 나머지는 화강암으로 되어 있다. 나옹선사의 기비.
- 대장각 기비-보물 제230호. 극락보전 서쪽 언덕에 있던 대장각에 대한 것을 적어놓은 비. 높이 1.33m, 폭 88m. 비면은 대리석. 귀부이수는 화강암이다. 고려 우왕 9년(1383)에 세운 것이다.
- 보제존자 석종암 석등-보물 제231호(1940. 7.31). 총높이 1.94m. 화개석(火舍石) 66㎝로 고려 말기 작품으로 추측된다. 화강암으로 된 높은 지대석은 한 개의 돌로 되어 있다. 묘탑 앞에 세워진 장식품이다.
- 강월헌(江月軒)-경내의 다층전탑이 있는 남쪽 강변에 솟은 절벽 동대 위에 1970년 세운 중층 6각 정자이다.
- 향나무-수령 500년·높이 5m, 둘레 13m의 크기로 무학대사가 기념으로 심음. 조사당 옆에 있다.
- 은행나무-수령 600년·높이 18m, 둘레 3.3m의 고목으로 나옹선사가 중국에서 짚고 온 나무지팡이를 꽂아 놓은 것이라는 전설이 전한다.
- 이 외에도 중층누각인 구룡루를 비롯한 종각, 봉향각, 묵당, 사리탑, 칠성각 등이 있다.

가이드

◉ 교통

- 해운-신륵사 입구 여강에 유람선 운행, 보트도 있음.

알아둡시다 · 영녕릉(英寧陵)
조선왕릉 제일의 명당지

경기 여주군 서면 왕대리에 위치한다. 사적 제195호로 지정된 이곳은 조선 4대 세종과 비 소헌왕후의 합장릉인 영릉(英陵)과 17대 효종과 비 인성왕후의 영릉(寧陵)을 말한다. 세종릉은 옛날의 광주에 속했던 서울 내곡동 헌릉 자리에서 1469년 옮겨왔으며 효종릉도 1693년 동구릉(원릉자리)에서 옮겨왔다.

그후 퇴락되었던 것을 1976년 4월 보수정화공사를 실시하여 이듬해 1977년 10월 9일 준공식에서 승모제전을 개최했다. 한때는 여주군에 위임 관리하던 것을 유적관리소가 신설되었다. 총면적 62만 4천7백77평으로 건물이 30동, 녹지 3만 5천 평, 휴게시설 38평, 주차장 4천22평, 광장 3천9백12평 등으로 조성 되어 있다. 영릉 경내에는 세종대왕의 업적을 기리는 기념관 세종전을 비롯 세종대왕동상, 측우기, 훈민정음비, 한글비, 훈민문, 정자각, 수라각, 재실 등이 말끔히 단장되어 있다. 세종릉 동편에 위치한 영릉은 세종릉 보다 규모는 작으나 깨끗이 정화되어 있으며 능침은 합장릉이 아닌 쌍릉으로 능침 2기는 크기가 세종릉의 4배에 가깝다. 정자각, 비각, 수봉산, 홍살문, 재실 등도 모두 복원되어 있다.

●고속버스—서울 강남터미널 영동선에서 여주행 이용, 30분 간격 운행, 1시간 10분 소요.

●시외/직행—상봉, 동부터미널에서 직행버스 30분 간격 운행(약 2시간 소요). 원주, 안성, 수원간 고속도로 경유 직행, 완행버스가 수시 운행됨.

●기타—여주읍내에서 시내버스 운행. 택시 기본요금거리, 도보 20분 거리.

◉ 숙박
●신단지에 호텔 1동을 비롯, 장급여관이 조성되었거나 공사중임.

◉ 메모
●특산 명물—도자기.

●향토 미각—민물 매운탕집이 신단지에 많이 있음. 기타 음식은 따로 준비하거나 읍내 이용.

●신륵사 입장료—대인 4백원, 군인·학생 2백원, 소인 1백50원.
1996년을 목표로 관광지 개발공사가 진행중임. (약 30만 평)

봉황산 부석사

경북 영풍군 부석면 북지리

선묘낭자의 전설이 전하는 부석사

신령한 태백산이 지맥을 뻗어 주고 소백산맥의 연봉이 울타리를 치듯 옹위한 곳이 봉황산(鳳凰山). 봉황산은 지척에 서원의 효시였던 소수서원을 두고 있고 국내 최고의 목조건물을 지닌 부석사(浮石寺)가 위치한 곳이다. 이 때문에 이곳은 한국인의 정신세계를 이룩한 유불문화의 바탕을 이루는 자랑스런 땅으로 일컬어지고 있다. 부석사는 신라 때 명승 의상이 왕명에 의해 불국사보다도 75년이나 앞선 신라 문무왕 16년(676)에 세워진 화엄도량이었다. 당시 5교의 중심도량들은 모두가 서

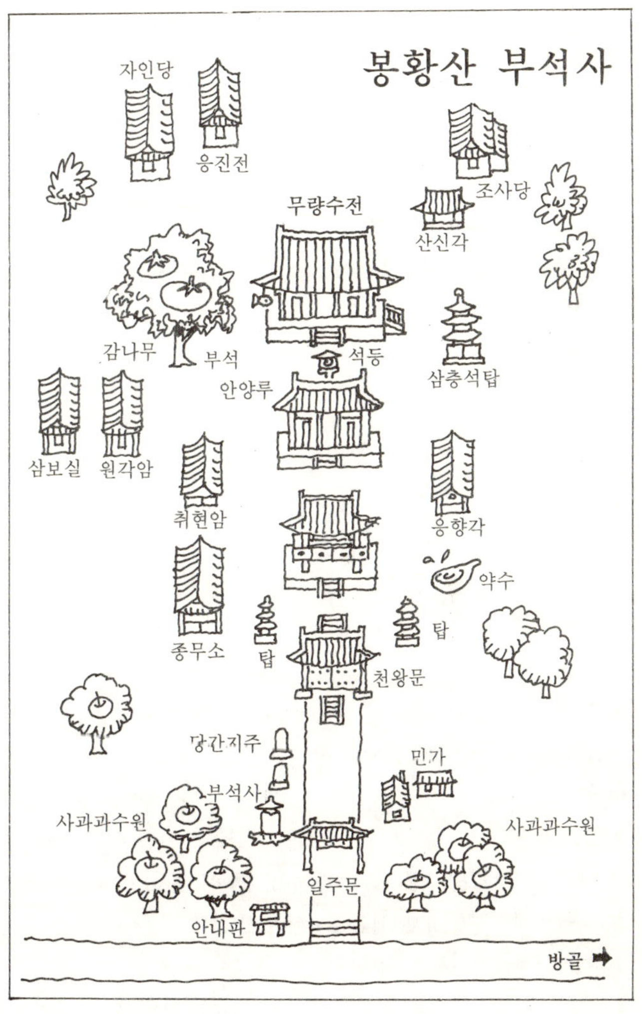

라벌(신라의 서울)이나 그 주변에 세워졌었으나 화엄종만은 의상의 호국정신에 의해 고구려와 접경의 이루던 외진 이곳에 세워졌다. 경내에 5개의 국보와 3개의 보물 등 많은 지정문화재를 지니고 있는 부석사는 의상을 사모했던 선묘낭자의 넋이 변한 석룡의 전설이 전한다. 전설에 의하면 석룡이 부석사 창건을 방해하는 이교도(異教徒)가 있어 바위가   뜨는 이적을 보이자 모두 도망쳐 창건할 수가 있었다고 한다. 이 바위는 안동 봉정사 극락전과 함께 최고의 목조건물로 알려진 무량수전

(국보 제18호)의 서쪽에 남아 있는데 이로 인하여 부석(浮石 : 돌이 뜬다)이라는 이름이 되었다고 한다. 지금도 무량수전 앞 석등(국보 제17호)에는 선묘룡(龍)의 꼬리가 있고 무량수전 아래로는 머리와 몸이 묻혀 있다고 전한다.

대한불교 조계종 제16교구에 속해 있는 부석사는 신라 문무왕 16년(676)에 의상대사가 왕명에 의해 창건한 사찰로 고려 현종 7년(1016)에 원융국사가 무량수전을 중창함을 비롯하여 그 동안 수 차례에 걸쳐 중창하여 오늘에 이른다. 일설에는 신라 말기 또는 고려 초에 병화로 소실되었다고 전하나 확실치 않다. 경내에는 신라 때 조성된 석조문화재와 고려시대에 조성된 건축물이 남아 있어 문화재의 보고로 알려져 있다.

◉ 명소

- 석축－창건 당시 축조된 대석축. 모두 9단으로 되어 있다.
- 당간지주－보물 제255호. 화강암제. 총높이 4.8m. 창건 당시에 세워진 것으로 추정된다.
- 무량수전 앞 석등－국보 제17호. 신라의 전형적인 양식을 보여주는 국내 최고의 조각물. 높이 2.97m.
- 무량수전－국보 제18호. 고려 현종 7년 원융국사 창건. 정면 18.75m, 측면 56m부석사의 주건물. 현판은 공민왕 친필로 알려짐. 국내 최고의 목조건물 중 하나이다.
- 조사당－국보 제19호. 고려시대 원융국사 건립. 입구 축대 위에 천년된 선비화로 더욱 유명. 정면 9.27m, 측면 4.07m. 이 조사당 벽화는 국보 제46호이다.
- 소조여래좌상－국보 제45호. 신라 또는 고려 초기 작품. 높이 2.78m, 정교한 제작수법이 돋보이는 걸작품이다.

가이드

◉ 교통

- 항공－서울～예천행 1일 1회(아시아나항공)
- 철도－영동선(청량리～강릉), 중앙선(청량리～부산) 풍기역, 영주역 이용.
- 시외/직행－서울 남부(서초동)터미널에서 안동행 이용. 영주, 예천 하차. 영주시～부석사 직행 1회. 예천시～부석사 직행 1회. 풍기～부석사 완행버스 1시간

알아둡시다 · 선비화

처마 아래서 일천삼백년을 자란 영목

　서원의 효시로 알려진 소수서원을 지척에 두고 있는 봉황산 부석사는 국내 최고 목조건물의 하나인 무량수전이 남아 있는 곳. 이곳 무량수전의 동북쪽 언덕을 100m 오르면 부석사를 창건한 의상대사의 석상과 탱화(국보 제46호)가 모셔진 조사당이 있다. 이 조사당 처마 아래의 석축에는 의상조사가 당나라에서 돌아올 때 짚었던 지팡이가 싹을 피워 자랐다는 신비의 선비화가 있다. 전설에 의하면 선비화(禪扉花)는 조사가 열반하며 심은 것인데 일제침략 때는 피지 않던 꽃이 광복이 되자 꽃이 피었다고 한다. 조선의 거유 퇴계 이황 선생은 이 선비화를 보고 칠언절귀의 시를 남기기도 했다. 선비화는 도나무로 지정된 보호수. 높이가 1.7m, 나무둘레 0.05m, 면적 4㎡에 불과한 아주 작은 규모의 나무이다. 그러나 수령은 경북도내에서는 울릉도 향나무에 이어 두번째인 1천3백년에 이르고 있다. 식물학상 분류에 의하면 이는 콩과(科)의 갈잎떨기나무에 속하는 골담초로 8월에는 나비모양의 붉은 노랑꽃이 피고 가을에는 원주형의 협과가 열린다. 골담초는 뿌리만 한약재로 쓰이고 있는데, 유독 이 나무는 모두가 득남에 효험이 있다고 전해지고 있다. 이 때문에 잎과 가지가 남아 나질 않아 일제 때부터 철책을 쳐서 보호하다가 피해가 여전하여 다시 모기장과 같은 망을 이중으로 두르고 철책을 쳐놓았다. 이 나무에 대하여는 「택리지」를 비롯한 여러 책자에 언급되어 있다. 처마와 석축에 가려 한 방울의 물도 스며들지 않는 곳에서 이 같은 오랜 세월을 자란 불가사의한 현상은 의상대사의 법력을 믿게하고도 남음이 있다고 하겠다.

간격 운행.

● 기타 — 영주시에서 시내버스 운행(부석행).

⊙ 숙박

● 민박뿐임. 야영가능. 영주, 예천 등 인근도시 이용이 편리.

⊙ 메모

● 특산 명물 — 사과, 풍기인삼, 땅콩, 산채, 버섯, 인견사 등.
● 향토 미각 — 풍기읍 서부냉면집 유명. 풍기 삼계탕도 알려짐.
● 기타 사항 — 시설이 거의 없음.

부소산 낙화암

충남 부여군 부여읍

백마강이 내려다 보이는 낙화암

　백제는 한반도 서남쪽을 지배하던 국가로 678년 동안 31대 왕조를 거치며 발전
을 거듭하다가 신라와 당나라의 연합군에 의해 멸망되었다. 한산－웅진－사비시대
로 대별되는 백제문화는 사비시대에 가장 꽃을 피웠다. 부여는 소부리, 일명 사비라
불리던 곳으로 538년 웅진에 이어 백제의 도읍지가 되었다가 660년 신라땅이 되었
다. 사적 제5호로 지정 보호되고 있는 부소산성은 백제의 중심부였다. 이는 성왕이
천도한 이래 멸망할 때까지 123년간을 이어져 왔다. 해발 106ｍ의 부소산은 백마강

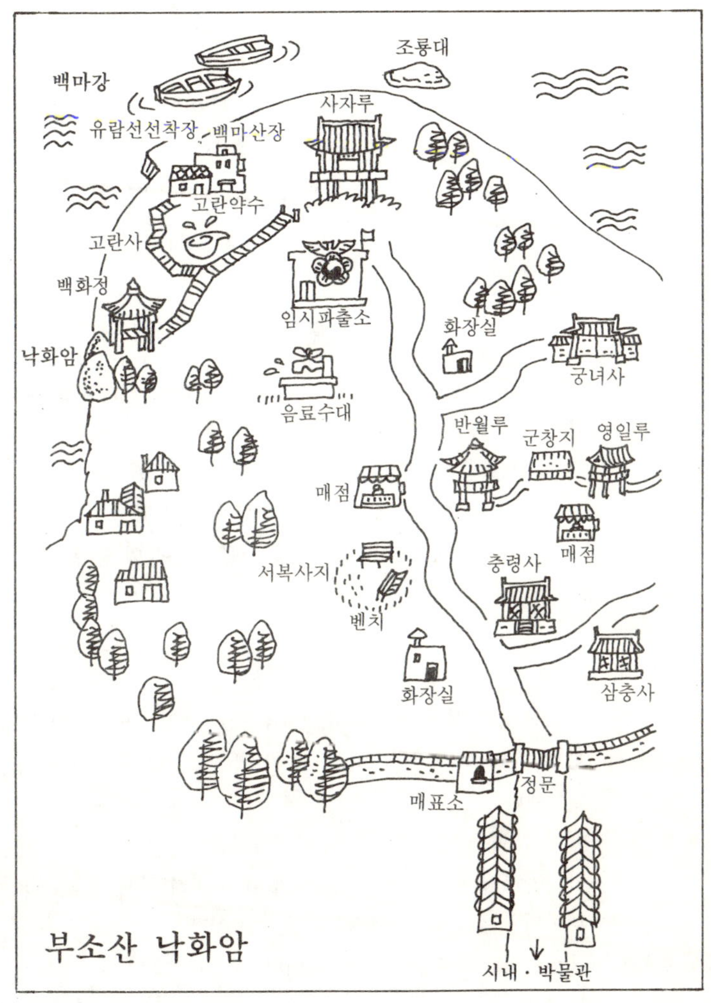

으로 둘러처진 천연의 요새지이다. 이곳에 길이 2.2km의 산성을 쌓았다. 부소산성은 수도를 방어하기 위해 반달모양의 나성을 쌓은 후 도성 안에 부소산 산정을 중심으로 테뫼식으로 수축한 것이다. 주성에 해당하는 부분은 군창지와 영일루를 중심으로 하여 남쪽 경사면까지를 둘러싸고 있는 약 6백m의 테뫼식 산성의 일부를 차지하고 있다. 군창지에서 반월루에 이르는 지역에도 테뫼식 산성이 쌓여 있다. 또한 이에 이어 반월루에서 사자루를 향하여 북쪽으로 달리는 산성이 포곡식으로 1.5km

정도 이어져 있다. 성벽은 토석혼축으로 폭이 약 7m, 높이 4~5m 정도에 이른 것으로 추측된다. 산성에는 동서남북의 문지가 남아 있으며 북문지는 수구문을 겸한 것으로 알려졌다. 성내에는 서복사지, 영일대지, 영일루, 군창지, 반월루, 송월대지, 사자루, 낙화암, 고란사, 백화정, 궁녀사 등 각종 명소가 남아 있다. 부소산은 저문 때 내리는 비, 두견새소리, 고란사의 새벽종소리 등 부여8경 중 3경이 들어 있을 만큼 이름난 명소이다.

◉ 명소

- 조룡대 — 낙화암 아래 위치한 바위. 당나라 소정방이 용을 낚았다는 곳.
- 사자루 — 부소산의 최고봉에 세워진 중층누각. 옛날 임천군의 문루를 옮겨 지은 것이다. 이곳은 송월대의 자리로 임금들이 달을 보며 연회를 즐기던 곳이라고 함.
- 고란사 — 낙화암 아래 강기슭에 위치한 암자. 고란초와 약수가 유명하다. 백제 아신왕 때 혜인화상이 창건했다고 전한다. 현 건물은 은산의 숭각사에서 옮겨 온 것이다.
- 낙화암 — 부소산 서북편 백마강변에 위치한 절벽으로 백제가 패망하자 삼천궁녀가 강물에 몸을 던진 곳. 백화정이 세워져 있다.
- 영일루 — 부소산 동쪽 봉우리에 위치. 1964년 9월 세움. 중층누각이다.
- 군창지 — 백제 때 탄화된 곡식 5종류가 발견되고 있다. 1982년부터 2년간 정밀 발굴조사를 실시했다.
- 삼충사 — 백제의 3충신인 성충, 홍수, 계백을 모신 사당.
- 궁녀사 — 낙화암에서 투신한 삼천궁녀의 넋을 달래기 위해 세운 사당.
- 충령사 — 부여지구 호국영령을 모신 사당.
- 반월루 — 부소산의 누각으로 전망이 뛰어나다.

가이드

◉ 교통

- 철도 — 호남선, 전라선 이용. 논산역 하차. 버스로 갈아탐.
- 고속버스 — 서울~공주간(2시간 20분 소요), 서울~논산간(2시간 40분 소요) 이용가능.
- 시외/직행 — 서울, 대전, 예산, 장항, 전주, 청주 등과 부여간은 직행버스 운행.

알아둡시다 · 부여의 역사
백제의 마지막 도읍지

충남의 서남부, 북으로 청양과 공주, 동으로 논산, 서로는 보령, 남으로 서천군과 금강을 연하고 있는 부여는 백제의 마지막 도읍지. 백제 성왕 16년(538)부터 의자왕 20년(660)까지 122년간 일찍이 소부리(일명 사비)로 불리다가 538년 웅진에 이어 백제의 수도가 되었으나 660년 나당연합군에 의하여 신라땅이 되었다. 신라시대에는 공주에 속하였고 고려, 조선시대는 뚜렷한 변동이 없는 상태로 이어져 왔다.

일제침략시대인 1914년 4개의 군현과 공주군 일부를 합병하여 16면을 거느린 군청이 되었으며 1960년 1월 1일 부여면이 읍으로 승격하여 1읍 15면이 되었다. 1973년 7월 석성면 일부를 부여읍에 편입하고 장암과 세도면의 행정구역을 일부 개편하여 오늘에 이른다.

● 기타―부소산은 부여읍내에서 도보로 이동.

⊙ 숙박
● 관광호텔―삼정 부여유스호스텔(66실).
● 부여읍내 여관, 여인숙 다수.

⊙ 메모
● 특산 명물―수박, 딸기, 인삼, 밤, 표고, 민물장어, 메기.
● 향토 미각―콩칼국수, 김치적, 매운탕 등. 읍내 개성식당 한정식 유명. 구교리 나루터식당 장어구이, 규암 백마강식당은 매운탕으로 유명.
● 부소산입장료―어른 9백원, 군인 · 학생 4백50원, 어린이 3백90원.

불국사

경북 경주시 진현동 15

불국토를 오르는 청운교와 백운교

　삼국통일의 원천이 되었던 신라인의 슬기와 전통을 간직한 고도 경주는 국제적 관광문화도시. 도시전체가 화려하고 융성했던 신라문화의 정수를 가득 담은 문화재들로 이루어져 있다. 경주시 중심가의 동쪽. 동해를 막아서듯 솟아 있는 해발 745m의 토함산은 신라 때 동악으로 불렸던 호국의 진산으로 웅장함과 높이 또한 경주시 제일로 꼽힌다. 이곳 서쪽 기슭에 신라예술을 대표하는 불국사와 석굴암이 위치한다. 토함산은 동해에서 비롯된 습기와 바람을 자색운무로 변하게 하여 뱉고,

머금는 신령한 산이라는 뜻에서 지어진 이름이다. 일설에는 탈해왕의 이름이었던 토해에서 유래되었다고 한다. 토함산은 대한8경의 하나로 꼽히는 일출의 명소로 멀리 동해가 보이고 발밑으로는 드넓은 조양평야가 펼쳐지며 주위에는 산봉이 겹겹히 이어져 눈 아래로 들어오는 장관을 볼 수 있다.

대한불교 조계종 제11교구 본사인 불국사가 창건된 때는 법흥왕 15년(528) 또는 법흥왕 22년(535) 등 두 가지 설이 있다. 그후 진흥왕 35년(574)에 중창되었고 경덕왕 때 다시 창건되었다고 전하고 있다. 불국사는 창건 당시 화엄불국사, 화엄법류사라고 불렸다고 한다. 현재 남아 있는 유적들을 토대로 하면 불국사는 김대성의 발원으로 창건된 것으로 짐작되는데 김대성에 관한 창건설화가 전하고 있고 삼국유사에도 김대성이 창건했다는 기록이 남아 있다. 그후 불국사는 여러번 중수, 중창을 거쳐 전해왔으나 임진왜란 때 대웅전을 비롯 2천여 간의 건물이 모두 불타고 말았다. 임진왜란 후에 연이은 중창이 있었으나 옛모습은 영영 찾을 수 없었다. 현재의 불국사는 1970년 실시하여 1973년 완공된 대복원공사로 인해 이룩된 것이다. 당시 석재만 남아 있던 관음전, 비로전, 무설전, 경루, 회랑 등이 복원되고 남아 있던 건물들도 모두 보수 단청을 하였다. 불국사는 33계단으로 이루어진 청운교와 백운교로 나뉘어진다. 즉 계단을 오르기 전은 속세를 의미하며 계단을 오르면 부처의 나라인 불국토를 상징한다. 불국토를 들어서면 대웅전 앞에 석가탑과 다보탑이 서 있고 좌·우경루가 있으며 회랑이 이어져 있나. 대웅전 뒤에는 무설전, 관음전이 있고 마지막에 화엄의 세계를 상징하는 비로자나불이 모셔진 비로전이 있다. 또한 대웅전의 서편은 극락전이 있고 연화교, 칠보교가 연결된 곳에 극락정토 구품의 세계를 상징하는 구품연지터가 위치한다. 불국사의 조형 건축들은 법화경의 석가모니, 무량수경의 아미타불, 화엄경의 비로자나불 등 세 분의 부처님을 상징하는 것으로 풀이되고 있다. 불국사는 신혼부부, 수학여행단체 등 대부분의 관광객이 꼭 들려가는 경주관광의 필수코스의 하나이다.

◉ 명소

● 백운교—청운교 아래 위치한 계단. 높이 3.15 m, 폭 5.09 m. 국보 제23호. 33계단으로 이루어짐.

● 청운교—33계단으로 되어 있다. 자하문과 이어진다. 높이 3.82 m, 폭 5.14 m, 국보 제23호.

● 자하문—백운교, 청운교를 오르면 한식 기와로 된 건물을 맞이한다. 1973년 복

불국사 다보탑. 국보 제20호

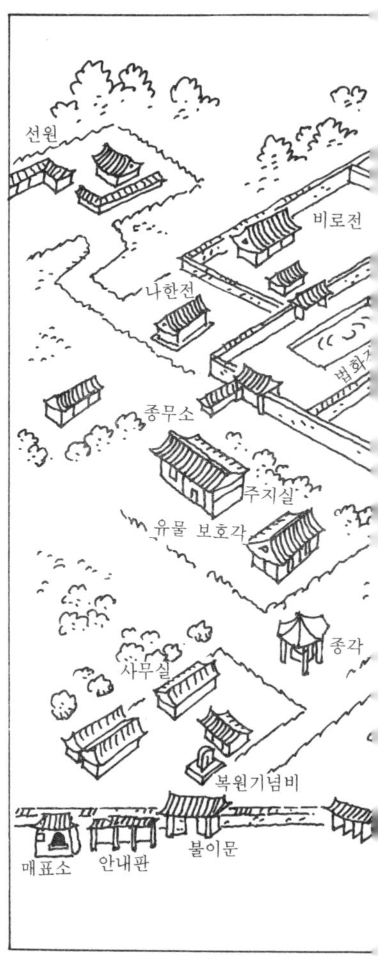

원된 것이다. 불국의 관문이다.

- 회랑—궁중의 회랑과 비슷하다. 1973년 복원. 자하문에서 대웅전, 무설전을 동서로 연결시키고 있다.

- 범영루—수미범종각으로 불렸던 곳. 임진왜란 때 불탄 후 여러 차례 중건됨. 1973년 복원. 정면 1칸, 측면 2칸.

- 좌경루—범영루 동편에 위치. 1973년 회랑과 함께 복원.

- 다보탑—국보 제20호. 4층탑으로 대웅전 앞에 석가탑과 마주 보고 있다. 높이 10.4m. 신라 때 작품. 여성미에 비교된다.

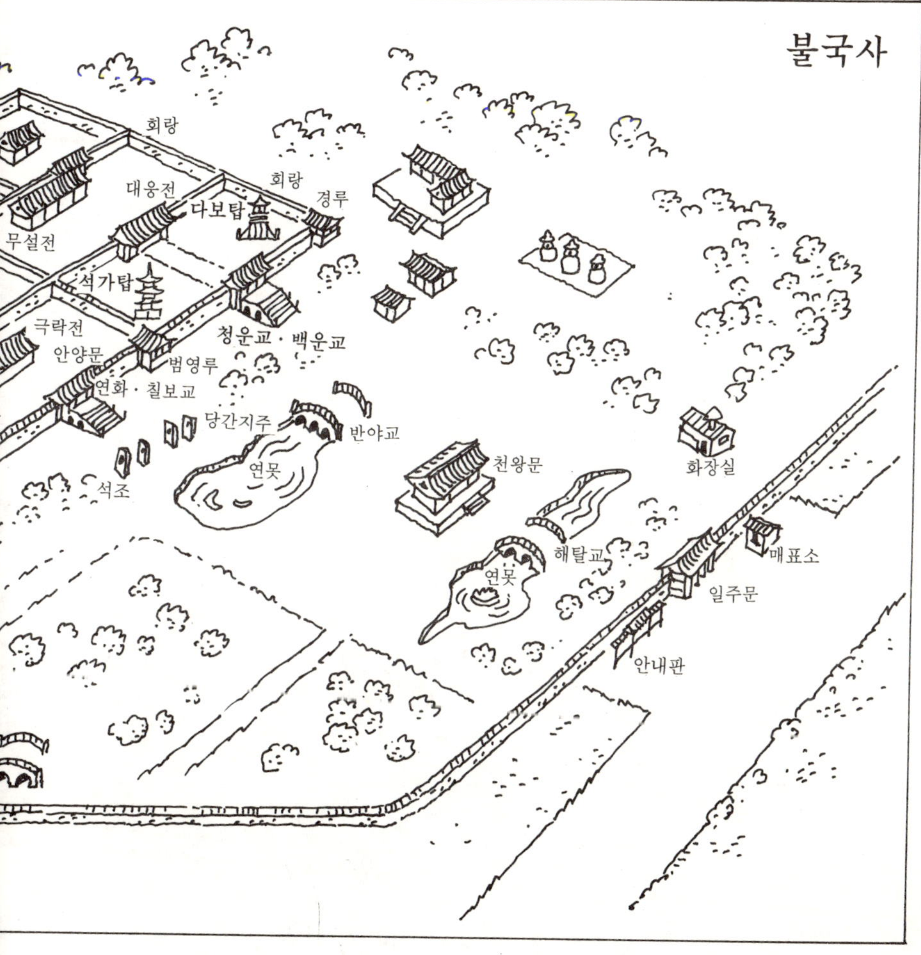

- 석가탑─다보탑과 견주어 남성미로 비유되며 무영탑, 불국사 3층석탑 등으로 불린다. 국보 제21호. 높이 8.2m. 신라 때 작품.

- 대웅전─석가삼존불이 모셔져 있다. 조선 영조 때 중창된 건물이다. 단층목조와 가건물.

- 무설전─경론을 강의하는 강당. 대웅전 뒤에 위치. 불국사 건물 중 가장 먼저 완공된 것이라고 한다. 1972년 복원.

- 극락전─연화, 칠보교를 오른 후 안양문을 들어서면 맞이하는 건물. 무량수전이라고도 부른다. 아미타불을 모시고 있다.

- 연화 · 칠보교－아래는 연화교, 위는 칠보교로 안양문 앞에 있다. 계단은 48개로 이루어졌다. 국보 제22호.
- 관음전－무설전 뒤에 위치. 관세음보살을 모신 곳이다.
- 해안문－관음전의 출입문. 낙가교와 이어져 있다.
- 안양문－극락전의 출입문. 연화, 칠보교와 이어져 있다.
- 비로전－비로자나불을 모시고 있다.
- 석등－대웅전 앞에 위치. 신라 때 작품.
- 봉로대－대웅전 앞에 위치. 향로를 놓던 곳.
- 광학부도－비로전 서쪽에 위치. 8조사의 사리를 모신 곳이라고 한다. 고려 때 작품. 보물 제61호.

가이드

◉ 교통

- 항공－대구, 울산까지 이용가능.
- 철도－경부선 이용, 대구역에서 하차, 서울~경주가 1일 2회, 새마을호 왕복운행.
- 고속버스－서울, 대구, 대전, 부산, 광주에서 경주간 운행. 보문단지행은(서울간) 현재 운휴중.

알아둡시다 · 불국사 온천

위장, 피부질환에 탁월한 효험

경주의 대표적인 명승지로 별개의 관광권을 이루고 있는 불국사단지 부근에 온천장이 성업, 명실공히 사계절 관광지로 손색없는 기틀을 마련했다. 불국사의 관문 불국사역 주변은 오래 전부터 온수가 저절로 솟아나는 빨래터가 있었다. 이 온수는 각종 질환에 효험이 있어 인근의 환자들이 몰려들기도 했다.

불국사 온천은 일제침략시대에 개발이 논의되었으나 흐지부지 되었다가 1980년대 초부터 본격적으로 개발을 시작, '87년 7월 온천지구로 지정 고시되었다. 중탄산나트륨을 비롯, 철, 칼슘, 마그네슘 등을 함유한 것으로 알려진 온천수는 천질이 단순천으로 천온은 26~31℃에 이른다. 효능은 위장장애 완화, 피부재생 촉진, 상쾌감 등을 꼽는다. 현재 불국사 온천지역에는 3개 업소가 있다.

무량수전으로도 불리는 극락전

• 시외 /직행 — 청주, 강릉, 대구, 안동, 마산, 부산, 울산, 포항, 밀양, 황지, 속초 등과 직행버스 경주까지 운행됨.
• 기타 — 경주시내에서 불국사행 시내버스 수시운행. 택시, 울산행 시외버스도 이용 가능.

◉ 숙박

• 관광호텔 — 경주 코오롱, 경주온천 관광호텔, 불국사호텔 등이 있으며 인근 보문단지, 시내 중심부에도 여러곳이 있음.
• 기타 — 불국사 단지와 경주역 주변 온천지역에 호텔, 여관, 여인숙 등이 많이 있음.

◉ 메모

• 특산 명물 — 고가구, 토기, 자기, 금속공예, 자수정, 옥돌공예품, 법주.
• 향토 미각 — 법주, 형산강 매운탕집, 황남빵, 평양냉면집, 사대부식당의 한정식 등이 유명.
• 불국사 입장료 — 어른 1천5백원, 군인 · 학생 7백원, 어린이 7백원.
불국사 숙박업소중 온천수 사용업소는 3개소로 알려짐.

불영계곡

경북 울진군 서면

연못에 불상이 비쳤다는 전설이 전하는 불영사

경북의 북동단에 위치한 울진군은 동쪽은 길게 동해안을 따라 이어진 해안선을 차지하고 절반인 서쪽은 태백산맥이 흘러 백암산, 통고산 등 높은 산이 많이 있다. 따라서 해안가에는 관동8경의 하나로 꼽히는 망향정을 비롯 유송정 등 뛰어난 해안 경승지가 널려 있고 산악지대에는 성류굴, 불영계곡, 덕구계곡, 백암온천, 덕구온천 등 각종 관광명소들이 가득하다. 오랫동안 교통의 오지로 치부되어 외면돼 왔던 이 곳 명소들은 70년대 이후 동해 고속화도로와 울진－봉화간 36번 국도가 포장되면서 새명소로 각광을 받기 시작하여 동해 북부와 남부 내륙 등을 잇는 축을 이루고 있다. 말끔히 포장된 36번 국도는 비경으로 꼽히던 불영계곡을 끼고 뻗어 있다. 불영계곡은 성류굴의 맞은편이 되는 수산리로부터 노음리, 천전동, 건작, 밭치밭, 하원리 등으로 이어지는 장장 12㎞의 대협곡이다. 계곡은 남서쪽 하원리에 위치한 신라 때 고찰 불영사를 중심으로 광대코바위, 주절이바위, 창옥벽, 명경대, 의상대, 산태극, 수태극 등 각종 이름이 붙은 명소가 30여 개소에 이른다. 절벽은 흰빛을 띠는 화강암이 풍화되어 기괴한 모습으로 맑은 물과 어우러져 아름다운 경치를 이룬다. 불영사는 신라 진덕여왕 때 고승 의상대사가 창건한 절로 알려져 있다. 전설에 의하면 의상이 수도했던 인도의 천축산과 모양이 비슷하여 이곳을 천축산이라 불렀으며 사찰을 지으려 할때 연못에 다섯 부처 그림자가 비쳤다고 한다. 이 때문에 불영사라고 불리게 되었으며 연못에 비친 부처님의 모습을 지닌 바위를 불영암 또는 불바위라고 한다. 또 근처 절경 중에는 오룡소, 용혈 등이 있다. 불영사에 남아 있는 건물은 조선 초기 때인 태조 5년과 임진왜란 때 불타 광해군 원년에 성원법사가 지은 것으로 크고 작은 건물들이 10여 동 정도 있다. 창건 당시 유적으로는 무영탑으로 불리는 3층석탑과 대웅전 축대 및 돌거북 2기가 있다. 사찰주변은 한때 천연기념물로 지정되었던 굴참나무 숲이 있다. 일명 구룡계곡, 울진 소금강 등으로 불리는 불영계곡은 울진 현동 도로준공탑, 휴게소, 정자 등 각종 명소가 늘어나고 말끔히 단장되었지만 계곡 능이 파괴되어 옛 모습은 많이 잃었다.

◉ 명소

- 불영사—조계종 제11교구에 속한 절. 천축산 서쪽에 위치. 신라 진덕여왕 때 의상대사가 창건한 절. 조선시대 두차례 이적을 보여 이름을 떨쳤다고 한다.
- 용혈—용이 산을 뚫었다는 곳이다.
- 오룡소—용이 살던 곳으로 소를 이루고 있다.
- 무영탑—3층석탑. 신라 때 작품. 대석 일부가 유실되었다.
- 주천대—향곡리에 위치한 절승지.
- 천량암—원효대사가 수도할 때 석실에서 쌀이 나왔다는 곳.
- 광대코바위—광대암 맞은편에 위치. 흑소와 선암을 바라보며 판소리를 연주하는 모습을 하고 있다.
- 명경대—자신의 잘못을 깨닫고 번뇌를 벗어나는 곳이란 뜻을 지닌 명소.
- 소금강—불영사 입구에 위치. 중바위 등이 있다.

삼십리 대협곡의 불영계곡

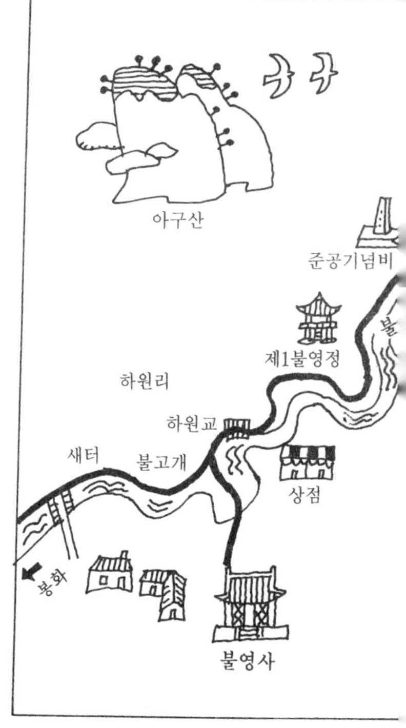

알아둡시다 · 성류굴

2억 5천년 연륜의 신비경

석회암동굴로 알려진 성류굴은 원래 이름이 장천굴이었으나 후에 바뀌어 성류굴이란 명칭이 더욱 알려지게 되었다.

동굴은 생성연륜이 2억 5천년으로 추정되며 길이가 4백72m에 이른다.

내부는 모두 9개로 나뉘는데 제1동방에는 제1광장, 제2광장, 제3광장이 있고 제2동방은 4광장, 제3동방은 5광장, 제4동방은 6광장, 7광장, 제5동방은 8광장, 제6동방은 9광장, 제7동방은 10광장, 제8동방은 11광장, 제9동방은 12광장으로 나뉜다. 기온은 15도~17도C. 천연기념물 제55호로 지정되어 있다.

가이드

◉ 교통

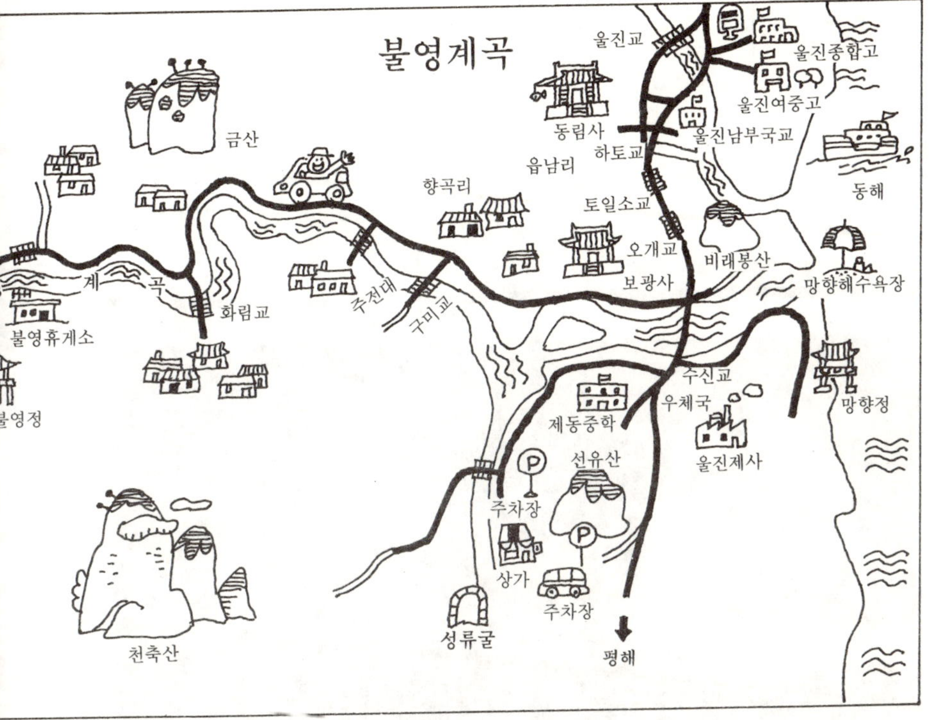

- 철도—안동, 영주, 경주역 등 이용가능. (대체로 3시간 내외의 거리임)
- 고속버스—경주, 대구까지 이용가능.
- 시외／직행—포항, 경주, 대구, 부산, 울산, 강릉, 서울, 안동 등지에서 울진간 직행버스 운행.

울진읍에서 불영사간 16회 직행버스 운행. 30분 소요.

- 기타—택시 이용의 경우 명소 정차를 사전 약속할 것.

◉ 숙박

- 준공탑앞 휴게소가 유일한 시설임. 성류굴 입구나 울진읍, 백암온천지구 숙박시설 이용.

◉ 메모

- 특산 명물—죽변물회, 해산물.
- 향토 미각—후포 동심식당, 등대 식당, 해변식당의 전복죽 유명.

산방굴사

제주 남제주군 안덕면 사계리(산방산)

백록담에서 뽑아던졌다는 산방산

　남국의 이색적인 정취가 물씬 풍기는 삼다의 섬 제주. 섬 전체가 국내는 물론
세계적인 관광지로 알려져 왔다. 따라서 일일이 열거하기 조차 힘들 만큼 숱한
명소가 널려있다. 제주도는 지난 1989년 신정연휴 때 2백만명째 관광객을 맞이
하는 행사를 실시하였었다. 제주도는 남한의 산중에서 가장 높은 한라산이 섬
중앙에 솟아 있어 거의 대부분 지역이 산악으로 이루어져 있고 기슭에 펼쳐지는
해안선에도 신비스런 모습의 화산암이 널려 있어 도처에 독특한 자연경관과 문

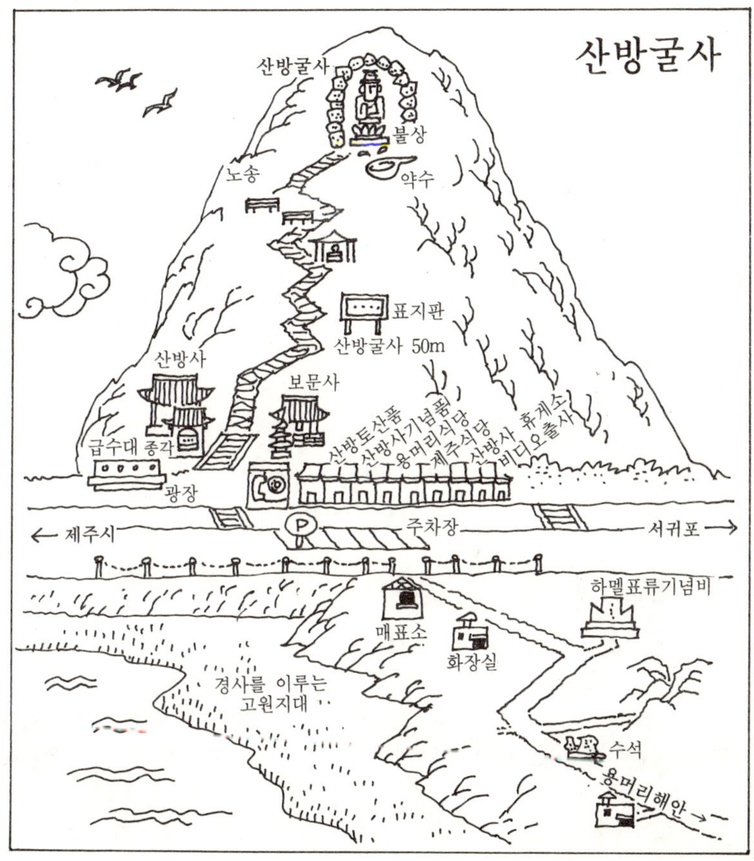

화경관이 펼쳐지고 있다. 제주도의 서남쪽 가파도가 바라다보이는 제주도 서쪽 화순해안에는 높이 3백95m의 산방산이 솟아 있다. 제주도의 산으로는 드물게 분화구가 없이 오히려 철(凸)자처럼 투구모양을 이루는 산방산은 풍화된 조면암으로 이루어진 바위덩어리 산이다.

전설에 어느 신이 화가 나서 한라산에서 뽑아 내던진 봉우리라고 전해진다. 지금도 제주사람들은 산방산을 백록담에 끼우면 꼭 맞는다는 이야기를 관광객에게 들려주고 있다. 산방산은 성산일출봉과 같이 제주해안에 위치한 흙없는 암산으로 되어 지질학상 귀중한 자료가 되고 있는데 산중턱에는 길이 10m, 높이 5m, 규모의 굴이 뚫어져 있어 천연석실을 꾸며놓고 있다. 산방덕이라는 여신이

태어난 곳이라는 산방굴은 굴 속에 불상을 안치해 놓고 있어 산방굴사로 불린다. 산방굴사는 고려말 혜일법사가 불상을 봉안하고, 산방굴사라고 이름을 지었다고 한다. 이 굴은 산방덕의 미모를 탐한 인간세상의 못된 남자들을 피해 산방덕이 스스로 변한 것이라고 하는데 지금도 굴 속의 천장에서는 '산방덕의 눈물'이라는 약수가 떨어지고 있다. 이 약수는 세모금을 마시면 3년을 더 장수한다는 이야기가 전한다. 굴 입구에서 바라다보이는 용머리해안은 제주해안선 중에서 첫손을 꼽는 명소로 영주10경의 하나, 잔디능선에 펼쳐지는 해안풍경과 멀리 아득히 보이는 마라도와 가파도의 모습이 오래도록 가슴에 남는다. 용머리해변은 1653년 1월 10일(조선조 효종 3년 임진 12월 12일) 네덜란드 덱셀성을 떠나 일본을 거쳐 귀국하던 중 폭풍우로 하멜과 동료 36명이 표류했던 모슬포 멸캐사장이 있는 곳으로 이를 기념하는 비가 세워져 있다. 기념비 아래 협곡처럼 꾸며진 바위길로 내려서면 화순해수욕장이 보이는 암벽해안으로 풍화작용에 의해 다듬어진 형형색색의 기암이 절경을 이루고 있다. 산방산일대 암벽에는 지네발란, 석

알아둡시다 · 하멜기념비

구사일생 하멜일행을 기린 기념비

제주도 서부 일주도로를 달리다보면 서귀포시 못미처에 우람한 돌산 산방산이 솟아 있다. 아래로 펼쳐지는 해안이 제주에서 가장 뛰어난 경관의 하나로 꼽히는 용머리해변이다.

이곳 용머리해변 낮은 구릉에 하멜기념비가 세워져 관광객의 눈길을 끈다.

하멜일행은 조선 효종 3년(1653) 1월 네델란드 원양어업 전초기지인 덱셀섬에서 선원 64명과 함께 대만을 향해 떠났다. 폭풍우로 모진 고난을 겪은 하멜일행은 자바섬에서 스페로우 호우크호로 갈아타고 7월에야 대만에 도착했다.

대만에서 일본을 향하던 이들은 8월 15일 폭풍우를 만나 배가 침몰되어 선원 대부분이 익사하고 36명만 모슬포 멸캐사장으로 파도에 밀려 떠내려와 목숨을 건졌다.

당시 제주목사 이원진은 장계를 조정에 올린 후 이들을 점검하고 광해군 적거지에 묵게 했다.

1653년 10월 서울에서 온 박연(네델란드인)의 통역으로 자초지종을 알게된 목사는 이들을 후하게 대접했다. 이들 일행은 1654년 6월 서울에 오르기까지 10달간을 제주에서 머물렀다.

하멜 기념비는 지난 1980년 10월 12일 이같은 역사적 사실을 기려 세운 것이다.

곡, 풍란을 비롯 섬회양목, 구실잣나무, 겨울딸기 등 희귀식물이 집단 서식하고 있어 천연보전 구역으로 지정 보호되고 있는 중이다. 특히 이곳에서 바라다보이는 낙조는 성산일출과 쌍벽을 이루는 절경으로 꼽힌다. 또 산방굴 주변의 노송의 자태는 신선이 머물던 느낌을 준다.

◉ 명 소

* 하멜표류기념비—용머리해안가는 길목 언덕에 위치. 조선 효종 때 일본으로 항해하다 표류한 하멜일행을 기념하는 비로서 1980년 10월 12일 세움.
* 산방굴사—산방산 중턱 1백여 평 규모의 굴속에 위치. 탐라지에는 고려 때 창건되었다고 전하며 주변 노송이 일품이다.
* 용머리해변—산방산 맞은편 해안에 위치. 지형이 마치 용이 바다를 향해 고개를 쳐든 모습이라고 한다. 기암과 단애가 바다와 맞닿고 있다.

가이드

◉ 교통

* 항공—서울(12~17편), 부산(4~13편), 광주, 대구, 진주, 여수 등과 제주공항간 운항.
* 해운—부산, 목표, 완도함 등과 1일 1왕복 내외로 운항. 서귀포항 직항로도 있음.
* 철도—부산, 목포 등까지 이용가능.
* 시외 /직행—제주도 내에서는 서부산업도로 경유 직행버스이용. 산방산 앞 하차.
* 기타—택시는 사전예약 후 1일 또는 반일 대절. 성수기때는 대중교통편이 귀함. 관광버스 이용도 가능.

◉ 숙박

* 관광호텔—제주 전역에 약 30개소의 호텔이 널려 있음.
* 기타—일반호텔, 여관, 여인숙 다수. 야영은 제주 전역이 마땅치 않다.

◉ 메모

* 특산 명물—감귤, 마늘, 참외, 수박, 미나리, 표고, 옥돔, 전복.
* 향토 미각—옥돔회, 자리회, 게웃젓, 꿩요리, 전복죽, 빙떡, 오메기술 등.

삼천동 호반유원지

강원 춘천시 삼천동

그림처럼 아름다운 의암호반

　삼면이 강으로 둘러싸인 호반의 도시 춘천은 관광·교육·군사·산업의 도시이다. 소양강과 북한강이 합류하는 산간에 이루어진 침식분지에 자리한 이곳은 오래 전부터 강원도의 수주로서 정치·경제·문화·사회 등 중추를 이루어 왔다.

　일제의 침략으로 많은 고적을 잃었고 1950년에 발발된 6·25전란 중 3차례에 걸친 침공으로 완전히 폐허가 되었다.

　현재의 춘천시는 수복 후 줄곧 새도시의 면모를 갖추려 애써 온 덕택으로 말끔히

이디오피아 기념관과 요트장

정비됐다. 특히 제19회 소년체전 등 전국 규모의 행사가 유치되면서 오늘과 같이 깨끗하고 단정한 도시를 이루었다. 시내 곳곳에는 뛰어난 호반 정취를 느낄 수 있는 여러 곳의 명소가 있으며 선사유적을 비롯한 많은 문화재가 널려져 있다. 또한 강원도의 심장인 도청을 비롯, 종합경기시설, 방송국, 어린이회관, 춘천 경공업단지 등 많은 시설 기관 등이 있다. 시내 중심부의 서쪽. 공지천과 의암호가 맞닿는 지점에는 유명한 공지천공원과 삼천동유원지가 위치한다. 낮은산을 이루는 삼천동유원지는 의암호가 한눈에 조망되는 곳으로 단계적으로 개발되고 있는 춘천시 최대 규모의 관광지 중도가 호수 건너편에 위치하여 연계도 가능하다. 호반과 산등성이가 이어지는 벼랑에는 좋은 경관을 가로막는 건물이 지어져 있어 경관이 크게 감소되었지만 언제나 가족단위, 친구, 연인과 함께 많은 이들이 찾아 들고 있다.

◉ 명소

- 전적기념관—총건평 150평의 규모로 전적유품 전시실과 전망대가 있다. 전시실

의암호로 흘러드는 공지천

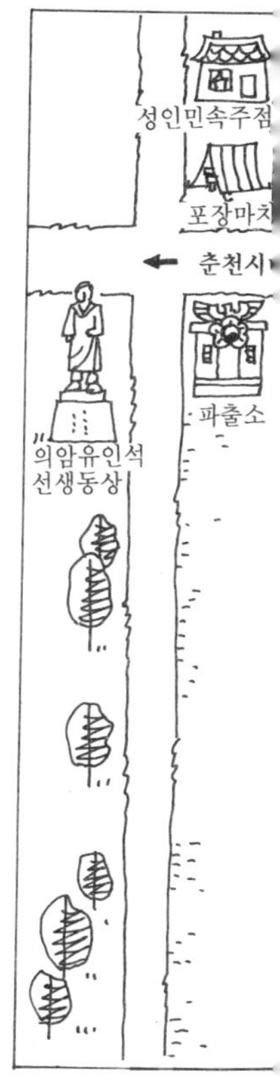

에는 한국전쟁 당시의 사진과 피아 무기, 장비 비교를 위한 물품들이 진열, 전시되고 있다.

● 안보회관—전시장 우측에 건물로 건평 194평의 규모이다. 내부에는 300명을 수용하는 소극장, 회의실, 반공연맹 강원지부 등이 있다. 쓰라린 6·25전란이 비극적 경험과 호국을 다짐하는 반공교육장으로서 1976년 착공되어 1978년 11월 15일 준공했다. 주변에는 이승복어린이상과 춘천시민헌장탑, 자연보호헌장탑, 높이 8m의 6·25전적기념비가 세워져 있다.

● 어린이회관—1979년 세계 아동의 해를 기념하고 1980년 제19회 전국소년체육대회를 유치하면서 1979년 기공하여 1980년 준공했다. 대지 5천평, 건평 1천87평 규모로 내부구조는 무대 좌측에 일반 전시동(547평 : 1, 2, 3전시실, 대회의실, 식당, 휴게실, 양호실, 영사실, 사무실, 관장실, 숙직실 등)과 우측의 과학 전시동(540평

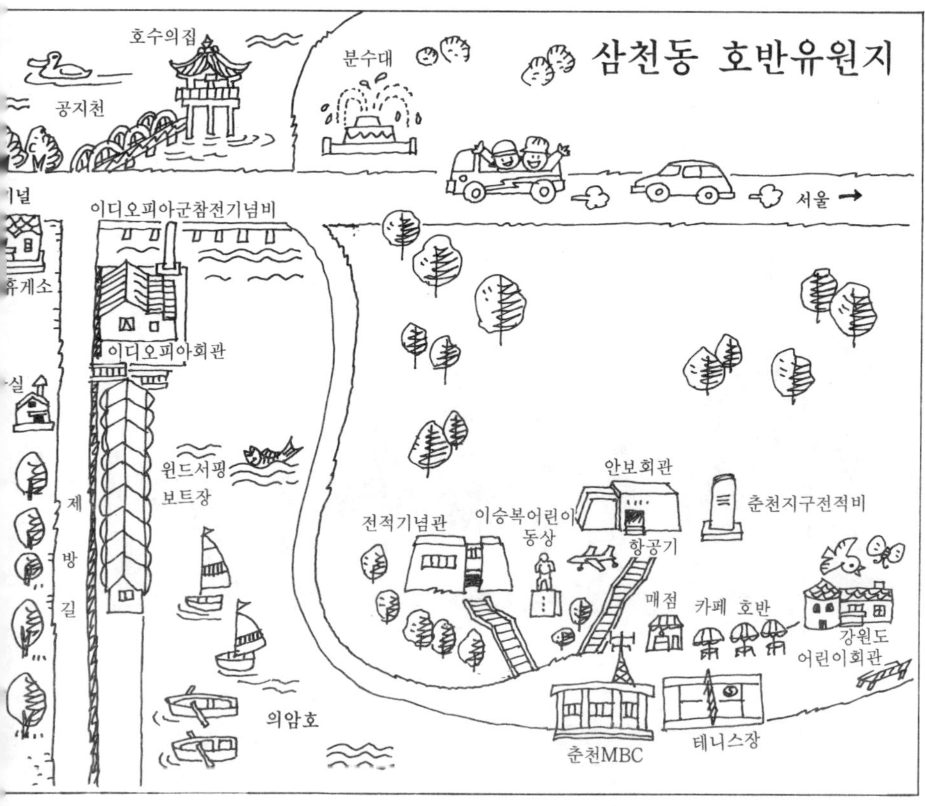

: 과학전시실, 예술실, 소회의실, 동극실, 도서실)으로 나누어져 있다. 야외에는 스탠드와 무대를 갖추고 있다.

● 유인석 동상-일제 침략에 의병을 일으켜 항쟁한 의암 유인석의 동상으로 1976년 12월 22일 제막되었다.

● 공지천(孔之川)유원지-전설에 퇴계 이황이 근처 외가에서 머물던 중 소여물을 썰어 '곰짓내'라 부르던 이곳 개천에 버리니 모두 물고기로 변했다한다. 이 고기를 공자 이래의 대유학자 퇴계가 만들었다하여 공지천이라 했다고 한다. 춘천군 매봉에서 발원하여 의암호로 이어진다. 보트장, 상점 등이 늘어서 있다.

● 삼천동 분수대-공지천교에서 서울쪽 좌측 도로 공원에 마련된 사각 분수대로 높이 0.8m, 너비 15m, 면적 112㎡ 규모이다. 수직 일렬의 분수에 곡선의 소분수가 뿜어지며 야간에 4색의 불빛이 휘황찬란한 아름다움을 연출한다.

이디오피아 참전기념관

● 이디오피아 참전기념비 — 한국전쟁에 참전하였던 이디오피아군의 참전기념비로서 1968년 기공하여 그해 5월 완공한 후 이디오피아 셀라시엔 1세 황제가 참석하여 제막하였다. 높이 16 m로 16개국을 의미하며 참전비 중 가장 높다.

● 중도유원지 — 의암호 중간에 자리한 모래 섬으로 숲이 우거지고 백사장이 좋은 곳이다. 아직 개발이 미흡하나 수영장, 방갈로, 야영지 등이 있다. 총면적 20만㎢. 특히 이곳은 북쪽 지역에서 한국 유일의 남북방 절충식 고인돌이 발견된 곳이다. 또 말무덤으로 불리는 적석총에서 청동반지가 출토되었다.

가이드

⊙ 교통

● 철도 — 경춘선(청량리~춘천간)이용. 무궁화호 6왕복, 통일호 8왕복, 약 2시간 이내 시간 걸림.

● 시외 / 직행 — 서울 상봉터미널, 원주, 강릉, 춘천, 대구, 철원 등지에서 춘천까지가 연결됨.

알아둡시다 · 소양제

무천의식에서 비롯된 향토 문화제

춘천시와 춘천군이 함께 벌이는 축제로 예맥시대의 무천의식에서 비롯된 향토 신앙성 호수제이다. 지난 1966년 전통민속문화의 개발과 주민화합, 애향심 고취를 목적으로 실시된 개나리 문화제와 개나리 호수제의 후신으로 매년 5월 초순경에 3일간에 걸쳐 춘천시 일원에서 실시된다. 행사내용은 봉의산 순의비에서 실시되는 산제를 시작으로 공지천까지의 촛불행진, 수상캠프화이어, 불꽃놀이 등의 전야제가 실시되며 민속놀이, 체육행사 등 민속체육행사와 미술초대전, 사진촬영대회, 사생대회, 연극공연, 백일장 등 문예행사로 나뉘어 실시된다. 지난 1984년 소양제에서는 소양강 뗏목이 재현되어 옛 정취와 조상의 숨결을 기린 바 있다. 주최는 소양제위원회.

● 기타—차량은 어린이회관 쪽에서 안보회관 쪽으로 갈 수 없음. 삼천동은 터미널에서 도보 10분 거리.

◉ 숙박

● 관광호텔—세종관광호텔(1급, 68실), 춘천관광호텔(2급, 50실).
● 기타—장급여관, 여관, 여인숙 등이 시내 다수 있음. 도청 주변에 여관 밀집.

◉ 메모

● 특산 명물—차도구, 꽃바구니 등.
● 향토 미각—효자동 별당막국수, 후평동 부안막국수가 유명.
닭갈비, 숯불구이는 도청 앞 명동 골목에 몰려있음.
● 기타 사항—반공전시관은 입장료 없음.

상당산성

충북 청주시 산성동 / 청원군 일원

말끔히 복원된 상당산성 남문과 성곽

　청풍명월의 고장 충청북도의 심장부 청주는 역사와 전통을 간직한 문화도시로 깔끔하기가 전국에서 으뜸. 예부터 국토의 중앙에 위치한 지리적 이점으로 언제나 요충지가 되어 왔다.

　청주는 백제시대 상당현이라 불렸으며 고구려시대에는 낭자곡, 신라시대에는 오경의 하나인 서원경으로 불렸다. 고려시대에는 '맑은 고을'이란 뜻으로 청주라는 이름으로 불려지게 되면서 오늘에 이르고 있다. 이외에도 지형이 배와 같은 모습이라

해서 '주성' 이란 별칭으로 불리기도 했다.

　청주시내 중심부로부터 동쪽 7㎞ 지점에는 백제 때 지명을 따른 사적 제212호 상당산성이 있다. 상당산성은 오래전엔 충북 청원군 낭성면 산성리에 속하던 곳으로 바로 아래 명암약수 관광지가 있어 이름은 알려졌으나 찾는 이가 없는 황폐한 채로 방치되던 유적지였다. 그러나 청주시가 확장되면서 일부가 청주시 산성동에 편입되었고 우암산공원 조성계획의 일환으로 주변 및 성곽일대가 단계적으로 정화, 보수되었다.

현재는 1971년 보수된 성곽을 비롯 77~80년에 산성의 남쪽 문루이던 공남문, 서문루, 동문루 등이 개축, 복원되어 있고 순환진입로가 개설되면서 우암산, 삼일공원, 명암지, 국립청주박물관, 어린이회관, 명암약수 등과 연계되어 청주 제일의 휴식공원이 되어 있다.

산성이 위치한 상당산은 해발 491.2m로 일명 상령산으로 불렸다. 이곳은 삼국시대 국경을 이루던 군사적 요충지의 하나로 이미 삼국시대부터 토성이 설치되어 있었다. 그후 조선 숙종 42년(1716) 8부능선에 토성을 따라 석성을 쌓았는데 당시 성벽은 둘레가 십여리에 이르고 높이가 6~13m로 넓이가 약 5만 4천7백여 평에 달했다고 한다.

성내에는 장대 2개소, 동남서 3문루, 수문 1개소, 암문 2개소, 치성, 연못, 우물, 사찰 등이 조성되었다.

상당산성은 옛문헌을 토대로 보아 백제의 상당산성, 삼국사기의 낭자곡성으로 김유신 장군의 유적지로 추정되고 있다. 일설에는 김유신 장군의 아버지인 김서현 장군이 7년에 걸쳐 쌓은 것이라고도 한다.

산성 내부는 작은 분지를 이루는 절묘한 지형을 이루고 있는데 이곳에 30여 호의 민가가 옹기종기 모여 있다. 수년 전 이곳 마을은 청주시가 한옥지구를 조성하고 민속주와 향토음식 등을 판매하는 식도락의 명소로 꾸며 놓았다.

산성로를 오르는 길목에 위치한 명암약수는 국민관광지로 지정된 명소. 인근 초정, 부강약수 못지않은 천연약수가 무진장 솟아난다.

◉ 명소

● 명암지—1921년 준공. 총 198정보. 보트장으로 사용된다.

● 노인공원—명암지 앞산 명암정을 중심으로 조성되어 있다. 경로당 활터, 노인정 등이 있다.

● 명암약수—탄산질이 다량 함유된 약수로 위장병에 특효. 주변은 놀이터로 꾸며져 있다. 국민관광지로 지정되어 있다.

● 어린이회관—청주시 명암동 산 72-13. 총 1천3백50 평의 지하 1층, 지상 3층 규모. 1988년 5월 개관. 다목적 강당, 자연, 문화전시실, 오락실, 천체과학실 등이 갖추어져 있다.

● 우암산—상당산에서 분기된 산으로 지도에는 와우산으로 표기되어 있다. 청주의 진산. 중턱에 독립선언문을 기초한 33인 중 이 고장출신 6명의 동상이 있다.

알아둡시다 · 청주박물관
중원문화 조명하는 산교육현장

　청풍명월의 고장 충북의 도청소재지 청주는 삼국시대 각축장이 되었던 요충지. 인근은 우리나라 5대문화권에 하나로 꼽히는 중원문화권의 중심을 이루고 있다.
　경주, 공주, 부여, 광주, 진주박물관 등 지방 박물관으로서는 6번째로 1982년 3월에 착공, 6년에 기간에 걸친 대공사 끝에 1987년 10월 30일 개관되었다.
　중원지역에 산재될 각종 문화유산과 중원문화의 형성 및 발전과정을 일목요연하게 보여주는 청주박물관은 지형의 특색을 살려 4만 2천476평의 부지에 본관(전시동·관리동·도서실·강당 등)과 사회교육관, 매표소, 화장실, 주차장 등 연건평 1천788평의 건물 7동을 건설하였다.
　전시실 중 제1전시실은 선사시대실로 293점, 제2전시실은 삼국시대실로 290점, 제3전시실은 미술공예실로 305점의 전시품을 진열하고 있다.

가이드

⊙ 교통

●철도─경부, 호남, 전라선 이용 조치원역 하차. 조치원에서 청주까지는 택시, 시내버스 이용.

●고속버스─서울, 동서울, 부산, 대구, 광주 등과 연결됨. 청주시내~산성간 시내버스 낭성행 이용.

●시외 /직행─서울, 단양, 원주, 대전, 부여, 수원, 전주, 대구, 강릉, 천안, 김천, 무주, 울산 등지에서 청주정류장까지 직행버스 운행.

●기타─음식점에서 미니버스가 운행하는 경우도 있음.

택시는 대절요금을 내야한다. 청주시내에서 낭성행시내버스 수시운행.

⊙ 숙박

●당일코스 가능. 명암약수 입구에 장급여관 등이 약간 있음.

⊙ 메모

●특산 명물─탄산약수, 도자기.

●향토 미각─세뱅이 매운탕, 파전, 닭도리탕, 생고기구이가 유명.

서울대공원

경기 과천시 막계동

서울대공원의 일각

　맑은 공기, 깨끗한 물, 울창한 숲 속에서 동물과 인간이 공존하는 곳. 어린이에게 꿈을, 청소년에게 투철한 국가관을, 어른에게 추억과 희망을 주는 대단위 종합위락 공원 건설을 목적으로 이룩된 서울대공원은 국내 최대 규모의 가족, 학습, 수상, 체육, 자연, 문화, 오락 등을 겸하는 전천후 종합공원이다.

　지난 1977년　시민　종합위락공간 건설이 시급하다는 판단 아래 건설 기본방침을 확정한 서울대공원은 '78년 기공식을 갖고 '86년을 목표로 3단계 건설계획으로 추진되었다. 그러나 아시아경기대회, 올림픽대회 등 커다란 세계행사가 유치되자 공정을 1년여 앞당겨 1984년 5월 동물원 개관을 시작으로 식물원, 현대미술관, 놀이동산, 청소년시설 등을 잇따라 완공했다.

서울대공원은 맑고 푸른 청계산의 좌우봉인 옥녀봉과 망경대, 운봉 등에 둘러싸인 두 개의 골짜기 202만 평 면적에 조성되었다. 1일 60만명 수용을 목표로 건설된 이곳은 57만 평 규모의 대호수를 중심으로 우측 계곡을 돌며 동식물원을 조성했고 좌측 계곡에는 청소년 문화시설, 서울랜드, 국립현대미술관 등을 배치했다. 이같은 시설들은 코끼리열차(무궤도열차)를 타고 둘러볼 수 있다.

이곳에 설치된 시설물은 자연경관의 보존과 개발균형유지, 한국고유전통과 문화유산의 재현, 모든 계층이 함께 즐길 수 있는 시설, 원산지대로의 서식환경 조성, 미래지향적인 시설을 기본방침으로 조성되었다. 개관 당시 몰려드는 인파로 숱한 화제를 빚어냈던 이곳은 최근 입장객이 줄기 시작하여 이를 위한 대책에 부심하고 있는 중이다. 서울대공원은 휘장으로는 무궁화, 마스코트는 다람쥐로 정하고 있다.

⊙ 명소

- 동물원 — 어린이관, 홍학장, 호주관, 곤충관, 야행동물관, 제1, 제2 아프리카관, 대동물관, 열대조류관, 제3 아프리카관, 작은 물새장, 큰 물새장, 해양동물관, 공작장, 꿩장, 자고새장, 닭장, 매장, 독수리장, 수리장, 아메리카 초식동물우리, 남아메리카관, 맹수우리 등 동물사 75동과 방사장, 동물병원, 사료조리실, 번식장 능으로 나뉘어져 있다. 시설은 원산지 서식환경 재현과 지리, 생태, 계통분류를 최대한 고려하여 설치되었다. 특히 도랑을 이용한 자연 방사형으로 관람이 용이토록 했고 특수 유리를 설치하여 시각장애, 방음, 냄새방지 등을 고려하고 있다. 약 4백여 종에 4천여 마리를 보유하고 있다. 88만평 규모. 옆에 돌고래쇼장이 있음.
- 온실식물원 — 건평 854평. 높이 23m. 총 950여 종에 8천 7백여 종 보유. 식물은 열대, 아열대관, 선인장, 다육식물관, 난, 양치류 별로 전시하고 있다. 1986년 개장.
- 종합안내소 — 건평 2,118평. 3층 규모. 수화물 보관소, 종합안내센터, 무궤도열차 매표소, 영사실, 방송실, 식당 등이 있음.
- 주차장 — 8만 4천평 규모. 입구 6개소. 출구 8개소임.
- 서울랜드 — 서쪽 계곡 25평 부지에 조성. 바자구역, 한국민속문화구역, 우주과학구역. 환상모험구역, 4개 주제공원으로 조성됨. 88년 5월 개관.
- 청소년수련관 — 동물원과 현대미술관 사이 2만 3천 600평에 1986년 11월 조성.

대공원의 명물인 돌고래 쇼장

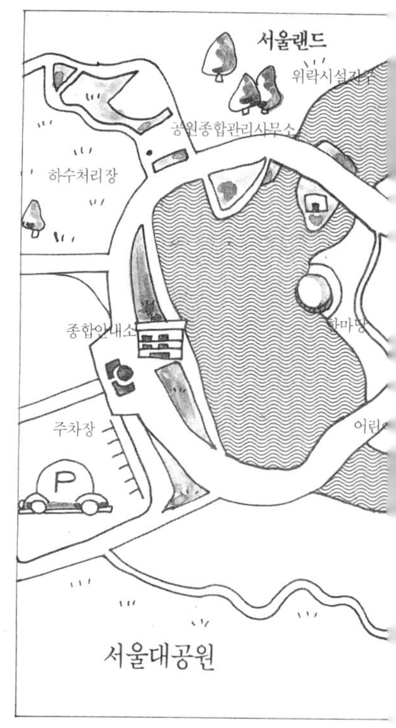

농구장, 배구장, 체력단련장, 야영장, 잔디광장, 공동취사장 등을 갖추고 있음.
* 단재동상—조선일보 지령 2백호 기념으로 1988년 3월 건립.

가이드

⊙ 교통

* 항공—생략(서울 김포국제공항 이용).
* 철도—서울 지하철 2, 4호선 사당역하차 버스이용.
서울역, 청량리역 이용.
* 시외 / 직행—서울 시내버스 16, 97-1, 810번 이용(사당사거리).
안양시에서도 시내버스 다수있음.
* 기타—과천행은 공원 입구 하차 도보 약 10분. 경내 코끼리열차운행.

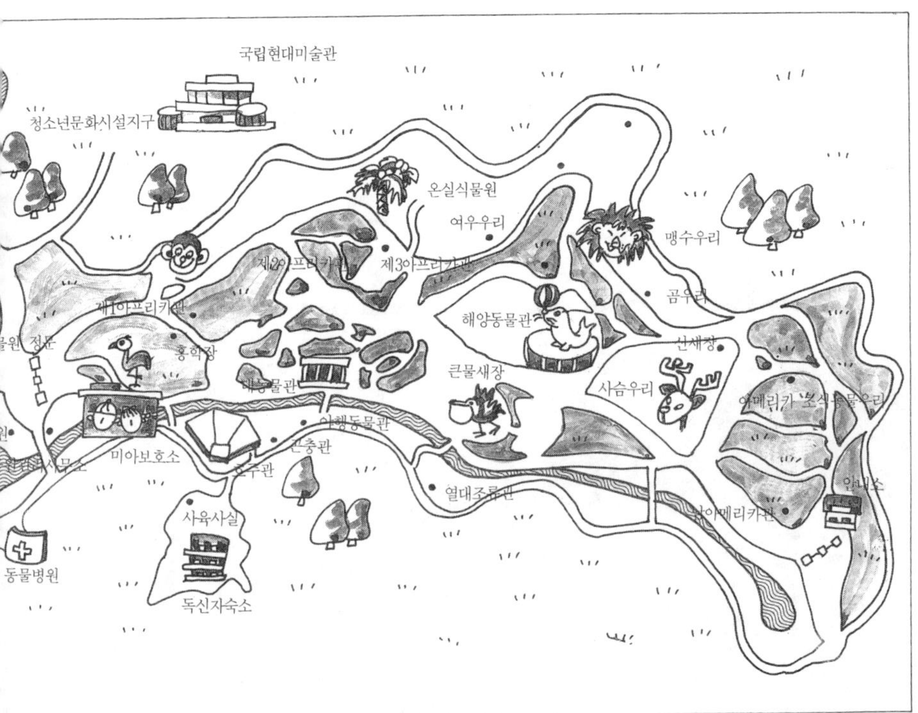

⊙ 숙박

- 관광호텔―과천시내 별양동 과천관광호텔(2급, 48실), 서울호프관광호텔(2급).
- 기타―안양, 과천, 서울시내 시설이용.

◎ 메모

- 향토 미각―중앙동 쇠꼬리 국밥 유명. 중앙동 시청 앞에 먹자빌딩이 있음.
- 서울대공원 입장료―어른 1천원, 군인·학생 8백원, 어린이 5백원.

현대미술관 입장료―어른 5백원, 군인·학생·어린이 2백원.

서울랜드 입장료―어른 3천3백원, 군인·학생 2천5백원, 어린이 1천8백원.

선운산 선운사

전북 고창군 아산면 삼인리

동백 명소로 이름난 선운사 경내

전북 서남부 서해와 맞닿은 곳에 위치한 판소리의 고장 고창은 수많은 고적과 산해절승을 두루 갖춘 역사의 고장이다. 곳곳에 볼만한 명소들이 널려 있다. 이중에서도 1979년 도립공원으로 지정된 선운산은 고창을 비롯 호남지역을 대표하는 명소의 하나이다. 호남의 내금강으로 불리는 선운산은 깊고 그윽한 계곡과 빼어난 모습의 기암, 천년고찰 선운사를 지닌 명승지로 알려져 있다. 특히 선운사 대웅전 뒤로 길게 우거져 있는 5백년생 동백나무 숲(천연기념물 제185호)이 4월 중순쯤이면 붉

은 핑크빛으로 물들어 길손의 발길을 한동안 머물게 한다. 대한불교 조계종 제24교구의 본사인 선운사는 백제 위덕왕 28년(581) 검단선사가 창건한 절로 전해지고 있는데 신라 진흥왕이 이곳에서 수도했다고 전한다. 선운사는 고려 충숙왕 때에 중수했고 조선 성종대에 이르러는 덕원군의 후원으로 대대적인 중창을 하여 거찰을 이루었다. 그러나 정유재란으로 인해 거의가 불타고 말았다. 그후 광해군 때 재건을 이루었고 이어 헌종 때 다시 중건했다. 경내에는 금동보살좌상, 대웅전 등 보물 3점과 지방문화재 9점 비지정문화재 30여 점이 있고 낙조대, 선학암, 봉두암, 도솔계곡 등 빼어난 자연경관들도 가득하다. 미당 서정주의 시 '선운사 동구'의 작품소재인 동백을 제외하더라도 선운사에는 예부터 세 가지 명물이 전하고 있다. 그 첫째가 작설차, 둘째 복분자술, 셋째 풍천장어를 꼽는다. 전래의 비방으로 조리된 양념을 바른 장어를 구워 복분자술의 안주로 곁들이고 술을 다 마신 후 차의 향기로 입가심을 하면 제격인데 이는 예부터 애주가들이 평생을 두고 바라던 풍류였다. 도솔산으로 불리는 선운산은 볼 것이 많고 낙조대를 제외하고는 대부분지역이 평탄한 산길을 이뤄 자녀들과 함께 가는 미식을 겸한 여행지로 적합하다.

◉ 명소

- 금동보살좌상 − 보물 제279호. 조선시대 작품. 동으로 만든 후 도금을 했음. 높이 1 m. 대웅전에 위치.
- 지장보살좌상 − 보물 제280호. 조선시대 작품. 높이 96.9 m. 동으로 주조한 후

알아둡시다 · 풍천장어
연하고 담백한 남다른 맛의 일품요리

호남의 내금강으로 불리는 절경의 선운사는 뛰어난 경치와 많은 유적 유물을 지니고 있는 신라의 고찰이다. 이곳은 예부터 작설차와 복분자술, 풍천장어 등 세 가지의 명물이 전하고 있다. 풍천장어는 강과 바다가 어울리는 곳이면 흔히 볼 수 있는 뱀장어의 일종이다. 그러나 식도락가들이 애써 이곳의 풍천장어를 찾는 이유는 여느 곳과 달리 맛이 담백하고 연하며 구수하다는 데 있다. 풍천장어가 이 지방의 특산물이 된 연유는 알 길이 없다. 다만 15년 전까지만 하더라도 아무 때고 즐겨먹던 음식이라고만 알려지고 있다. 1인분의 장어구이에는 약 3마리의 장어가 필요하다. 요리법은 그물로 건져 올린 장어를 즉석에서 껍질을 벗긴다. 이어서 배를 가른 후 내장과 가시를 골라내고 굽기에 알맞은 크기로 썰어 석쇠에 올린다. 빼낸 가시는 구이에 필요한 양념의 재료이다. 양념은 장어의 뼈와 푹 고아낸 물이 필요하다. 여기에다가 고추장, 간장, 생강, 마늘, 후추, 계피, 물엿, 설탕을 붓고 다시 푹 다려준다. 마지막에는 정종을 약간 넣는다. 구이를 할 때에 지켜야 할 것은 겉과 속이 고루 익도록 천천히 굽되 절대로 태워서는 안된다. 전하는 말에 의하면 풍천장어의 바람 '풍'자는 바다를 뜻하며 내 '천'자는 냇가와 같이 맑다는 것을 뜻하는 것이라고 한다.

도금을 했음.

- 대웅전 — 보물 제290호. 조선 광해군 6년에 재건한 건물. 정면 5칸, 측면 3칸, 단층 맞배집. 다포계 양식건물임.
- 석씨원류 — 지방유형문화재 제14호. 조선 인조 때 복간한 목각판. 총 204항 406장 409판에 이르던 것이 망실되어 현재 373판이 남아 있다.
- 목조삼존불상 — 지방유형문화재 제28호. 영산전내 위치. 조선시대 작품. 중앙은 석가여래좌상, 좌우에는 아난, 가엽보살의 입상이다.
- 6층석탑 — 지방유형문화재 제29호. 대웅전 앞에 위치. 화강암제이며 고려시대 작품으로 추정.
- 동불암마애불상 — 선운사 남쪽 3km 지점에 위치한 도솔암 옆 칠송대의 암벽에 새겨짐. 높이 약 5m. 지방유형문화재 제30호.

가이드

◉ 교통

- 철도 — 호남선 정주역 하차. 고창까지 버스 이용.
- 고속버스 — 서울, 동서울~정주간 고속버스 이용(3시간 20분 소요).
- 시외 / 직행 — 서울 남부(서초동)~고창간 직행버스(3시간 40분 소요).

광주, 전주, 군산, 이리, 목포, 정주 등 직행버스 수시 운행.

고창~선운사 완행버스 1시간 간격. 직행 1회.

- 기타 — 경주~고창간 합승택시 있음.

◉ 숙박

- 동백장호텔 등 신단지에 장급여관 10여 개소 있음.

◉ 메모

- 특산 명물 — 도자기, 목기, 자수, 풍천장어.
- 향토 미각 — 대산면의 단무지 유명. 작설차, 복분자술, 풍천장어구이가 전국적으로 이름난 곳임. 동백장이 유명.
- 기타 사항 — 도솔암까지 다녀오려면 도보로 왕복 2시간 이상 소요됨.

입장료 — 어른 9백원, 군인 · 학생 5백20원, 어린이 3백원.

선유도

전북 옥구군 옥구면 선유도리

명사십리로 알려진 해수욕장과 망주봉

　호남평야와 칠산어장을 맞대고 있는 옥구지방은 농수산물의 집산지로 널리 알려진 곳. 아울러 서해 중심부에 위치한 지리적 이점으로 고려시대 때는 12창의 하나인 진성창이 있었고 조선시대 최대규모의 나리포창이 이곳에 있었다. 또한 국방의 요충지로 여겨져 진을 두고 많은 병사들을 주둔시켰던 곳이었다.
　서해의 중앙부 군산 앞바다에 펼쳐져 있는 고군산열도는 선유도(仙遊島)를 중심으로 무녀도, 장자도, 신시도, 횡경도, 방축도, 명도, 말도 등 크고 작은 섬

선유도와 연결된 장자도

24개가 모여 있는 천연의 해상공원. 이곳에는 예부터 전해오는 여덟가지 절경 '고군산8경'이 있다. 고군산열도는 근해에 조기잡이로 이름을 칠산(七山)어장과 조선시대 수군기지였던 고군산진, 장자도진을 두었던 요충지로 당시의 모습을 배경으로 그린 병선도가 충남 아산에 위치한 현충사에 보관되어 있다. 이곳 지역은 곳곳에 수많은 전설이 남아 있어 아름다운 경관과 함께 섬을 찾는 이들에게 흥미를 더해준다. 고군산이란 명칭은 군산도로 불리던 지금의 선유도에 있었던 군산진이 진포(지금의 군산시)로 옮겨지면서 새 군산진과 구별을 위해 고군산으로 불리게 되었다. 고군산열도의 중심지 선유도는 여러 개의 섬이 겹겹이 싸인 지형에 고군산8경 중 세가지의 절경을 지니고 있다. 선유도는 조선시대 초에 군산만호가 설치되었던 곳이기도 하다. 군산진이 옮겨진 후 조선 인조 2년(1624)에는 소모별장을 두었고 숙종 때는 첨사, 정조 때는 영장을 두었던 군사적 요충지였다. 특히 선조 때의 정유왜란 당시 충무공 이순신 장군이 머물렀던 곳으로 유명하다. 충무공은 이곳에서 명량대첩의 장계를 작성하고 이곳에 머무는 동안 충남 아산의 고향에 아들 희를 보내어 고향소식을 알아오도록 했다. 고군산8경

수려한 선유도 해안

의 제1경 선유낙조는 선유도 앞바다가 붉은 석양에 물들어 마치 불바다처럼 느껴지는 장관을 말한다. 제7경은 선유도의 심벌로 일컬어지는 망주봉. 제8경은 명사십리로 요즘은 선유도해수욕장으로 불리는 곳이다. 이외에도 망주봉에서 바라다보이는 세개의 섬을 감도는 어선들의 모습을 팔경에 넣어 삼도귀범(三島歸帆)이라 했고 대동여지도에 나오는 열두섬을 일컫는 무산십이봉(無山十二峰) 등도 끼어 있다. 선유도는 홍도, 백도 등과 같이 빼어난 절경을 지닌 곳은 아니지만

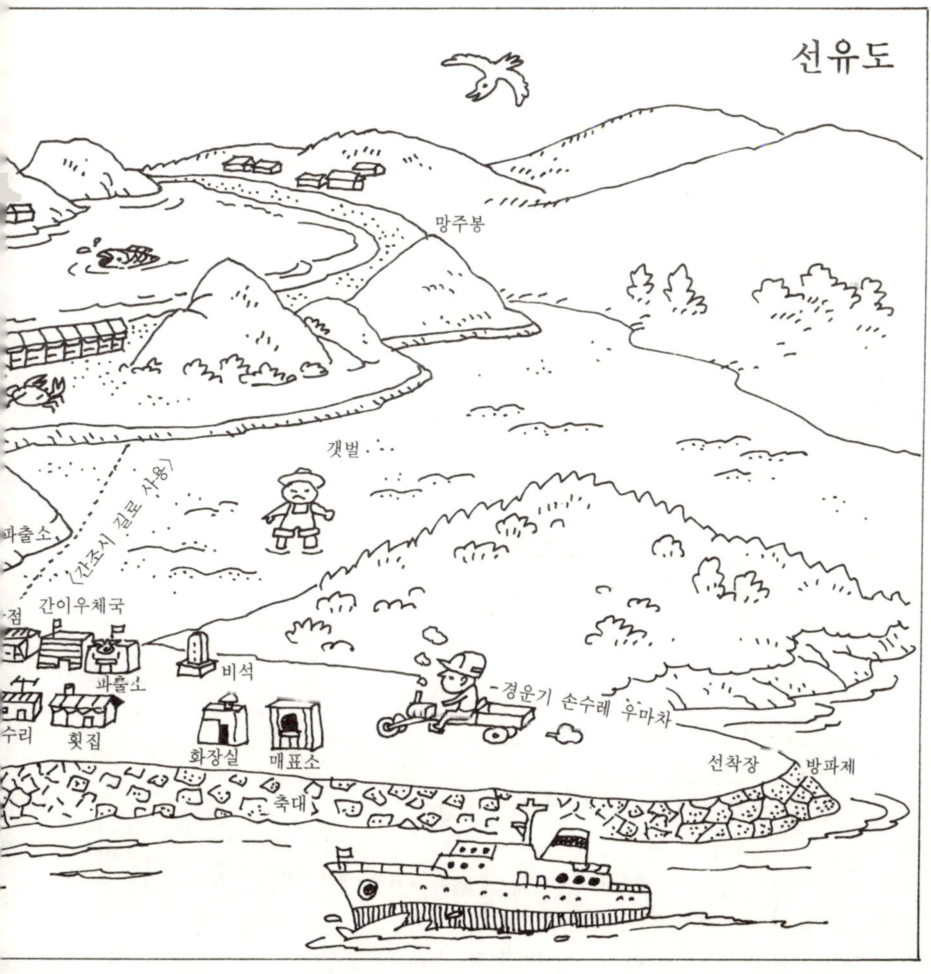

그윽한 서해안의 풍경을 듬뿍 느끼게 하는 정겨운 곳이다.

◉ 명 소

● 선유도해수욕장－고군산8경 중 마지막 '명사십리'로 불리던 곳이며 소문과 같
이 금빛 모래는 아니나 그런대로 백사장, 경치 등이 장관이다. 길이 1.2km, 폭

50m 규모로 반달형을 이루고 있다.

- 망주봉 – 높이가 약 1백20m에 이르는 두 개의 암봉으로 옛날 선유도에 유배된 신하들이 임금을 그리워 했다는 전설을 지닌 곳이다.
- 무녀도 다리 – 선유도와 무녀도를 잇는 현수교, 발아래 해안이 장관. 교각근처는 바다 낚시터로도 유명하다.
- 무녀도 – 무당이 춤을 추는 모습이라고 해서 무녀도로 부름. 무녀봉이 솟아 있다. 선유도와 현수교로 연결된다.
- 장자도 – 장자할머니의 전설이 전하는 곳. 장자할머니 바위가 있다. 길이 113m의 현수교가 선유도와 연결되어 있다. 어장으로도 유명하다.

가이드

⊙ 교통

- 해 운 – 장미동 소재 군산 여객선 터미널에서 선유도행 선편 이용(1일 1회, 하계절엔 임시운항편 늘어남)
- 철 도 – 호남선, 전라선 이용. 이리까지 간 후 군산선을 이용하면 군산까지 갈 수 있다.

알아둡시다 · 고군산8경

스물네 개의 섬이 이룬 여덟가지 절경

군산항 서쪽 백여 리 떨어진 망망대해 해상에는 여러 개의 섬들이 이어져 있다. 이를 고군산열도라고 부른다.

예부터 고군산열도에는 아름답고 뛰어난 경승지 8개소가 있다.

고군산8경으로 불리는 이들 경관은 이미 옛모습을 잃은 곳도 있지만 아직도 명성은 전해지고 있다.

8경중 제1경은 선유낙조로 고군산의 중심을 이루는 선유도에서 바라다보이는 석양을 꼽는다.

제2경은 삼도귀범, 제3경은 장자어화로 장자도에 떠있는 고깃배의 불빛풍경을 말한다. 제4경은 고군산도의 주봉으로 꼽는 신시도의 월영대이며 제5경은 평사낙조, 제6경은 무산십이봉, 제7경은 선유도에 솟아있는 망주봉 제8경은 현재 선유도해수욕장으로 불리는 선유도 해안백사장으로 명사십리라고 일컫는다.

- 고속 버스―서울에서 군산간 이용가능(3시간 20분)
- 시외/직행―김제, 부안, 고창, 광주, 대전, 전주, 이리, 인천 등지에서 군산행 직행버스 운행.
- 기 타―배표는 왕복편을 미리 확보할 것(매진으로 일정 연장될 수 있음.)

◉ 숙박

- 관광호텔―군산시내에 군산관광호텔(2급, 1백11실), 빅토리관광호텔(3급, 63실) 있음.
- 기 타―민박 15가구 1백실 문의전화(0654)62~1244. 해수욕장 주변에서 야영도 가능.

◉ 메모

- 특산 명물―완초, 돗자리, 해산물이 유명.
- 향토 미각―군산시내 경산옥(영화동·아귀찜), 서해횟집(금동·모듬회), 압강옥(영화동, 소고기쟁반) 등이 유명. 선유도에는 간이음식점뿐임.
- 기타 사항―야영시 물이 귀함.

설악산 대청봉

강원 인제, 양양군, 속초시

설악산의 정상인 대청봉

　태백의 걸작품. 국내 최대의 자연경승지로 꼽히는 설악은 해동의 명산으로 알려진 금강산보다 오히려 더 높고 웅장한 맛이 더하다는 명산. 지명유래도 문헌마다 각기 다르며 전설도 헤아릴 수 없이 많이 전하고 있다. 설산, 설화산 등으로 불리기도 했던 설악산은 그 중에서도 중추에 내린 눈이 초여름에 녹는다 하여 지었다는 설과 돌이 눈처럼 희다고 해서 설악산이 되었다는 설이 가장 널리 알려져 있다. 그러나 설악은 실제로는 눈과 관계없는 신성을 의미하는 '슬'과 같은 음역이 전래되어 지어

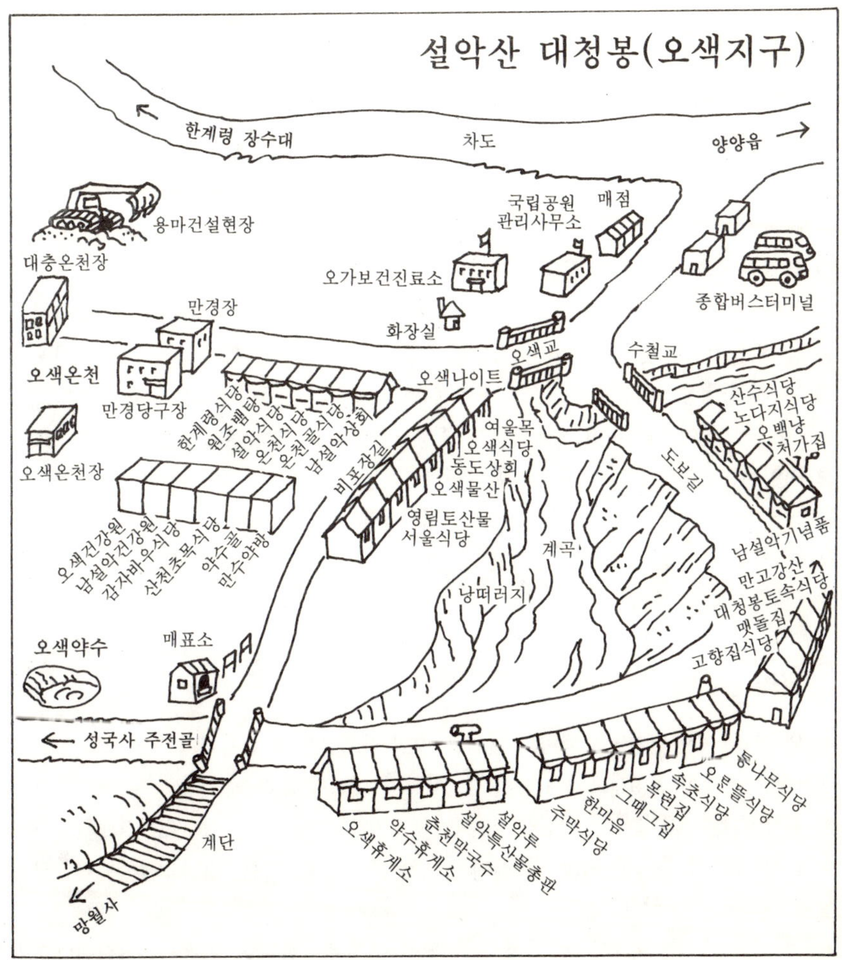

진 이름이라고 한다. 설악산은 산봉, 계곡, 폭포, 기암 등 각종 명소마다 명칭이 붙어 있는데 이는 모두가 예사스럽지 않은 것들로 유·불·선 사상과 결부된 것이 대부분이다. 사계절 모두 각기 다른 빼어난 경승을 지닌 이곳은 동해를 굽어보며 깎아 세운 듯한 준봉이 솟아 있고 수려한 준봉 사이사이에는 맑고 그윽한 계곡이 펼쳐진다. 계곡은 기암괴석이 어울려 소·담·폭포 등을 이뤄 놓아 곳곳에 깊고 오묘한 선경을 이룬다. 1970년 국립공원으로 지정된 설악산은 4개 시군에 걸쳐 있는 거대한 산군으로 주봉 대청봉과 한계령을 경계로 동쪽의 속초, 양양지역을 '외설악'. 서쪽

인제지역을 내설악으로 부르고 있다. 수년 전부터는 오색지역을 남설악이라고 하여 세 곳으로 나누어 부른다.

설악산은 해발 1707.9 m의 주봉 대청봉을 중심으로 연꽃잎처럼 둥그런 모양을 그리며 동쪽을 제외한 전방향에 뫼뿌리가 연이어 진다. 대청봉은 금강산의 주봉 비로봉보다 7 m가 높다. 이곳을 경계로 내외 설악이 구분되며 수많은 산봉이 조아리듯 뻗어 있다. 대청봉이란 이름은 멀리서 바라보면 청색을 띤듯 푸르게 보인다고 하여 붙여진 것이라고 하며 신앙적 의미의 광명을 뜻하는 것이라고 풀이하기도 한다. 정상에는 등산객들이 쌓아 놓은 삼각 돌무더기 케른이 있고 못미처에는 간이산장이 있다. 점봉산이 한눈에 조망되며 기묘한 산봉과 동해 등을 아득히 볼 수 있다. 아래 서쪽에는 중청봉(1666 m)이 있고 다시 북쪽에 소청봉, 남쪽에는 끝청봉이 있다. 동으로는 관모산이 이어지며 서쪽으로는 중청 — 끝청봉을 거쳐 귀때기청봉 — 대승령으로 이어지는 북서주능이 연결된다. 북쪽은 화채릉과 공룡능선이 이어지고 천불동 계곡을 따라 하산하면 설악산의 중심지 설악동에 이른다. 남쪽은 남설악의 중심지 오색약수로 이어진다. 대청봉은 일명 봉황대라고도 불렸다.

◉ 명소

● 오색지구 관광단지 — 오색약수 일원을 중심으로 1980년 관광단지가 조성되었다. 온천장 부근에 여관 9개소와 각종 상점, 식당이 있고 호텔 등도 있다.

● 설악동단지 — 외설악의 중심을 이루는 곳. 1978년 단지 조성을 완료했다. 1만 8천여 평 규모에 주차장, 소공원, 케이블카, 콘도미니엄, 여관, 기념품점 등 각종시설이 가득 들어차 있다.

● 서북릉 — 대청봉 서쪽으로 이어지는 능선. 끝청봉 — 한계령 북부 — 십이선녀탕으로 이어진다. 안산 부근은 길마산능선이라고 한다. 44번 국도와 거의 일치하는 능선코스이다.

● 용아장성릉 — 구곡담과 가야동계곡의 중앙을 흐르는 능선으로 대청봉 서북으로 뻗어 있다. 뾰족한 봉우리가 마치 용의 치아처럼 생겼다고 하여 붙여진 이름이다. 소청봉 — 봉정암 — 옥녀봉 — 수렴동계곡으로 이어진다. 구곡담 절경이 볼만하다. 전문 등산코스이다.

● 공룡릉 — 대청봉 북쪽에서 북서쪽으로 흐르는 능선 회운각 — 무너미고개 — 천화대 남부 — 나한봉 — 마등령에 이른다. 범봉 일대에 암벽과 단애가 있어 위험하다.

대청봉을 오르는 길목인 오색온천장

약수, 온천, 단풍이 뛰어난 남설악의 서울

　남설악의 중심지 오색지구는 설악동 다음으로 붐비는 곳. 이곳은 자랑거리가 세가지나 있다. 오색의 제일 명소는 약수터를 꼽는다. 수소, 철, 규산, 불소, 마그네슘, 중탄산 등을 함유한 오색약수는 위장병, 병후회복, 혈액순환에 유익한 성분을 지닌 것으로 시험 분석되어 있다. 두번째는 신경통, 근육통, 피부질환 등에 효능이 있는 것으로 알려진 수온 42도의 단순천인 오색온천이다. 색깔과 맛이 전혀 없는 온천수는 원래 10여 리 되는 한계령쪽 도로변 옆 산중턱에 있었으나 이를 개발하여 송수관을 통해 오색시설단지내 숙박업소로 온천수가 보내지고 있다. 세번째는 성국사를 중심으로 좌우에 펼쳐지는 수려한 계곡을 꼽는다. 특히 주전골로 불리는 지역은 사계절 모두 특색있는 절경을 꾸며놓고 있는데 계곡등산로도 별로 험하지 않아 설경미를 감상하는 코스로 적합하다. 오색리는 설악의 주봉 대청봉을 오르는 등산로 중 가장 짧고, 힘이 덜드는 코스의 시발점으로도 널리 알려져 있다.

대청봉에서 바라본 태백의 산봉

● 화채릉 —대청봉 동북에 화채봉을 향하여 뻗은 능선. 화채봉에서 정북으로 휘어진다. 화채봉 —칠선봉 —권금성 —집선봉으로 이어진다. 일명 동북릉으로도 불린다.
● 독주골릉 —대청봉 서남쪽에 오색지구로 향하여 뻗은 능선으로 중청 —끝청봉 —독주폭포 —오색으로 이어지는 능선은 서독주릉 또는 독자암릉이라고 부른다. 대청봉 —설악폭포 —관터골고개 —오색능선을 동독주릉이라고 한다.
● 동남릉 —대청봉 정동쪽에 자리한 관모봉으로 뻗은 능선이 일명 관모능으로도 부른다.

가이드

◉ 교통
● 항공 —속초공항 이용가능, 서울간 매일 1왕복, 화 목 토 일요일 1왕복.
● 고속 버스 —서울, 동서울에서 속초까지 운행(5시간 10분 소요).
● 시외 /직행 —설악동까지 서울간 1일 3회 직행버스운행(5시간 20분)

서울, 원주, 춘천 등지에서 오색정차 직행버스 운행.
●기 타-양양읍에서 오색간 시내버스 운행. 속초시에서 양양, 설악동간 시내버스
수시운행.

◉ 숙박

●관광호텔-설악동에 설악파크, 뉴설악 등 특급호텔을 비롯 여러개 있음.
오색지구에 남설악호텔있음.
●기 타-설악동에 장급여관, 민박 많음. 그러나 피서철과 단풍철에는 부족현상.
오색에는 온천장을 겸한 여관 10여 개소, 민박도 많음.

◉ 메모

●특산 명물-사주, 목공예
●향토 미각-낙산지역에 횟집유명, 양양읍내 막국수집 유명, 설악산 입구 대포항
주변에 생선회집이 많음.
●기타 사항-등산코스:오색약수 입구~대청봉~천불동계곡~설악동 약 7시간 소
요(최단거리 코스임)
설악산 입장료-어른 4백원, 군인 · 학생 3백원, 어린이 1백 40원

설악산 십이선녀탕

강원도 인제군

오랜 세월 동안 패이고 깎인 선녀탕 계곡의 신비한 모습

　한반도의 등뼈로 불리는 태백산맥에서 가장 높은 설악산은 사계절 모두가 우열을 가리기 어려운 절경의 연속지대이다. 골짜기마다 뾰족뾰족하고　하얀　봉우리와 시커먼 봉우리가 좋은 대조를 이루며 솟아 있다. 또한 맑은 계류와 숲이 어우러진 모습은 언제나 설악산이 절경임을 한눈에 느끼게 하고 있다. 특히 가을이면 붉고 노란 단풍과 함께 더욱 장관을 이룬다. 내설악의 서쪽 끝에 솟아 있는 안산(1430 m)의 서북쪽엔 설악산에서도 가장 압권인 제일의 비경, 십이선녀탕 계곡이 숨어있다.

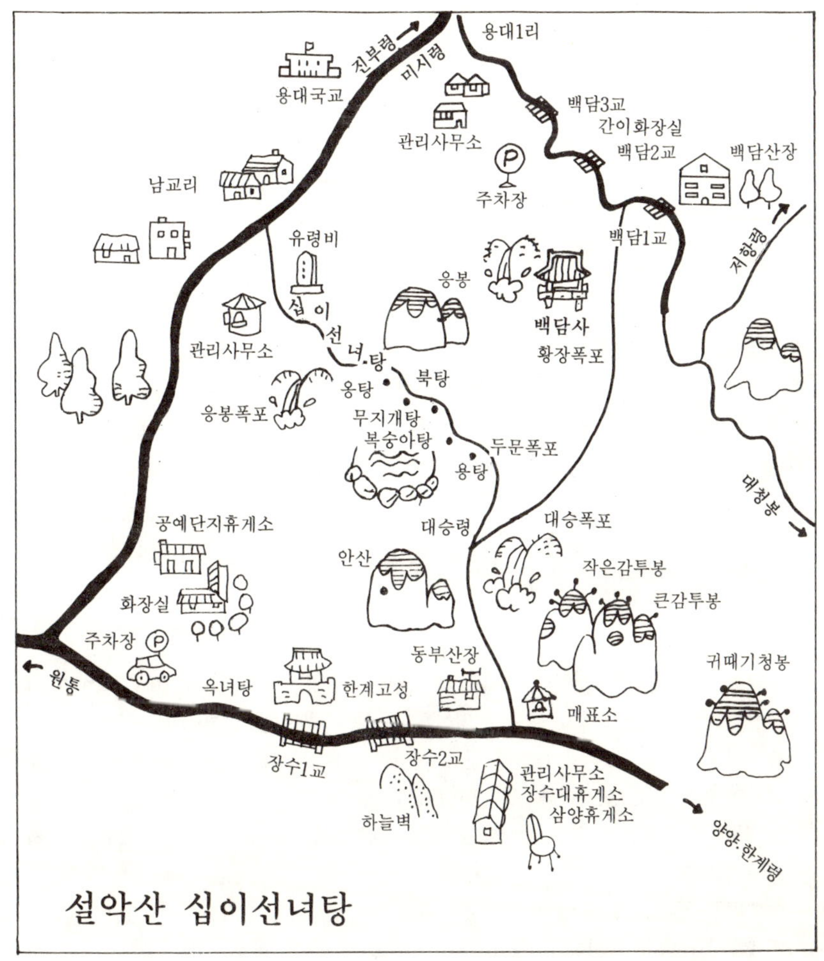

일명 탕수동 통수곡으로 불리는 이곳은 강원도 인제군 북면 용대리에서 북천을 건넌 뒤 안산을 바라보며 등산로를 따라 계곡을 끼고 들어가면 폭포와 탕이 연이어진 절경들을 볼 수 있다. 예부터 이곳은 탕이 12개소가 있다고 전해지고 있으나 실제는 8탕 8폭이 남아 있다. 전설에 이곳은 열두선녀가 목욕을 했던 곳이라고 전하고 있다. 이곳의 탕들은 오랜 세월 동안 강의 침식작용에 의해 패이고 깎여 나간 신비스런 모습들을 지니고 있다. 계곡은 변화무쌍한 경관을 지닌 곳으로 봄에는 진달래, 철쭉 등의 꽃과 푸른 나무잎들이 솟아나 화사한 봄의 정경을 꾸며 놓는다. 여름은 언제나 풍부한 수량으로 맑은 계류가 바위와 부딪치며 흘러 일순간 더위를 잊게 한다. 가을은 계곡과 파아란 맑은 하늘, 붉고 노란 단풍이 꾸며 놓은 삼중주는 가히 신선들의 절경이다. 온통 은천지를 이루는 겨울은 크고 작은 암반 아래 고드름 사이로 차디찬 맑은 계류가 경쾌한 소리를 내며 흘러내려 음악이 흐르는 전람회장처럼 그윽한 풍정을 자아낸다. 이곳은 사시사철 각기 다른 모습으로 10㎞ 남짓한 계곡의 이곳 저곳에서 아름다운 경치들을 마음껏 감상할 수 있다.

◉ 명소

- 옹탕―12선녀탕 중 제1탕. 항아리 모양을 하고 있다.
- 북탕―12선녀탕 계곡의 두번째 탕.
- 무지개탕―세번째 탕. 무지개의 모습처럼 화려하다.

알아둡시다 · 설악산국립공원

태백이 빚어낸 걸작품

맑고 깊은 동해와 접한 임해지로 태백산맥이 금강산에 이어 빚어낸 걸작이다. 4계절 각기 뚜렷한 경승을 지닌 설악산은 최고봉인 대청봉(1,708m)을 중심으로 숱한 준봉이 솟아 있고 이 수려한 준봉 사이에는 맑은 계류가 흘러 소와 담, 폭포를 이루어 놓고 있는 선경이다. 1965년 문교부 고시로 천연기념물 보호구역이 된 이곳은 1969년 교통부에 의해 관광지가 되었고 1970년 건설부가 국립공원으로 지정하기에 이르렀다.

총면적 354.6㎢로 강원도 고성군이 총면적의 3%, 속초시가 8%, 양양군이 27%, 인제군이 62%를 차지한다. 주요 자연경관으로는 산봉, 계곡, 폭포, 온천, 약수, 희귀 동식물 등이 있으며 문화경관으로는 신흥사, 백담사, 봉정암 등 불교문화재와 한계산성 등의 유적, 유물이 남아 있다. 설악산은 4개 시군의 행정구역에 걸쳐있는 광범위한 지역으로 외설악, 내설악으로 나뉘어 불리다가 최근에는 오색지구를 추가하여 남설악과 함께 세 지역으로 나뉘고 있다. 연평균 기온 12℃로 최고 평균기온은 영상 33.2℃, 최저 기온은 영하 18℃의 분포를 나타내며 858종의 식물과 531종의 동물이 서식하고 있다. 근처에는 낙산사 영랑호 등 관동8경의 절묘한 승경과 각종 해수욕장이 있으며 진부령스키장, 통일전망대와도 이웃하고 있는 관광의 보고이다.

- 두문폭포 — 작은 규모이나 아래의 소가 깊고 누운듯 흐르는 폭포가 장관.
- 용탕 — 12선녀탕 중 마지막 탕. 용혈이 있다.
- 구선대 — 등산로 초입에 넓은 암반과 계류가 절경을 이루는 곳이다.

가이드

⊙ 교통

- 시외 /직행 — 서울 상봉터미널에서 속초, 간성행, 선녀탕 입구 하차(남교리)
- 기 타 — 남교리에서 계곡까지는 등산로 이용(차량진입 불가)

⊙ 숙박

- 마을 입구에 민박집이 여러곳 있음. 장수대에 산장 3개소 있음. 야영가능

⊙ 메모

- 특산 명물 — 꿀, 산채, 송이버섯 등
- 향토 미각 — 인제읍내에 막국수집 유명. 십이선녀탕 입구에는 간이 상점뿐임.
- 기타 사항 — 시설이 거의 없으므로 준비를 철저히 할 것.

입장료 — 어른 4백원, 군인 · 학생 3백원, 어린이 1백 40원.

등산코스 : 안산경유 장수대 코스 약 7시간 소요.

소래포구

인천 남동구 논현동

새우젓의 특산지, 소래어항

　15년 전쯤인 1976년 9월까지는 꾸불꾸불한 서해안의 미려한 풍경을 누비며 자그마한 협궤스팀열차가 정겨운 고함을 지르며 다녔다. 지금의 디젤동차에 밀려 이제는 어린이대공원, 대관령, 흑산도 등에 흩어져 기나긴 여정을 쉬고 있지만 미니열차 '딸딸이'란 애칭과 함께 수많은 승객과 관광객의 사랑을 받았었다. 지금은 디젤동차로 바뀐 수인선 협궤열차를 타고 (동양 최대의 염전이 자리한) 군자역을 지나면 기차는 사막처럼 막막하게 펼쳐진 염전을 끼고 달린다. 이곳을 지나면 지금은 인천으

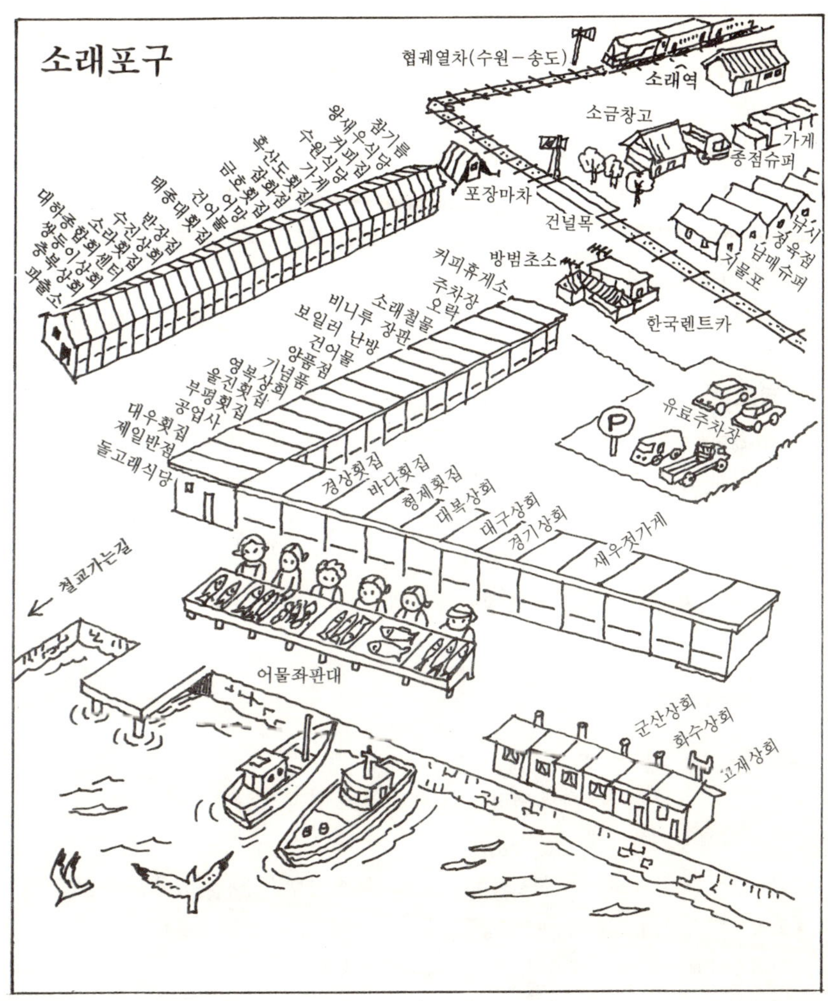

로 편입되어 남동구 논현동이 된 소래에 도착한다.

소래는 원래 소래포구라 불리던 아주 자그마한 천연어항이었으나 지난 74년에 준공된 인천내항 도크공사로 인하여 인천항에 머물던 소형선박이 이주해 눌러살면서 어항의 면모를 갖추었다. 이젠 2백여 가구에(어민 : 1000명 정도) 224척이나 되는 많은 어선이 모여 있는 곳이 되었다. 부두로 가는 길목은 횟집으로 가득 메워져 있다. 이곳은 서울, 인천, 수원 등지의 젊은 연인과 가족 단위의 소풍객을 사시사철

불러들인다. 특히 5월과 9~11월 사이가 되면 이곳이 명물인 김장용 새우젓은 꽃게와 함께 가장 많이 잡히는 명산물인데 워낙 싱싱한데다가 도시에서보다 싼값으로 거래되어 더욱 인기가 있다. 매일 하루 두번씩 소래어시장은 법석을 떠는데 새벽 일찍 출어하여 멀리는 덕적도·용유도 등의 어장에 쳐 놓았던 그물을 거둔 고깃배가 일몰에 맞춰 들어오면 시장은 순식간에 광어, 홍어, 범치, 선어 등 횟감으로 꼽히는 생선이 가득찬다. 주말이면 산책을 즐기는 연인과 생선을 살 겸 들린 가족단위의 방문객을 언제나 볼 수 있다.

⊙ 명소

● 철길－수인선 협궤철로로 항구 오른쪽에 있다. 사진촬영. 데이트 장소로 알려졌다.(겁에 질려 철교를 건너는 모습이 자주 눈에 띈다 : 추락주의)

● 어시장－가판대를 설치하여 놓고 각종 해산물을 팔고 있다. 가격은 경우에 따라 서울 등지보다 비싸게 부르기도 한다.

● 어항－갯벌과 어선이 언제나 정박해 있다. 석양이 장관이다.

가이드

⊙ 교통

● 해 운－인천 연안부두에서 덕적도, 용유도 등 경인지역 도서행 여객선이 있음.

● 철 도－서울~인천간 전철운행.

수원~송도간 국내 유일한 협궤열차 1일 3회 왕복 운행, 소래역 하차 도보 5분거리.

● 고속 버스－서울, 대구, 부산, 광주, 대전, 전주간 고속버스 연결됨.

● 시외/직행－인천 석바위 주변에서 시내버스 운행.

인천까지는 서울, 영등포, 수원 등지와 직행, 시외버스가 수시운행됨.

● 기 타－인천 석바위에서 합승택시 수시운행.

⊙ 숙박

● 관광호텔－소래지역에는 없으나 인천시내 중심부, 송도 등지에는 많음.

● 숙박시설은 불편, 인천시내 중심가 이용.

알아둡시다 · 수인선 협궤열차
일반열차의 절반폭, 미니열차

뽀얀 연기를 내뿜으며 덜컹거리며 달리는 증기기관차의 모습이 담긴 사진을 보면 옛날 고향의 모습을 보듯 마냥 정겹다. 그러나 이제는 영영 볼 수가 없는 풍경이 되었다. 효원의 도시 수원에 이르러 정조임금의 효성의 깃든 수원성곽을 더듬고 난 후 서장대쪽 큰 길로 나서면 수원의 관문격인 수원역으로 이어진다. 수원역의 남쪽 구석은 이젠 영영 사라질지도 모르는 수인선 협궤열차가 출발하는 곳이다. 일반열차 궤도(광궤 : 143.5cm)의 절반폭밖에 안되는 협궤열차(76.2cm)는 황해, 개천선 등 이젠 가볼 수 없는 이북지역을 빼놓고는 드물게 있었다. 수인선을 비롯 대구선 (대구-영천), 수려선(수원-여주)이 있었지만 대구선은 포항까지 연장되어 광궤로 개축되었고 수려선은 지난 72년 4월까지 운행되다가 폐쇄되어 이제는 수인선만 유일하게 남아있다. 수인선은 일제 때인 1935년 사철 경동철도(주)가 허가를 얻어 1937년 8월 6일 남인천과 수원간 연장 52km로 개통한 것이다. 이는 이천 등지의 양곡을 운반하기 위해 건설된 수려선과 연결되어 소래 · 군자지역의 소금과 여객수송을 맡아왔다. 결국 수려선은 폐지되었고 수인선도 인천시가지 확장에 일부가 밀려 남인천, 용현역이 폐쇄되고 현재의 송도-수원간 49.6km만 남아 그 명맥을 잇고 있다. 수인선은 예나 지금이나 매년 수천만 원씩 누적되는 적자로 허덕이고 있다. 이 때문인지 70년대 초부터 광궤신 개축설이 나돌기 시작했고 77년경 제주도에서 제주시-만장굴간 50여 리 구간에 관광열차로 옮겨줄 것을 교통부에 건의하기도 했다. 그후로 줄곧 폐쇄설이 떠나가질 않고 있어 수인선에 매달려 40여 년 동안 생계를 꾸려가던 인근 주민의 마음을 방망이질 치게 하고 있다. 또다시 수인선 협궤열차는 전철화 계획에 밀려나게 되었다.

◉ 메모

● 특산 명물-새우, 생선, 해물잡탕, 도자기, 소금, 젓갈.

● 향토 미각-어항과 소래역 사이 도로 좌우에 활어횟집, 튀김집 등 많음. 해물잡탕, 조개탕, 매운탕, 생선회 등이 유명.

● 기타 사항-간조시간을 알아둘 것(일간신문 일기예보난 참조)

철교 보행 위험. 사진촬영 제한

1992년 현재 전철공사로 협궤열차 구간 중 소래-남동-송도 간 셔틀버스 운행 연결 됨.

소백산 희방사

경북 영풍군 풍기읍 수철동

철쭉의 명소, 연화봉 기슭에 위치한 희방사

　우리나라 중부와 영·호남의 분수령을 이루는 소백산맥의 주산인 소백산(小白山)은 웅장하고 영험한 자태로 인해 태백산, 한라산 능과 함께 신령시 돼 온 영산. 소백산은 예부터 봄의 철쭉, 여름의 신록, 가을의 단풍, 겨울의 설화로 유명한 곳이다. 특히 철쭉과 설경은 전국 제일로 꼽는다. 충북 단양군과 경북 영풍군의 경계를 이루며 솟아 있는 소백산은 인근 경북 봉화군 일부를 포함, 총 3백20.5㎢ 면적이 지난 1987년 12월 18번째 국립공원으로 지정되었다. 산세는 태백

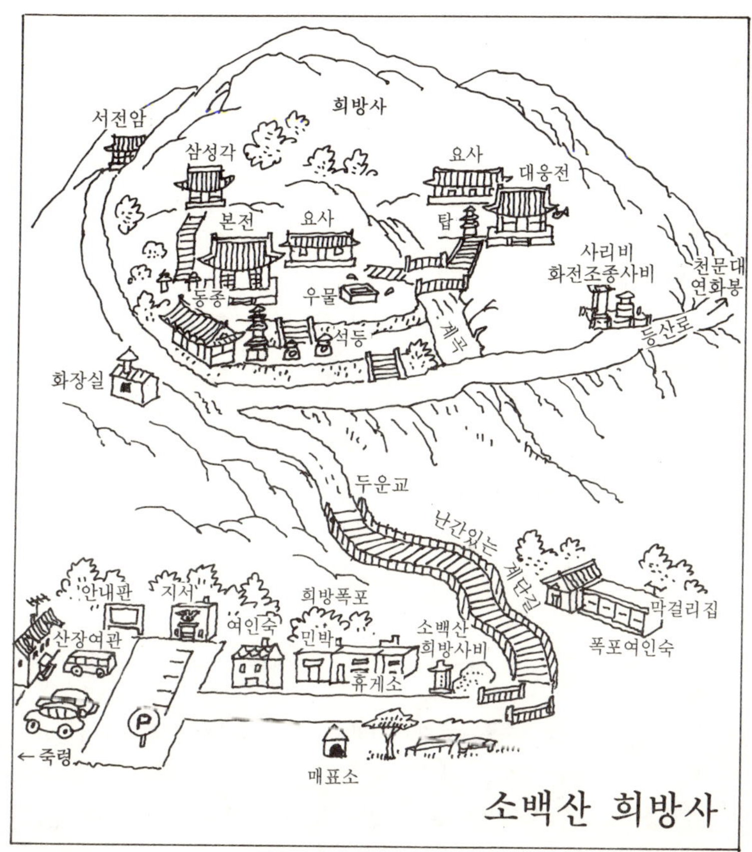

산맥에서 뻗은 소백산맥의 어깨를 이루듯 주봉 비로봉(1439m)을 중심으로 국망봉(1421m), 연화봉(1394m), 도솔봉(1314m) 등이 솟아 있고 산정 곳곳에는 부석사, 초암사, 희방사, 구인사 등의 사찰과 주목군락, 희방폭포, 석천폭포, 연화폭포, 죽계구곡, 관측소, 금선정계곡 등 숱한 명소가 숨겨져 있다. 소백산의 경관은 조선시대 대학자 퇴계 이황 선생이 '유소백산록'이란 명문을 남겨 더욱 유명해졌는데 서거정 선생 등 많은 명문장들의 시문도 함께 전하고 있다. 아름다운 여성의 모습에 비유되는 소백산의 모습은 철쭉이 만발할 때를 제일로 꼽지만 설경 또한 명물로서 손색이 없다. 소백산의 서남쪽 연화봉아래 해발 8백50m 지점에 위치한 희방사(喜方寺)는 신라 선덕여왕 12년(643)에 두운대사가 창건한 고찰로 알려져 있다. 그 후 조선 철종 원년(1850)에 불탄 후 강월대사가 중창을 했으나 1950년 6.25전화로 인해 4동 20여 칸의 사찰이 또다시 소실되고 말았다. 이때 훈민정음으로 된 우리나라 한글발전사에 귀중한 사료인 월인천강언해목판과 월인석보판목이 화공작전 때 함께 불타고 말아 영원히 유실되었다. 다행히 소실되기 직전에 찍은 판이 단 한 벌이 남아 있다. 현재의 건물은 1953년부터 4년간에 걸쳐 재건한 것인데 대웅전은 최근에 다시 신축되어 말끔한 모습을 하고 있다. 경내에는 대웅전, 삼성각과 요사채 3동 등이 남아 있다. 희방사 바로 아래에는 높이 28m의 멋드러진 희방폭포가 위치한다. 희방사가 위치한 지점은 소백산 등산로의 시발점이자 종점이 되는 곳이다. 최근 진입로와 주차장이 완공되면서 단양과 영주를 오가는 관광등산객의 발길이 끊이질 않는다. 바람이 많은 소백산의 설경은 자연의 작품인 설화로 꾸며지는 절경이다.

가지마다 피어 있는 순백의 설화는 오묘한 자연의 조화를 실감나게 한다. 또 비로봉능선과 연화봉능선은 봄철이 되면 화사한 철쭉의 자태로 환상의 세계를 꾸며놓는다.

⊙ 명 소

• 비로봉 —소백산의 주봉, 해발 1,439m, 천연기념물인 주목군락지가 있다. 모진 바람으로 광활한 초원을 이루고 있다.

• 국망봉 —소백산의 제2봉으로 해발 1,421m, 비로봉 서북쪽에 있다. 산아래 백호암약수가 유명하다.

• 연화봉 —제1연화봉(1,394m), 제2연화봉(1,375m)이 있다. 두 봉우리 사이에 유명한 천체관측소가 있다.

• 희방사 —신라 선덕여왕 때 두운대사가 창건. 1951년 한국동란 때 불타고 최근 다시 지은 것이다. 연화봉 기슭에 위치하고 있다.

• 희방폭포 —희방사입구 계곡에 있다. 높이 28m. 일직선으로 내리뿜는 물줄기가 장관이다.

• 비로사 —소백산 정상인 비로봉을 오르는 기점인 삼가동에 위치. 신라 문무왕 16년(676) 창건되었다.

• 천체관측소 —제2연화봉의 1,383m봉우리에 1978년 세움. 첨성대 모양의 92평 첨성관, 연구동 등이 있다. 반사망원경, 태양망원경, 굴절망원경 등 각종기기를

알아둡시다 · 소백산 철쭉제

화사한 봄날 펼쳐지는 전통문화행사

국내 18번째 국립공원으로 지정된 소백산맥은 자타가 공인하는 철쭉과 설경의 명소. 특히 철쭉이 만개되는 5월 말경부터 6월 중순께면 전국에서 등산 관광객이 몰려들어 온산을 철쭉과 함께 화려하게 수놓는다. 이때를 맞추어 충북 단양군 향토애호가들은 지난 80년대 초 '소백산 철쭉제'를 개최하기로 합의하고 이를 매년 실시하고 있다.

단양읍내 일원과 소백산 연화봉 등지를 중심으로 실시되는 철쭉제는 연화봉 산신제를 비롯 철쭉여왕 선발대회, 농악경연, 사진촬영대회, 국민화합을 위한 철쭉길 걷기대회 등 각종 체육 문화행사가 다채롭게 펼쳐진다.

갖추고 있다.

- 주목군란—비로봉 정상 일대에 위치. 1973년 천연기념물 제244호로 지정됨. 약 1백여 그루가 모여 있다. 철조망으로 가려져 보호되고 있다.
- 기타—죽계구곡, 희방계곡, 죽령계곡, 어의계곡, 신선봉, 도솔봉 등

가이드

◉ 교통

- 철 도—중앙선 이용, 희방사역 하차. 도보 4km
- 고속 버스—제천시까지 이용 가능(서울간)
- 시외/직행—단양에서 시내버스 이용, 풍기읍에서도 완행버스운행(30분 소요) 영주시에서는 1회 직행버스 운행.
- 기 타—버스 이용시 도보 약 2km. 주차비 무료

◉ 숙박

- 주차장 부근에 여관, 여인숙, 민박 5개소(시설 빈약) 신단양에 깔끔한 장급여관 많음.

◉ 메모

- 특산 명물—산채, 사과, 인삼, 땅콩, 인견사, 채취버섯.

속리산 법주사

충북 보은군 내속리면 사내리

새로 조성된 세계 최대의 청동불입상

　금강, 한강, 낙동강의 발원지이며 소백산맥의 절묘한 줄기가 뻗어 이룬 장엄하고 수려한 영봉이 속리산이다. 예부터 뛰어난 경관으로 인해 제2금강, 소금강 등으로 불려왔다. 국내 다섯번째 국립공원인 속리산은 신라 혜공왕 2년 진표율사가 속리산으로 가던 도중 진표율사를 보고 근처의 소들이 울며 무릎을 꿇어 앉자 이를 본 농민들이 세속을 떠나 명당을 찾던 중 이곳에 길상초가 난 것을 보고 입산하였다 하여 세속 속(俗)자와 여일 리(離)자를 써 속리산(俗離山)이라 불렀다 한다.

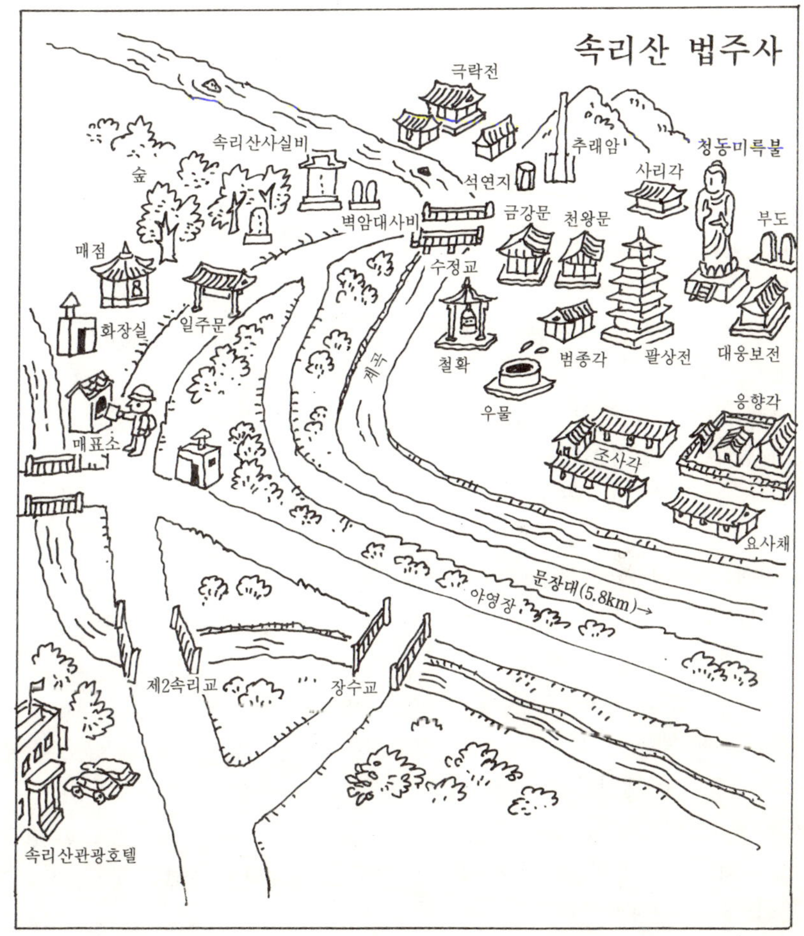

속리산은 8가지 이름(광명, 지명, 구봉, 미지, 형제, 소금강, 지하산)이 전하며 또한 구봉산으로도 불렸다고 한다. 이곳은 8자와의 인연이 많은 곳으로 8봉(峰), 8교(橋), 8문(門), 8대(臺) 등의 경승과 더불어 호서제일가람으로 불리는 대찰 법주사(法住寺)를 비롯한 여러 개의 대소암자가 있는 불교의 요람지이다. 법주사는 속리산 내 최대의 사적 명승지로 호서제일가람이라 부른다.

전설에 신라 진흥왕 14년(553) 의신조사가 천축에서 흰 나귀에 불경을 싣고와 절을 세웠다 하여 법주사로 부르게 되었다 한다.

그후 신라, 고려 때 중건되었으나 임진란 때 전화로 인하여 거의 불타 조선 인조 4년(1626) 다시 중창했다. 이는 다시 고종 28년(1881) 중건되었고 1960 년대에 이르러 금오선사의 노력으로 면모를 일신하여 오늘에 이른다.

최근 청동미륵불을 준공하고 회향식을 거행하여 새 전기를 이룩하였다.

⊙ 명소

● 쌍사자석등(雙獅子石燈) — 국보 제5호. 우리나라 쌍사자석등의 표본. 국내 석등 중 가장 걸작으로 꼽힌다. 전체높이 3.3 m. 화강암으로 되었으며 통일신라 중기 때 작품으로 추정.

● 석련지(石蓮池) — 국보 제64호. 높이 2.5 m, 둘레 6.65m의 화강암으로 된 석물. 신라 성덕왕 19년(720) 조성.

● 사천왕석등(四天王石燈) — 보물 제15호. 신라 성덕왕 19년(720)에 만들어진 작품. 높이 3.9 m.

● 마애여래좌상(磨崖如來座像) — 보물 제216호. 추래암의 굴 속 바위벽 오른쪽에 새겨 놓았다. 고려시대 작품. 높이 5 m. 맞은편에는 약사여래상이 새겨져 있고 바위벽에는 각종 글씨가 있으며 바위 위에 노송과 돌탑이 있다.

● 팔상전(捌相殿) — 국보 제55호. 경내의 중앙에 위치. 국내 유일한 목탑건물. 1968년 해체 복원시, 조선 인조 23년(1645)에 재건립한 것이 확인되었다. 5층 규모. 높이 22.7 m, 팔상전은 8폭의 그림이 있다고 해서 지어진 이름.

● 원통보전(園通寶殿) — 보물 제916호. 정방형 4각지붕으로 된 특이한 모습. 정면 3칸, 측면 3칸 규모의 목조와가 건물. 임진왜란의 전화로 불탄 것을 인조 2년(1624) 중건. 1974년 해체 복원했다.

● 대웅보전(大雄寶殿) — 보물 제915호. 경내의 건물 중 가장 웅장하다. 전면 7칸, 측면 4칸에 건평 170평. 높이 19 m 의 목조와가. 중층건물로 다포계형식에 팔작지붕을 얹고 있다.

● 희견(喜見)보살상 — 지방유형문화재 제38호. 신라 성덕왕 19년(720). 높이 2.13 m. 화강암 보살상으로 머리에 둥근 돌을 얹고 있다.

● 사천왕문(四天王門) — 지방유형문화재 제46호. 조선 인조 때 중창. 1971년 사천왕상과 함께 해체 복원. 건평 44평. 정면 3칸, 측면 2칸의 목조와가 맞배집.

● 지정국존비 — 지방문화재 제79호. 고려 충숙왕 3년(1342) 건립. 높이 2.15 m. 폭 1.06 m. 지정국존 보명 스님비이다.

속리산의 제2봉인 문장대

- 능인전(能仁殿)─조선 인조 2년(1624) 중창. 정면 3칸, 측면 3칸에 건평 16평 규모의 목조와가로 된 맞배집.
- 홍전문(紅箭門)지주─인조 19년(1641)에 세웠던 것이나 홍살과 기둥은 남아 있지 않고 하단 석조물만 5 m 간격으로 세워져 있다.
- 조사각(祖師閣)─선희궁원단이라고도 하며 법주사를 창건한 의신조사 등 21명의 초상을 모신 곳. 정면 3칸, 측면 7칸 규모의 목조와가로 맞배지붕을 얹고 있다.
- 세존사리탑─지방유형문화재 제16호, 고려 공민왕 11년(1362) 안동파천 후 환도길에 공민왕이 경남 통도사에 있던 석가세존 사리 1립을 옮겨온 것.
- 탄응대사비─1927년에 세운 높이 2.65 m, 폭 1.65 m 규모의 오석으로 된 탄응대사의 비.
- 석상선사비─높이 2.7 m, 둘레 1.75 m 규모로 1949년 오석으로, ‘석상선사’를 기려 세운 비.
- 진하대사비─ 높이 2.60 m, 넓이 0.55 m 의 크기에 오석으로 1927년에 세움.
- 석옹(石甕)─신라 성덕왕 19년(720)에 조성된 석물. 부식저장과 저수용 옹기로

돌을 조립하여 만듦.

• 쇠솥(鐵鑊)―주철로 된 솥. 신라 때 석옹과 같이 만들어짐. 높이 1.5m, 둘레 1m의 규모로 삼천승려가 밥을 지어먹었다고 한다. 지방유형문화재 제143호.

• 당간지주―고려 목종 9년(1006)에 조성. 경복궁 중건때 당백전의 재료로 미륵불과 함께 없어져 1973년 새로 조립.

• 남산약수―선한 사람만이 마실 수 있는 샘이라고 전하며 속리산의 약수 중 법주사에서 제일 가까운 곳.

• 말티고개―해발 800m. 속리산을 들어서는 관문. 고려 태조 왕건, 조선 세조가 속리산을 오면서 전돌을 깔았다고 전해진다. 1924년 일제 때 차도가 개설되었고 1967년 포장공사를 마쳤다.

• 대종―대북 목어. 운판과 함께 종각 내에 보관. 현재의 동종은 순조 4년(1804)에 주조된 대종이 균열되자 대웅전에 보관시키고 1975년 새로 만든 것이다.

알아둡시다 · 청동미륵불

대를 이어 만든 세계 최대의 청동불상

호서의 소금강 속리산에는 세계 최대 규모의 청동미륵대불이 있다. 지난 1986년 기공되어 1990년 10월 완공을 본 이 미륵대불은 이듬해인 1991년 4월 회향식을 거행하여 속리산 법주사를 대표하는 명물중 하나로 꼽히게 되었다.

법주사에는 원래 신라 혜공왕 19년(783)에 진표율사가 조성한 40척 규모의 금동불이 있었다고 한다. 이는 조선 말엽인 1972년 경복궁 복원에 필요한 당백전 주조를 위해 해체되었다. 그후 1939년경 불사를 일으키려 했으나 공사가 중단되었다. 그러나 다행히 1964년 고 박정희 장군의 시주금으로 1백척 규모의 시멘트불이 완성케 되었다. 이 시멘트불상은 10여 년 이상이 되자 균열이 생기기 시작하여 도괴의 위험을 느끼자 법주사측은 원래의 청동미륵불 조성사업을 추진하기에 이르렀다. 새로 조성된 청동불은 구리 88%, 아연 4%, 주석 8%의 기준치를 지킨 청동 1백 60톤과 화강암 1만 3천 ㎡에 달하는 재료가 소요되었다. 이마의 백호도 직경이 22cm에 달하는 수정을 설치했다. 높이는 좌대포함 38m로 불상만도 33m에 이른다. 최기원 씨가 설계한 지하에는 1백 8평의 석실을 마련, 법주사 사적기와 불구류 등을 전시하고 있다. 총 31억여 원이 소요된 이 청동불은 철거된 시멘트불을 조성했던 신상균 씨의 아들 신광호 씨가 대를 이어 만든 대작이다.

• 일주문 — 법주사 입구에 서 있는 문. 인조 2년(1624)에 다시 세운 것이다. 배흘림 기둥 위에 기와를 얹은 솟을대문이다.

• 정이품송 — 천연기념물 제103호. 전설에 세조가 이곳에 들렀을 때 연이 걸리지 않도록 가지를 올리고 귀로에는 소나기를 피하게 해주었다고 하여 벼슬을 내렸다는 나무이다. 최근 솔잎혹파리로 사경에 이르므로 좌측에 대수술을 받았으며 방충보호망을 덮어 씌워두었다가 최근 벗겨냈다. 수령 600년. 높이 15m, 둘레 4.5m.

• 오리숲 — 주차장에서 속리산까지 이어지는 2km의 소나무 숲. 도보용 도로가 이어져 있다.

• 국립공원관리사무소 — 사적 및 명승지(1964), 관광지(1969), 국립공원(1970)으로 지정되어 있는 속리산국립공원의 관리사무소. 총 283.40km²의 면적을 관할한다. 속리산국립공원은 충북 보은군, 괴산군, 경북 상주군, 문경군 등 2도 4군 8면에 걸쳐있다. 화양동 분소와 화북 분소를 두고 있다.

가이드

◉ 교통

• 철도 — 경부선 이용, 대전까지만 이용.

• 고속버스 — 청주나 대전간을 운행하는 고속버스 이용. 서울~보은간(2시간 30분 소요)

• 시외 / 직행 — 서울 남부터미널~속리산간 직행 수시. 대전, 청주간 수시 운행.

• 기 타 — 청주에서 택시이용(약 15,000원)

◉ 숙박

• 관광호텔 — 속리산관광호텔(1급, 122실)

• 장급여관, 여인숙, 민박다수, 야영장도 있음.

◉ 메모

• 특산 명물 — 대추, 토종꿀, 자수정, 사과, 복조리, 싸리제품, 목공예

• 향토 미각 — 산채정식, 머루주, 도토리묵, 경희식당(한정식) 유명.

• 입장료(국립공원 포함) — 어른 1,300원, 군인 · 학생 750원, 어린이 540원

등산 — 문장대왕복 5시간 30분 소요.

부록

여행을 더욱 즐기는 요령

관광여행은 인생을 풍요하고 윤택하게 하는 '배움과 추억'을 남겨주는 소중한 기회이다.

여행은 우리가 겪고 있는 일상생활 이외의 일들을 직접보고 느낄 수 있는 현장학습이며 생소한 모습에서 새로운 것을 발견하는 즐거움을 남겨준다.

여행은 현대인에게 있어서 생활의 일부분으로 가장 널리 행하여지고 있는 대중레저활동으로 발전했다.

계획을 짜는 순간부터 여행의 즐거움은 시작되고 이동하고 체류하는 곳곳에서 새로운 것을 보고 피부로 느끼고 보면서 친구와 가족들과 어울리는 즐거움을 맛볼 수 있다. 또한 여행지에서 겪는 힘든 일조차도 즐거움으로 남게된다.

여행을 하면 계획성과 독립심이 생기는 것을 비롯, 원만한 대인관계, 풍부한 추억, 견문확대, 심신건강, 예절, 인내력, 애국심, 호기심 등에 있어 남다른 발전을 기대할 수 있다. 반면 방랑벽, 태만, 무질서, 허례, 방종 등의 나쁜 습관이 생기는 경우도 종종있다.

이처럼 여행은 다양한 모습을 지니고 있다. 따라서 각자의 취향과 기호에 따라서 형태가 달라지기 마련이며 나이, 성별, 생활수준, 경제력, 학력 등과도 깊은 관련이 있다. 여행패턴은 국민소득이 늘어남에 따라 여러가지로 변한다.

외국의 경우도 처음에는 유흥오락 위주였던 것이 가족소풍, 건강, 휴식을 위한 여행 등으로 바뀌었고 이는 다시 문화, 학술 및 각자의 취향에 따라 바뀌고 있는 중이다.

한편 여행의 동반자도 단체에서 친지로 바뀌었고 이는 다시 개인위주의 단독여행으로 바뀌고 있다.

최근 우리나라에서도 식도락, 등산, 사진, 고적답사, 사찰순례 등 관광자원별, 코스별로 세분된 목적중심의 관광이 점차 보급되기 시작하고 있다. 이들 여행객들은 날씨가 흐리거나 길이 막혀 겪는 짜증스러움도 개의치 않는다. 이는 서비스, 경비 등을 위주로 한 여행이 아니라 목적을 중시 하는 여행철학이 있기 때문이다.

여행은 개개인 스스로 보고, 듣고, 느끼며 배우는 인생학습의 장이다. 따라서 어느 경우에서든지 배움이란 기본공식을 잊지 않는다면 뜻깊고 보람된 진정한 여행을 즐길 수 있다.

그러나 실제 여행을 계획하고 실천하는데는 예기치 않는 많은 일들이 생겨나기 마련이고 미리 알아두어야할 것들이 많이 있다.

즉 '무엇을 볼것인가?', '무엇을 보아야 하는가?'를 알아야 할 것이고 교통, 숙박, 식사, 휴대장비, 안전 등 수많은 사항들에 대해서 알아둘 것이 있다.

이같은 내용중에는 각자 나름의 재치와 순발력을 요구하는 좀체로 알기 어려운 많은 것들이 숨겨져 있다.

행선지는 자신이 선택하라

많은 사람들이 여행에 앞서 행선지에 관한 질문을 자주한다. 그러나 답하는 입장으로서는 묻는이의 성격, 동반자수, 방문경력, 경제력, 여행목적, 개인별취향 등을 뚜렷하게 알고 있지 못한 처지이기 때문에 시원한 대답을 들려줄 수 없다. 이 때문에 행선지는 전문가의 조언이나 참고자료를 이용하여 자신이 직접 결정하는 것이 최선의 방법이다.

행선지를 선정할 때 가장 필요한 것은 관광의 대상이다. 그 다음은 교통, 숙박, 동반자수, 일정 등을 고려해야 한다. 결정은 주머니사정을 감안하여 정하되 가능한 그때 그때 시기에 맞추어 적절한 곳을 택한다.

관광 대상은 크게 자연자원과 인문자원으로 나눌 수 있다. 자연자원이란 산, 바다, 계곡, 폭포, 일출, 석양, 노거수, 단풍, 꽃 등과 같이 인간이 만들어내지 않은 천연의 자원을 말한다.

인문자원은 문화재, 사찰, 다리, 종합위락시설, 왕릉, 유원지, 성지, 향토문화축전, 유적지 등을 꼽을 수 있다.

인문자원 중에서 문화재는 가장 큰 비중을 차지한다.

여행지의 선정은 시기를 생명으로 한다. 특히 우리나라는 사계절의 뚜렷한 기후의 특성을 지니고 있어 삼천리 금수강산에 비유되는 아름다운 경관이 철따라 펼쳐지므로 이를 유념한다면 멋진 행선지를 고를 수 있다.

우리나라의 경우 문화재는 다음과 같이 나누어 설명할 수 있다.

〈문화재의 구분〉

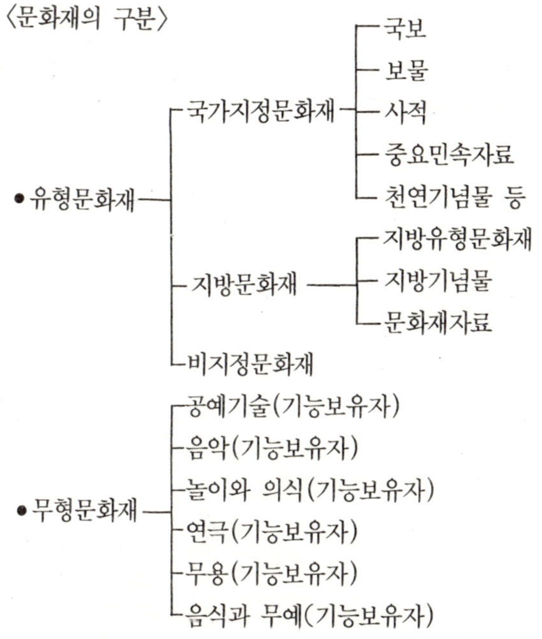

　※ 무형문화재 기능보유자의 경우 인간 문화재로 불리기도 하는데 이는 옳지 못한 호칭이라고 여겨진다. 왜냐하면 인간은 재물이 아니기 때문이다.
　월별, 계절별 관광지 선정에 필요한 요소들을 정리하면 다음과 같다.

월별 행선지 선정포인트

월별	계절	포 　 인 　 트	세시
1월	겨울	해돋이, 스키장, 설경, 달맞이 명소, 온천, 겨울바다 등	신정연휴
2월	겨울	동백, 설경, 달맞이명소, 스키장, 온천, 겨울바다 등	설날, 대보름
3월	봄	삼일유적, 개나리, 동백, 왕릉	3·1절

4월	봄	벚꽃, 동백, 연산홍 명소 등, 비자나무군락, 섬, 유채, 충무공유적, 산림욕장 등	식목일
5월	봄	어린이위락시설, 유채, 향토문화축전, 강변유원지, 종합위락지, 진달래, 철쭉 등	석가탄일 가정의달 어린이날
6월	여름	유채, 철쭉, 계곡, 국방유적, 향토축전, 강변유원지 등	6·25 단오
7월	여름	해수욕장, 계곡, 폭포, 강변, 섬 등	바킹스
8월	여름	해수욕장, 계곡, 독립관련유적, 섬 등	바캉스 광복절
9월	가을	약수, 폭포, 단풍, 왕릉, 유원지 등	
10월	가을	단풍, 천주교성지, 왕릉, 유적지, 세종유적, 달맞이 명소, 향토문화축전 등	추석, 한글날
11월	가을	약수, 억새밭, 낙엽, 단풍(남부) 등	
12월	겨울	온천, 겨울바다, 억새밭, 퇴계유적 등	성탄절, 연말

편한 여행을 하려면 예약제도를 활용하라

교통은 과거처럼 단순한 이동수단이 아니라 교통이용, 선택 자체가 관광의 일부분으로 여겨지고 있다. 따라서 항상 빠르고 쾌적함은 물론 각종 서비스, 즐거움을 함께 누릴 수 있어야 한다.

최근 한국 관광공사가 실시한 설문자료에 따르면 관광에서 가장 필요한 정보는 '현지이용 교통편'으로 전체의 32% 정도를 차지하고 있는 것으로 나타났다. 이는 현지의 경관에 관한 정보보다도 더욱 중시하고 있음을 알려준다.

한편 이 자료에서 숙박여행시의 이용 교통수단은 고속버스, 일반버스, 열차의 순으로 꼽고 있다. 또 자가용, 항공기, 택시, 소형버스 등은 이용이 크게 늘어난 반면 일반버스, 전세버스, 열차 등은 이용도가 크게 떨어지고 있는 추세로 나타나 있다. 이로 미루어 고급교통수단과 소단위 여행에 적합한 교통편이 선호되고 있음을 알 수가 있다.

특히 고속 버스 등 육로의 경우는 최근 급증하고 있는 교통체증으로 심한 타격을 받고 있다.

교통편의 선택은 행선지, 동반자수, 여행목적, 경제능력 등에 따라 천태만별의 차이를 나타낸다. 따라서 가장 좋은 교통편은 그때그때 상황에 따라서 정하는 것이 가장 바람직하다.

즉 가장 좋은 교통편이란 자신의 센스로 정하는 것이 최선이다.

레저활동의 대중화는 교통부문에서도 많은 변혁을 가져다 주었다. 항상 쾌적하고 즐거워야 할 여행이 도리어 불쾌하고 피곤한 원인이 되어 여행을 하고픈 마음에 커다란 장애가 되고 있다.

여행객은 누구나 원하는 시간에 목적지로 갈 수 있고 원하는 시간에 어려움 없이 돌아오기를 바라고 있다.

그러나 현실은 여행객의 폭주, 도로사정 등으로 이같은 일들을 어렵게 하고 있다.

이같은 욕구를 충족할 수 있는 방편으로 이용하고 있는 것이 승차권 등의 예약제도이다.

예약제도를 잘 활용하면 보다 쾌적한 여행을 즐기고 불필요한 경비, 대기시간 등을 절약할 수 있다.

열차의 경우 승차권 예약은 최근 90일 전으로 기간이 늘어났다. 예약 후 승차권 구입은 전국 철도역과 지정여행사 등에서 항상 가능하다.

수년 전부터 철도청은 철도회원카드를 발급한 후 전화예약을 받고 있으나 워낙 가입회원이 많아 사실상 회원제도 이전의 상태로 되돌아간 셈이다.

전화예약을 한 경우에도 일부역에서는 여전히 줄을 서야하기 때문에 철도청의 홍보처럼 출발 직전의 구입, 반환 등은 어렵다. 회원 가입은 가입비 2만원과 신청서를 각역 창구에 접수하면 된다.

고속버스의 경우는 3일 전에 한하여 예매가 가능하다.

서울고속버스터미널의 경우도 철도회원처럼 회원증을 발급하고 있는데 경부선과 호남, 영동선 두 종류로 각각 나누어져 있다.

전화예약은 해당일 10일 전부터 1일 전까지에 한해 접수되고 있는데 철도회원

과 달리 편도만 허용되며 가입회비도 연회비로 받고 있어 1년에 1만원씩을 부담
해야 한다.

항공은 1년 전쯤에 예약이 가능하지만 항공권의 유효기간이 3개월로 제한되어
있기 때문에 사용 1~2주 전쯤에 사두어야 한다.

선박은 예약을 받지 않는 것이 통례로 되어 있지만 고속선이나 바캉스철 등에
는 예매가 사전에 이루어 지기도 한다.

예매 승차권은 반납시 일정한 소액의 수수료를 제하도록 정해놓고 있다. 이를
요약 정리하면 다음과 같다.

	내 용	비 고
철도	·출발 이후 30분까지:10% ·출발 이후 30분이상:20% ·출발 다음날:무효	·운임료에 한함 ·여행사 구입 철도권은 철도역 환불이 불가능한 경우가 있음.
고속버스	·15%	
선박	·출항 1일전:전액환불 ·출항전:10% ·출항후:50%	·출항 다음날:무효
항공	·출발 3시간전:전액환불 ·출발 3시간전 이후:소정수수료	·카드구매시는 본사에서만 환불가능

모든 교통편은 각기 나름으로 운임의 할인제도가 시행되고 있으므로 예약시
단체, 학생, 공무원, 국가유공자, 군인, 소아(13세미만), 유아(3세미만), 신혼부
부, 재소자, 경로우대증 소지자, 경찰 등은 사전에 대상에 포함되는지 여부를 알
아야 한다.

오랜기간을 여행하면서 느낀 주관적인 견해들을 토대로 각종 교통수단별 장단
점을 살펴보면 나름대로 재미있는 사실들을 발견할 수 있다.

이를 도표로 간략하게 정리하면 다음과 같다.

교통 이용수단별 장단점 비교

구분	장 점	단 점	비고
철도	·넓은 공간(식당, 화장실, 세면장 등 설치) ·이동 매점 이용가능 ·교통체증이 거의 없음 ·안정성	·유일하게 입석판매중 ·소음 ·요금 비쌈 ·운행회수 적음	
고속버스	·리이빙의자, 독서 등(수면,독서에 용이) ·비교적 운임 저렴 ·정상운행시 소요시간 단축 ·출발, 도착—시내중심부 ·승하차 간편	·교통체증으로 연발 잦음 ·공간협소(의자간격, 금연, 화장실 없음등) ·안정성	
항공	·시간단축→경비절감효과 ·기내 서비스 ·예약 편리	·탑승수속의 번거로움 ·비싼 운임 ·공항 시내간 교통불편 ·운행회수 적음 ·안전성	
선박	·낭만적인 분위기 ·넓은 공간 ·시간단축(해로가 빠른 구간)	·체력제한(멀미 등) ·운항 회수 적음 ·승선수속의 번거로움	
*자가용 이용시	·인접구간 이동시 편리 ·휴대품 운반 편리 ·5명 이내가 함께 행동가능 (담소, 식사 등 용이)	·막대한 소요경비, 시간, 인력 ·회차의 번거러움(등산 등) ·음주 제한 ·지리 미숙에 따른 제반 불편 ·안전성	

주말여행① 수록 55선

1. 가야산 해인사(경남 합천)
2. 거문도·백도(전남 여천)
3. 거제도 해금강(경남 거제)
4. 경복궁(서울 종로구)
5. 경포대(강원 강릉시)
6. 계룡산 갑사(충남 공주)
7. 고수동굴(충북 단양)
8. 공산성(충남 공주시)
9. 관룡산 관룡사(경남 창녕)
10. 광릉수목원(경기 포천)
11. 광한루원(전북 남원시)
12. 구룡포 호미등(경북 영일)
13. 구천동계곡(전북 무주)
14. 금산보리암(경남 남해)
15. 금정산 범어사(부산 동래구)
16. 낙산사 의상대(강원 양양)
17. 남산공원(서울 중구, 용산구)
18. 남한산성(경기 광주)
19. 남해 노량포구(경남 남해)
20. 내연산 보경사(경북 영일)
21. 내장산 내장사(전북 정주시)
22. 대둔산 마천대(충남 금산)
23. 덕산온천(충남 예산)
24. 덕수궁(서울 중구)
25. 덕숭산 수덕사(충남 예산)
26. 덕적도 서포리(경기 옹진)
27. 도담삼봉(충북 단양)
28. 독립기념관(충북 천안)
29. 두륜산 대흥사(전남 해남)
30. 두타산 무릉계곡(강원 동해시)
31. 마이산 탑사(전북 진안)
32. 모악산 금산사(전북 김세)
33. 무등산 중심사(광주 동구)
34. 반야산 관촉사(충남 논산)
35. 백암산 백양사(전남 장성)
36. 백암온천(경북 울진)
37. 변산 채석강(전북 부안)
38. 보길도 고산유적(전남 완도)
39. 보문관광단지(경북 경주시)
40. 봉미산 신륵사(경기 여주)
41. 봉황산 부석사(경북 영풍)
42. 부소산 낙화암(충남 부여)
43. 불국사(경북 경주시)
44. 불영계곡(경북 울진)
45. 산방굴사(제주 남제주)
46. 삼천동 호반유원지(강원 춘천시)
47. 상당산성(충북 청주시)
48. 서울대공원(경기 과천시)
49. 선운산 선운사(전북 고창)
50. 선유도(전북 옥구)
51. 설악산 대청봉(강원 인제)
52. 설악산 십이선녀탕(강원 인제)
53. 소래포구(인천 남동구)
54. 소백산 회방사(경북 영풍)
55. 속리산 법주사(충북 보은)

주말여행② 수록 56선

56. 수승대(경남 거창)

57. 수안보온천(충북 중원)

58. 앞산공원(대구 남구)

59. 영취산 통도사(경남 양산)

60. 오대산 월정사(강원 평창)

61. 오동도(전남 여수시)

62. 용문산 용문사(경기 양평)

63. 운문산 운문사(경북 청도)

64. 운일암계곡(전북 진안)

65. 운주사터(전남 화순)

66. 울릉도(경북 울릉)

67. 월악산 송계(충북 제천)

68. 월출산 도갑사(전남 영암)

69. 유성온천(대전 유성구)

70. 의림지(충북 제천)

71. 임진각/통일공원(경기 파주)

72. 자유공원(인천 중구)

73. 장릉(강원 영월)

74. 적상산 안국사(전북 무주)

75. 전등사(경기 강화)

76. 정도리 구계등(전남 완도)

77. 제황산공원(경남 진해시)

78. 조계산 송광사(전남 승주)

79. 조령광문·문경새재(경북 문경)

80. 주왕산 제1폭포(경북 청송)

81. 지리산 뱀사골(전북 남원)

82. 지리산 쌍계사(경남 하동)

83. 지리산 화엄사(전남 구례)

84. 진주성(경남 진주시)

85. 창경궁(서울 종로구)

86. 창덕궁(서울 종로구)

87. 천지연폭포(제주 서귀포시)

88. 철의 삼각지(강원 철원)

89. 청풍문화재단지(충북 제천)

90. 청학동 소금강(강원 명주)

91. 추암리 해변(강원 동해시)

92. 치악산 구룡계곡(강원 원주)

93. 탄금대(충북 충주시)

94. 태종대(부산 영도구)

95. 태화산 마곡사(충남 공주)

96. 토말(전남 해남)

97. 통일전망대(강원 고성)

98. 학암포(충남 태안)

99. 한강(서울)

100. 한라산 백록담(제주)

101. 한산도 제승당(경남 통영)

102. 해운대(부산 해운대구)

103. 행주산성(경기 고양시)

104. 향토현 전적지(전북 정읍)

105. 현충사(충남 아산)

106. 홍도(전남 신안)

107. 화림동계곡(경남 함양)

108. 화산 용주사(경기 화성)

109. 화암약수(강원 정선)

110. 화양동계곡(충북 괴산)

111. 황악산 직지사(경북 금릉)

박준홍

충북 청주 출생.
관광경영(석사) 전공. 현 KBS 문자방송 근무.
저서 :『관광백과』,『드라이브』등.

주말여행 ①

지은이 · 박준홍
펴낸이 · 이수용
펴낸곳 · 秀文出版社

1991년 4월 15일 초판발행
1995년 2월 3일 3판발행
출판등록 1988. 2. 15 제 7-35호
132-033 서울 도봉구 쌍문3동 103-1
전화) 904-4774, 팩시) 906-0707

ⓒ 박준홍, 1991

ISBN 89-7301-022-0